きっずジャポニカ学習ドリル

【監修】藤井浩治（尾道市立御調西小学校校長）

書いて覚える 小学5・6年生の漢字384

令和版

書きこみ式

小学館

もくじ

この本を使うみなさんへ

監修：藤井浩治

漢字には、それぞれ部首があります。例えば「林」や「森」、「村」という漢字の中には、「木」という部首があり、どの漢字も木に関係があります。この本では、同じ部首の漢字を集めてしょうかいしています。漢字を一つずつ覚えるよりも、同じ部首の仲間でまとめると覚えやすくなります。音読と書き取りを何度もくり返してみましょう。

その部首の成り立ちを、絵で示しています。

部首の名前と、部首の意味（または、その部首を使った字にはどういう特ちょうがあるか）を示しています。

その部首の書き順と、画数です。部首の画数は、漢和辞典を引くときに使います。

この本の使い方

この本は、小学校5年生、6年生のみなさんが学校で習う384字の漢字（5年生193字、6年生191字）を部首ごとにまとめ、自分で学べるようにしたものです。漢字の「仲間」＝「部首」を知り、同じ仲間の漢字を、まとめて覚えてみましょう。

この本は、部首の大きなグループごとに、全体が6つの章に分かれています。

1 人間に関係のある部首
2 村に関係のある部首
3 自然に関係のある部首
4 生き物に関係のある部首
5 道具に関係のある部首
6 その他の部首

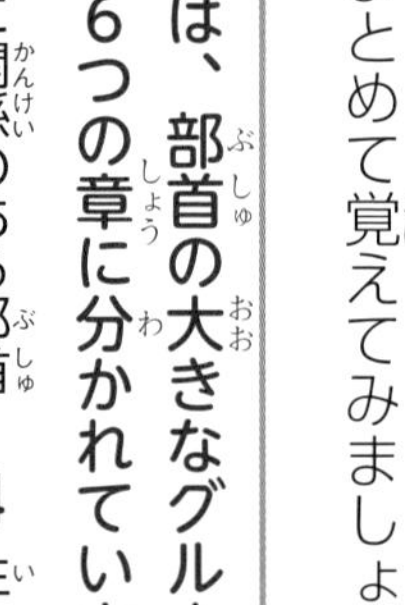

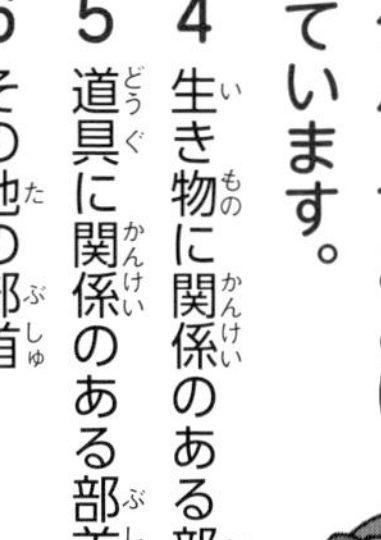

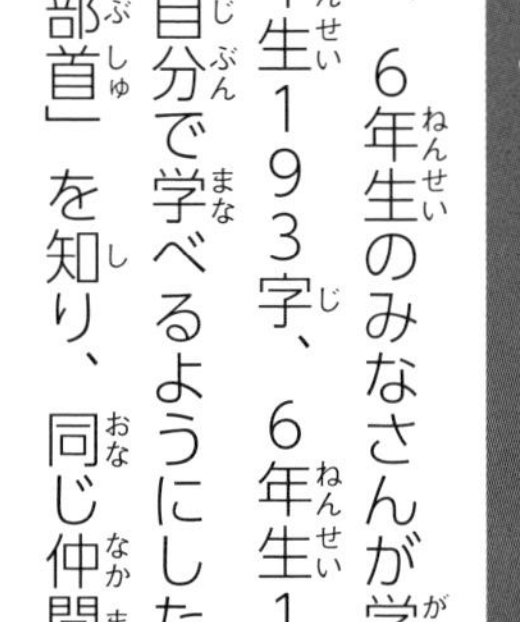

1つの章の中は、さらにいくつかの部首のグループに分かれています。例えば「人間に関係のある部首」の章は、「顔がもとになった部首」「手がもとになった部首」などに分かれます。

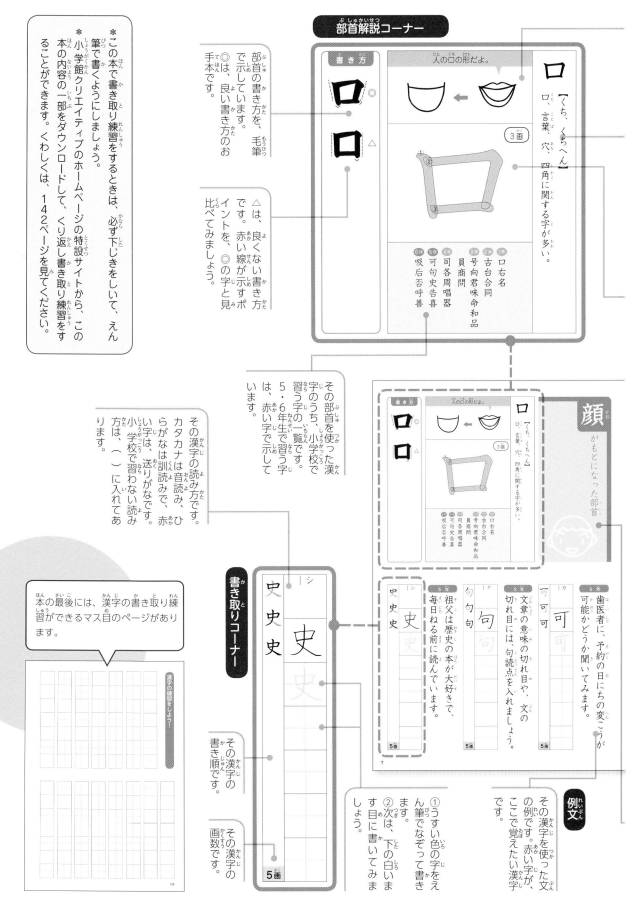

＊この本で書き取り練習をするときは、必ず下じきをしいて、えん筆で書くようにしましょう。

＊小学館クリエイティブのホームページの特設サイトから、この本の内容の一部をダウンロードして、くり返し書き取り練習をすることができます。くわしくは、142ページを見てください。

部首解説コーナー

部首の書き方を、毛筆で示しています。◎は、良い書き方のお手本です。

△は、良くない書き方です。赤い線が示すポイントを、◎の字と見比べてみましょう。

その部首を使った漢字のうち、小学校で習う字の一覧です。5・6年生で習う字は、赤い字で示しています。

その漢字の読み方です。カタカナは音読み、ひらがなは訓読みで、赤い字は、送りがなです。小学校で習わない読み方は、（　）に入れてあります。

書き取りコーナー

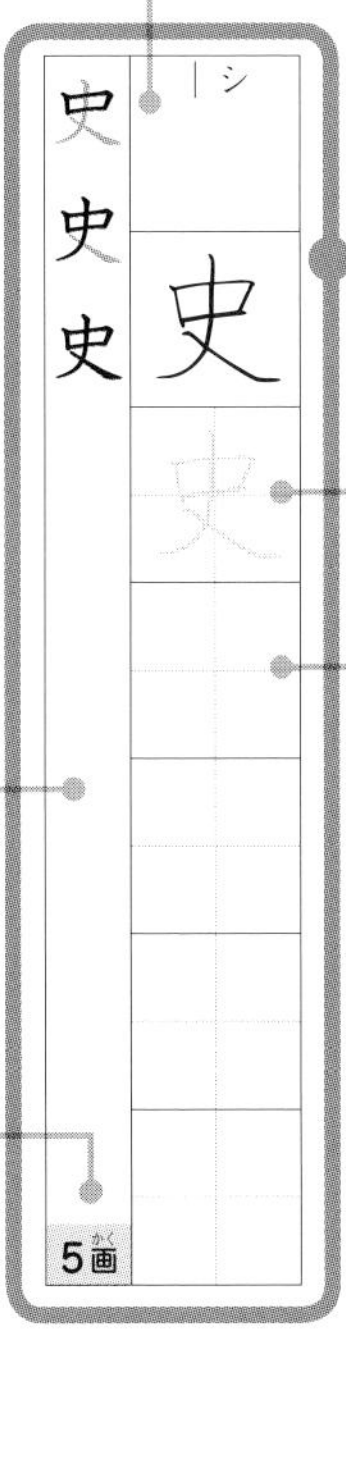

例文

その漢字を使った文の例です。赤い字が、ここで覚えたい漢字です。

①うすい色の字をえん筆でなぞって書きます。②次は、下の白います目に書いてみましょう。

その漢字の書き順です。

その漢字の画数です。

本の最後には、漢字の書き取り練習ができるマス目のページがあります。

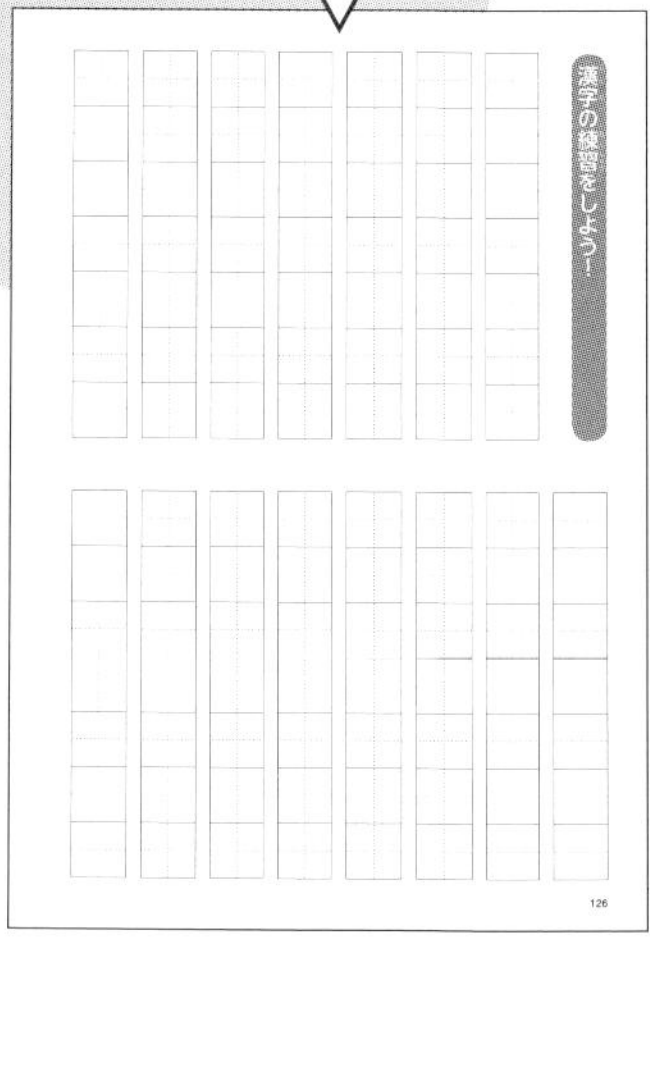

人間に関係のある部首

顔 p.7

［口］
- 口　くち、くちへん
- 欠　あくび、かける
- 舌　した
- 言　ごんべん
- 音　おと
- 歯　は

［目］
- 目　め、めへん
- 見　みる
- 臣　しん

［鼻］
- 自　じ、みずから
- 鼻　はな

［耳］
- 耳　みみ、みみへん

［かみ］
- 毛　け
- 長　ながい
- 老（耂）　おいかんむり

［頭］
- 頁　おおがい
- 面　めん
- 首　くび

手 p.18

- 力　ちから
- 又　また
- 寸　すん
- 廾　にじゅうあし
- 支　しにょう
- 手（扌）　て（てへん）
- 攵　のぶん、ぼくづくり、ぼくにょう
- 殳　るまた

心と体 p.31

- 歹　かばねへん、がつへん
- 心（忄）　こころ（りっしんべん）
- 血　ち
- 肉（月）　にく（にくづき）
- 身　み
- 骨　ほね、ほねへん

姿 p.36

- 人（亻、𠆢）　ひと（にんべん、ひとやね）
- 勹　つつみがまえ
- 匕　ひ
- 儿　ひとあし、にんにょう
- 卩　ふし、ふしづくり、わりふ
- 尸　かばね、しかばね
- 大　だい
- 立　たつ
- 比　ひ、くらべる
- 疒　やまいだれ
- 艮　こんづくり
- 色　いろ

足 p.27

- 辶　しんにょう、しんにゅう
- 夂　ふゆがしら
- 尢　まげあし、おう
- 止　とめる、とめへん
- 癶　はつがしら
- 疋　ひき
- 足（⻊）　あし（あしへん）
- 走　はしる、そうにょう

家族 p.45

- 女　おんな、おんなへん
- 子　こ、こへん
- 士　さむらい
- 父　ちち
- 母（毋）　はは（ははのかん、なかれ）

顔（かお）がもとになった部首

口

【くち、くちへん】

口、言葉、穴、四角に関する字が多い。

人の口の形だよ。

3画

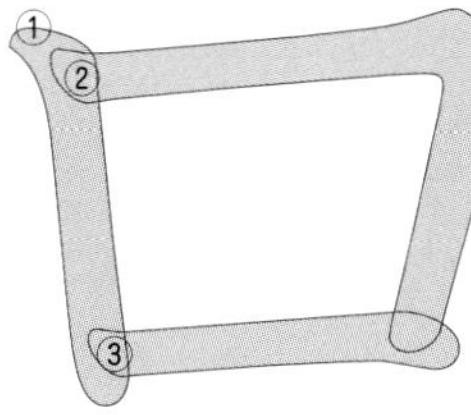

1年 口右名
2年 古台合同
3年 号向君味命和品員商問
4年 司各周唱器
5年 可句史告喜
6年 吸后否呼善

書き方

口 ◎

口 △

5年

歯医者に、予約の日にちの変こうが可能かどうか聞いてみます。

可　カ

可 可 可

5画

5年

文章の意味の切れ目や、文の切れ目には、句読点を入れましょう。

句　ク

句 句 句

5画

5年

祖父は歴史の本が大好きで、毎日ねる前に読んでいます。

史　シ

史 史 史

5画

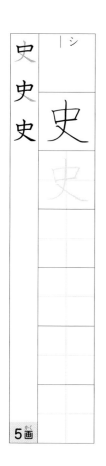

5年

「いたずらをしたのはわたしです」と正直に告白すると、母は喜びました。

告 コク／つげる　7画

告 告 告 告 告

喜 キ／よろこぶ　12画

喜 喜 喜 喜 喜 喜 喜 喜

6年

静かに息を吸って、皇后さまは朗読を始められました。

吸 キュウ／すう　6画

吸 吸 吸 吸

后 コウ／—　6画

后 后 后 后

6年

相手の話を最後まで聞かないで否定するのはよくありません。

否 ヒ／(いな)　7画

否 否 否 否 否

6年

急に大声で名前を呼ばれてびっくりしました。

呼 コ／よぶ　8画

呼 呼 呼 呼 呼 呼

6年

「善は急げ」。善い行いは、言葉にするよりもすぐに実行しましょう。

善 ゼン／よい　12画

善 善 善 善 善 善 善 善

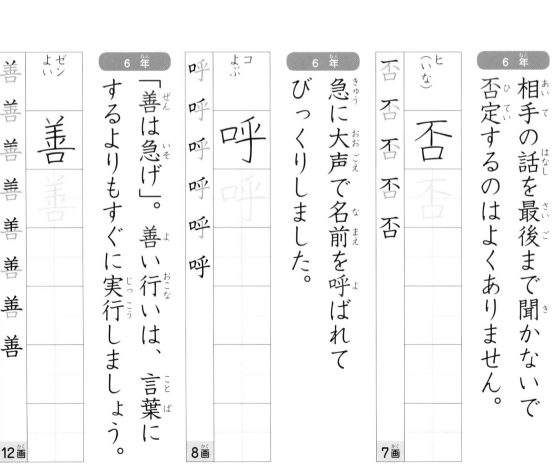

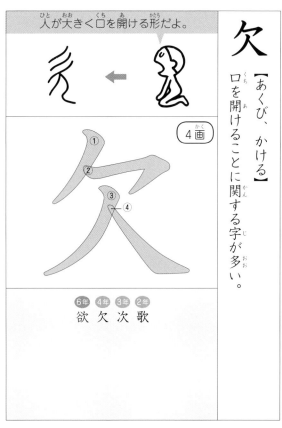

欠【あくび、かける】

口を開けることに関する字が多い。

人が大きく口を開ける形だよ。

4画

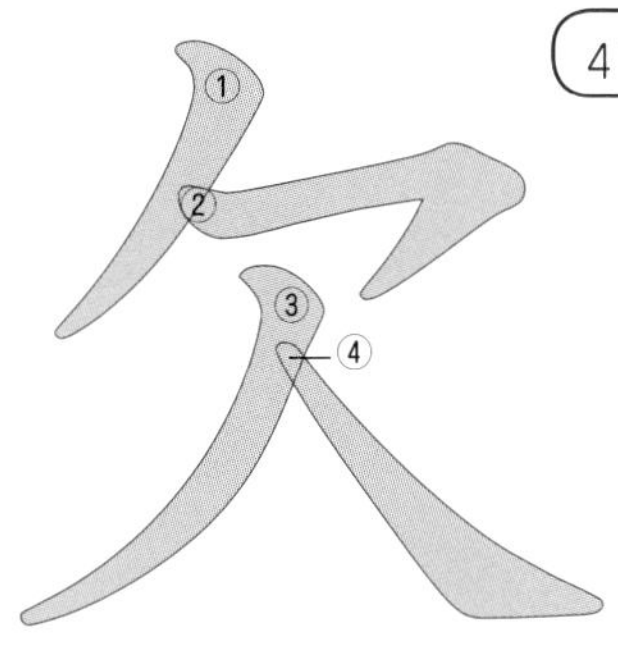

6年 欲　4年 欠　3年 次　2年 歌

書き方

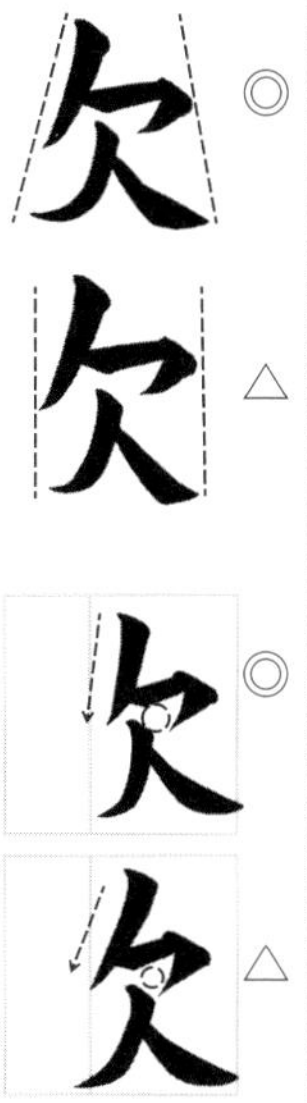

6年

昼ごはんの後におかしを食べすぎて、食欲がありません。

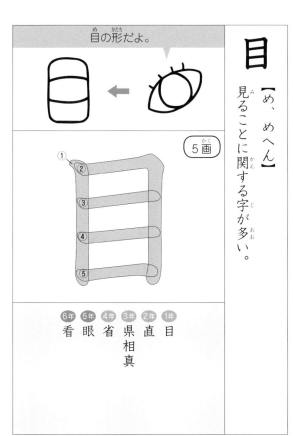

欲　ヨク（ほっする）（ほしい）

欲 欲 欲 欲 欲 欲 欲 欲 欲

11画

毛【け】

毛に関する字が多い。

動物の体の毛だよ

4画

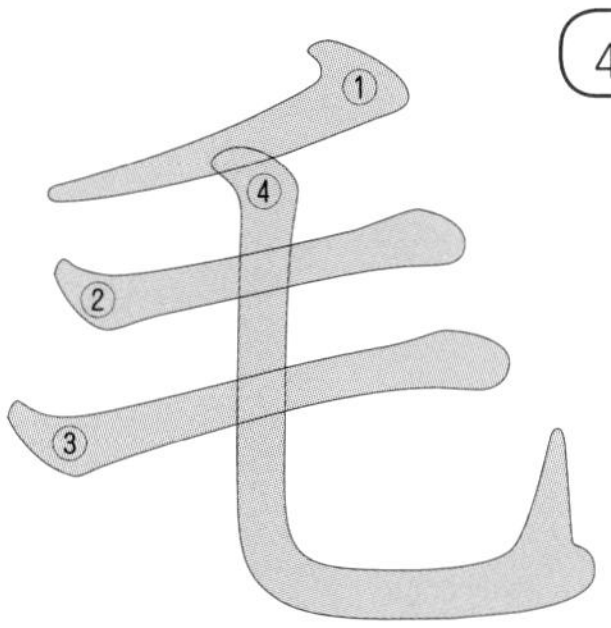

2年 毛

目【め、めへん】

見ることに関する字が多い。

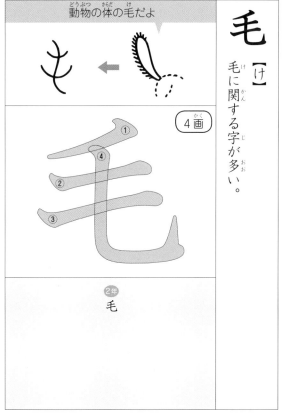

目の形だよ。

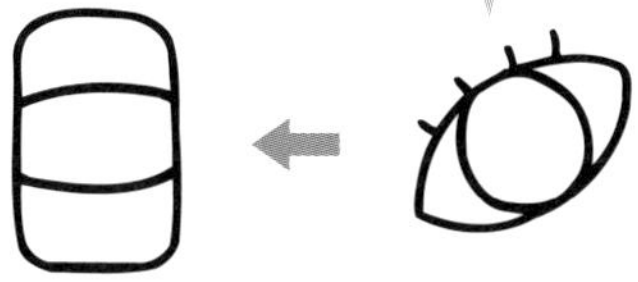

5画

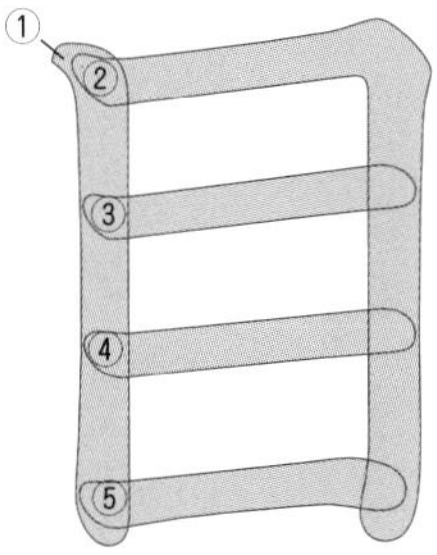

6年 看　5年 眼　4年 省　3年 県 相 真　2年 直　1年 目

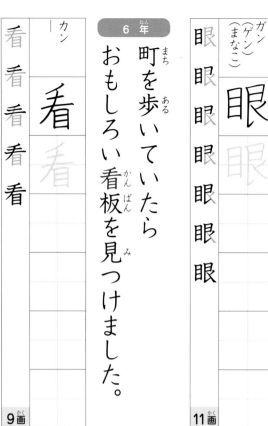

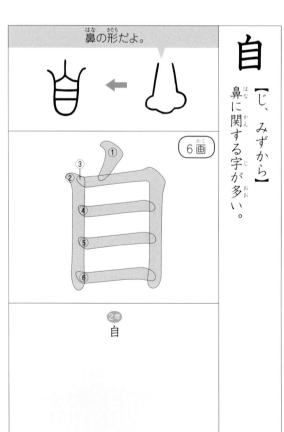

書き方

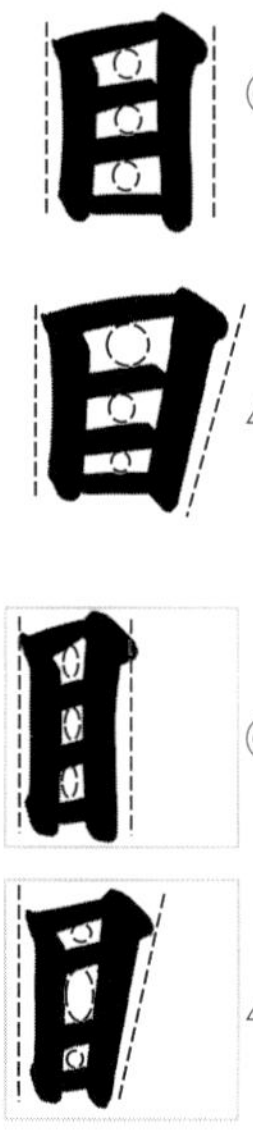

5年

夏休みの自由研究を先生に見せたら、着眼点がいいとほめられました。

眼

ガン
（ゲン）
（まなこ）

11画

眼 眼 眼 眼 眼 眼 眼

6年

町を歩いていたらおもしろい看板を見つけました。

看

カン

9画

看 看 看 看 看

老（耂）

【おいかんむり】
老人に関する字が多い。

長い白がの、老人の姿だよ。

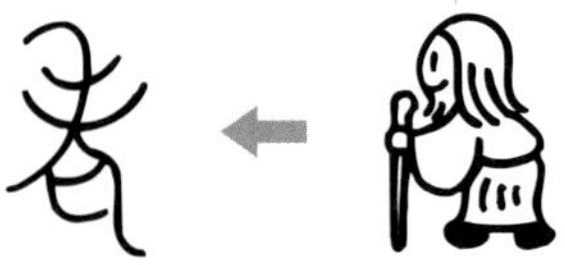

6画

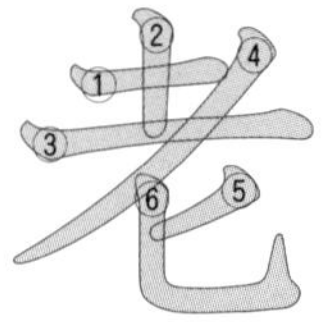

4画

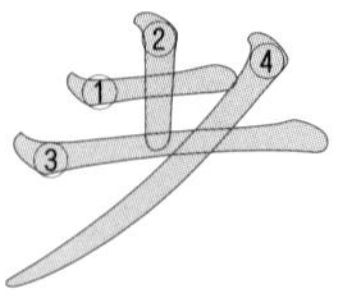

4年 老　3年 者　2年 考

自

【じ、みずから】
鼻に関する字が多い。

鼻の形だよ。

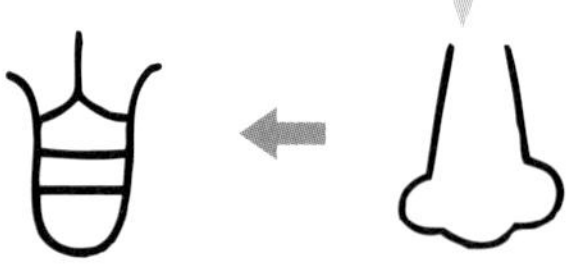

6画

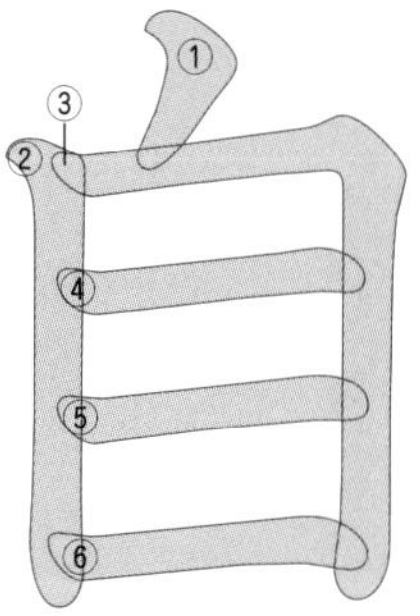

2年 自

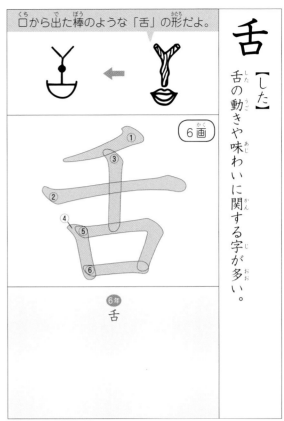

舌

【した】

舌の動きや味わいに関する字が多い。

口から出た棒のような「舌」の形だよ。

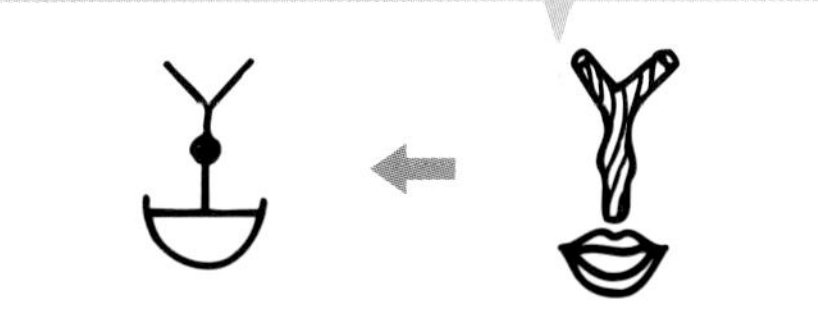

6画

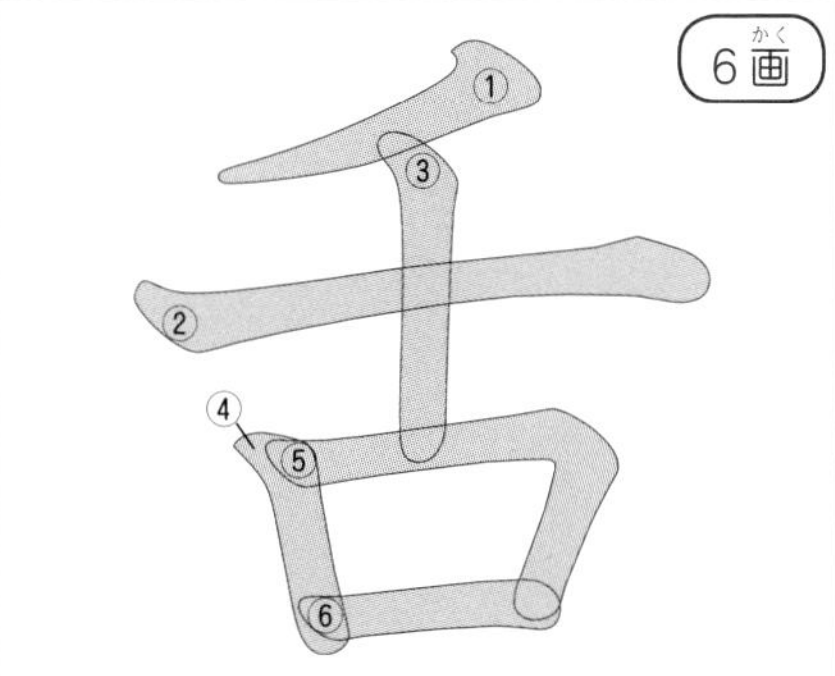

6年 舌

書き方

6年

できたてのスープを飲んだら、熱くて舌をやけどしました。

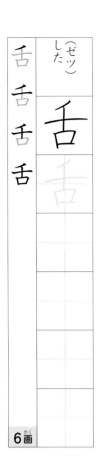

（ゼツ）した

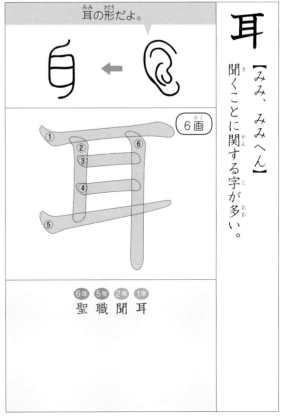

舌 舌 舌 舌

6画

耳

【みみ、みみへん】

聞くことに関する字が多い。

耳の形だよ。

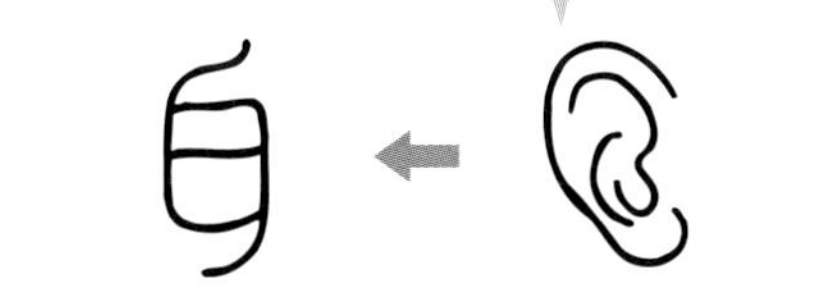

6画

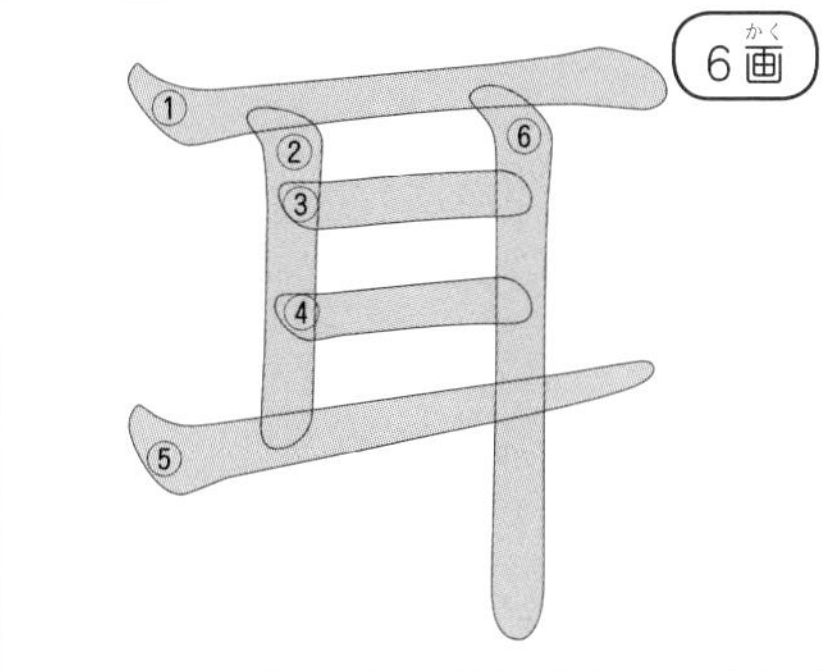

6年 5年 2年 1年

聖 職 聞 耳

書き方

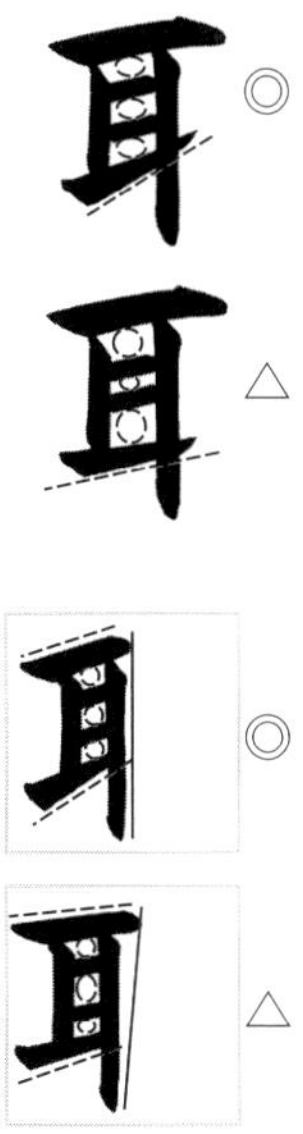

5年

友だちから、しょう来は職人になりたいという気持ちを聞きました。

ショク

職 職 職 職 職 職 職 職

18画

6年

神父さんから、聖書のお話を聞きました。

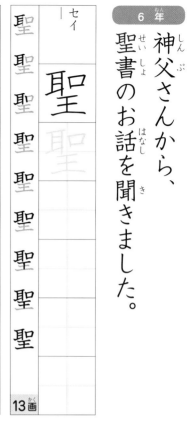

聖

セイ

13画

言【ごんべん】

言葉や表現に関する文字が多い。

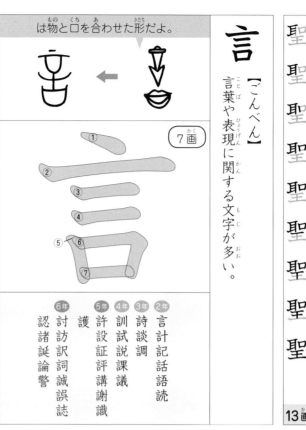

は物と口を合わせた形だよ。

7画

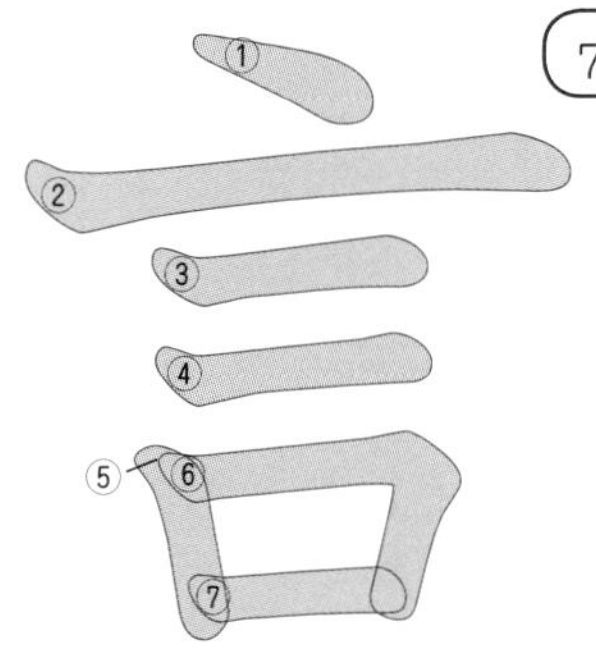

2年 言 計 記 話 語 読

3年 詩 談 調

4年 訓 試 説 課 議

5年 許 設 証 評 講 謝 識 護

6年 討 訪 訳 詞 誠 誤 誌 認 諸 誕 論 警

書き方

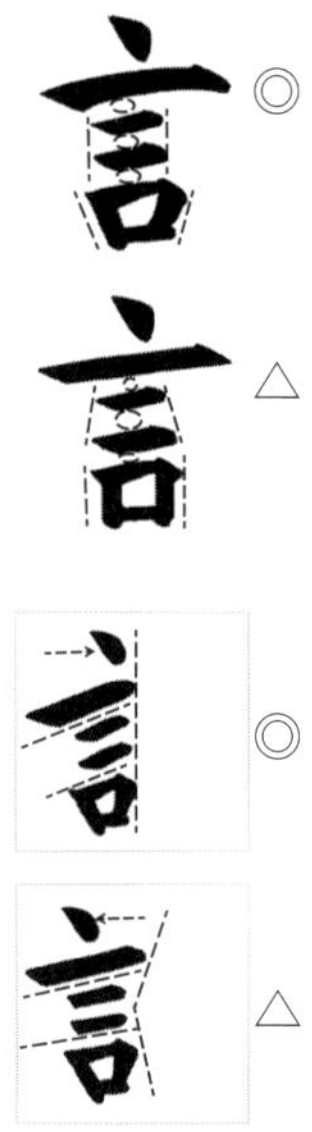

5年

計画中のビルを建てる許可をもらうには、設計図が必要です。

許

キョ
ゆるす

11画

設

セツ
もうける

11画

5年

あのレストランは、学生証を見せると安くなると評判です。

証

ショウ

12画

評

ヒョウ

12画

5年(ねん)

今日(きょう)の講演会(こうえんかい)によんでいただいて、感謝(かんしゃ)しています。

講　コウ　17画(かく)

講講講講講講講講

謝　シャ（あやまる）　17画(かく)

謝謝謝謝謝謝謝謝

5年(ねん)

事故(じこ)で意識(いしき)がなくなった人(ひと)をかん護(ご)しました。

識　シキ　19画(かく)

識識識識識識識識

護　ゴ　20画(かく)

護護護護護護護護

6年(ねん)

先生(せんせい)が、家庭訪問(かていほうもん)の順番(じゅんばん)を検討(けんとう)しました。

訪　ホウ　たずねる（おとずれる）　11画(かく)

訪訪訪訪訪

討　トウ（うつ）　10画(かく)

討討討討

6年(ねん)

この英語(えいご)の歌詞(かし)を日本語(にほんご)に訳(やく)してください。

詞　シ　12画(かく)

詞詞詞詞詞詞

訳　ヤク　わけ　11画(かく)

訳訳訳訳訳

6年

誠意をもって説明したのに、誤解されてしまいました。

誠
セイ
（まこと）
13画

誤
ゴ
あやまる
14画

6年

学級日誌をなくしてしまったことは認めます。申し訳ありません。

誌
シ
14画

認
（ニン）
みとめる
14画

6年

ヨーロッパ諸国を旅している間に、誕生日をむかえました。

諸
ショ
15画

誕
タン
15画

6年

大雨警報が出ているので、遠足中止の結論を出しました。

警
ケイ
19画

論
ロン
15画

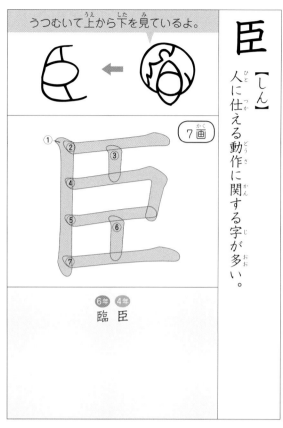

臣

【しん】人に仕える動作に関する字が多い。

うつむいて上から下を見ているよ。

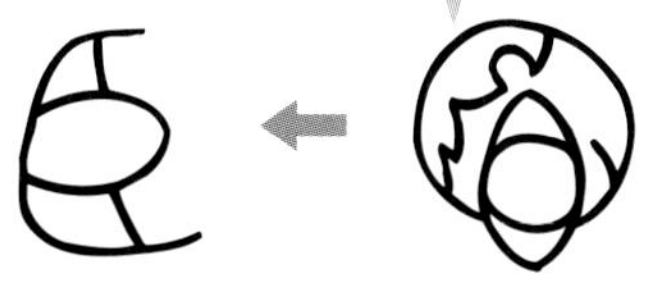

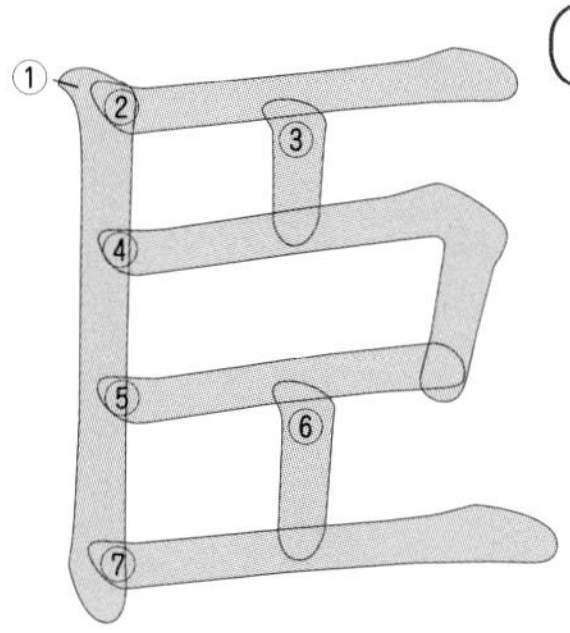

7画

6年	4年
臨	臣

書き方

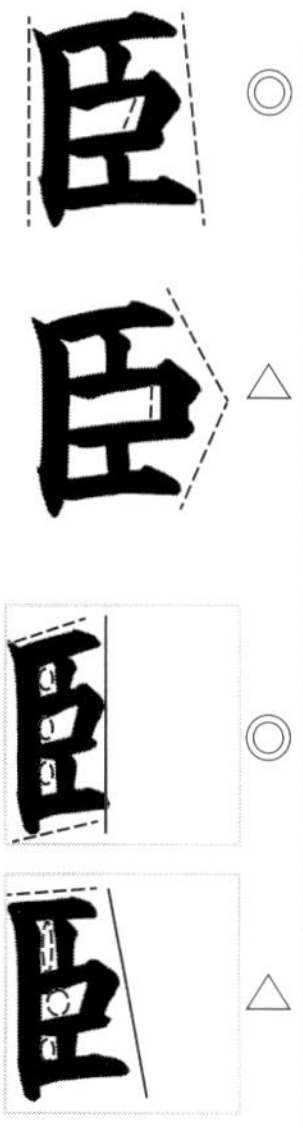

6年

年末年始の臨時列車について、時刻表を見ました。

リン（のぞむ）

臨

18画

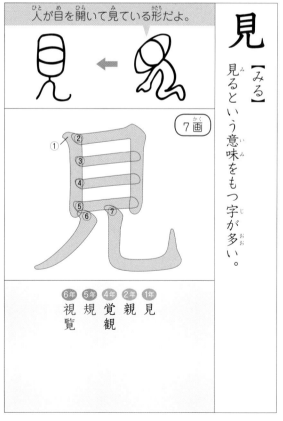

見

【みる】見るという意味をもつ字が多い。

人が目を開いて見ている形だよ。

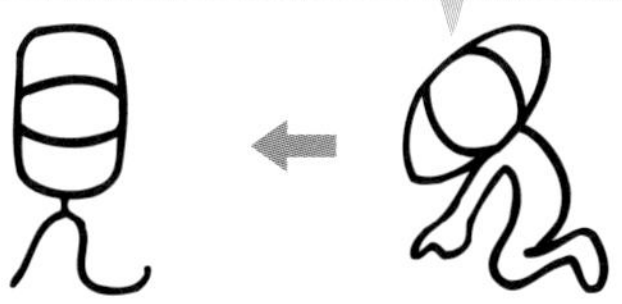

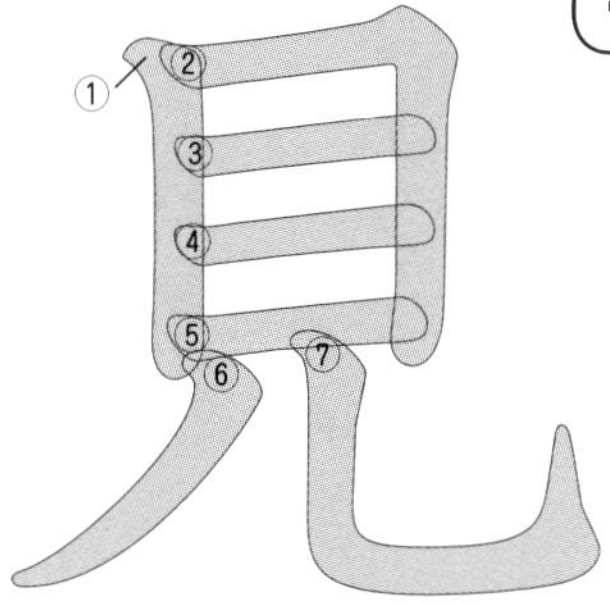

7画

6年	5年	4年	2年	1年
視	規	覚	親	見
覧		観		

書き方

5年

規則正しく欠けていく月の観察をしましょう。

キ

規

11画

6年

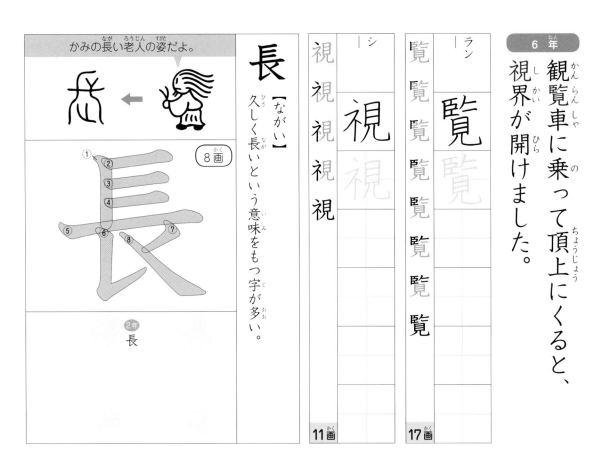

観覧車に乗って頂上にくると、視界が開けました。

覧
ラン
17画

視
シ
11画

長【ながい】

久しく長いという意味をもつ字が多い。

かみの長い老人の姿だよ。

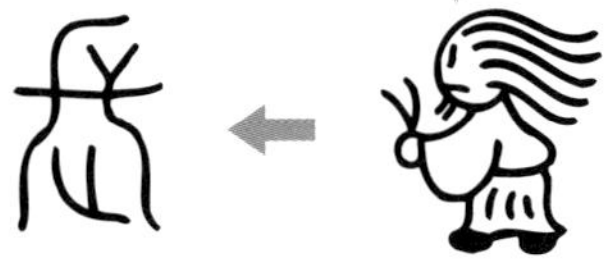

8画

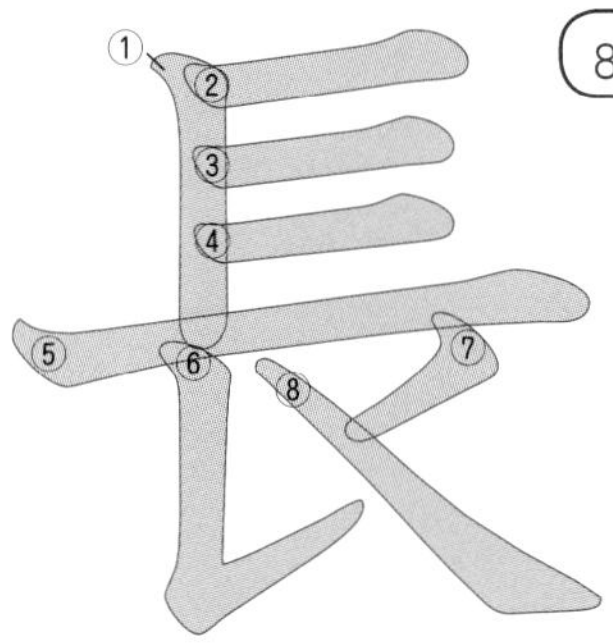

2年 長

頁【おおがい】

頭や首の動作に関する字が多い。

頭を大きくえがいた、人の形だよ。

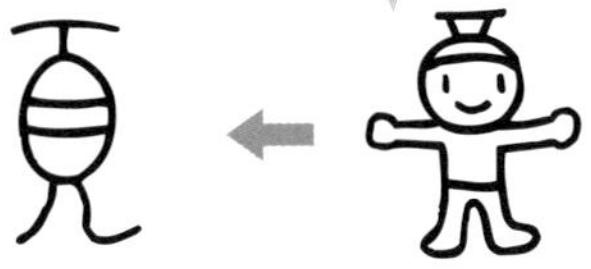

9画

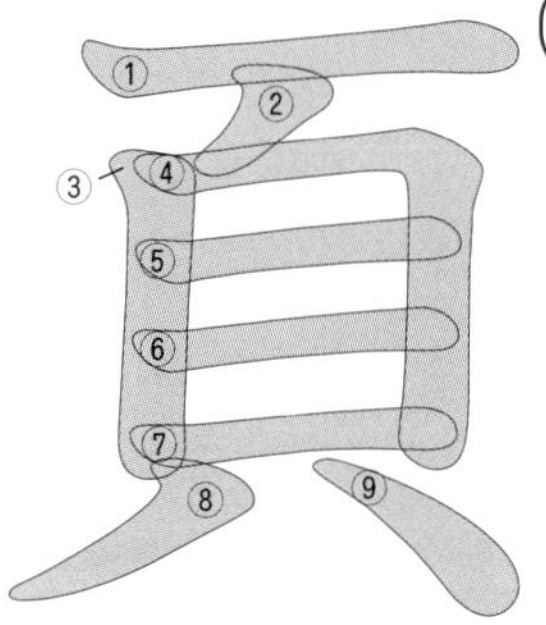

6年	5年	4年	3年	2年
頂 預	領 額	順 類 願	題	頭 顔

書き方

5年

今日のテレビのニュースで、アメリカ大統領の演説を見ました。

領
リョウ
14画

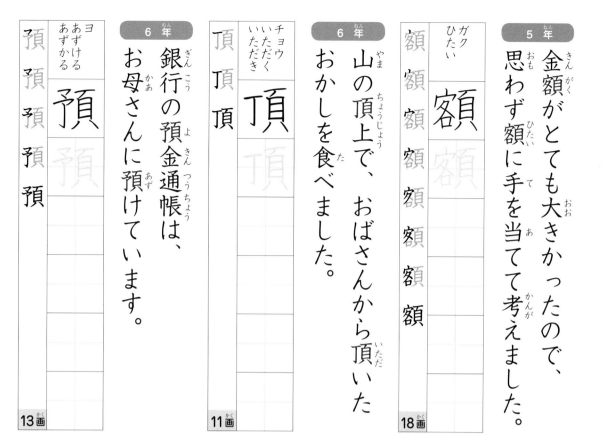

5年

金額がとても大きかったので、思わず額に手を当てて考えました。

額 ガク ひたい

18画

6年

山の頂上で、おばさんから頂いたおかしを食べました。

頂 チョウ いただく いただき

11画

6年

銀行の預金通帳は、お母さんに預けています。

預 ヨ あずける あずかる

13画

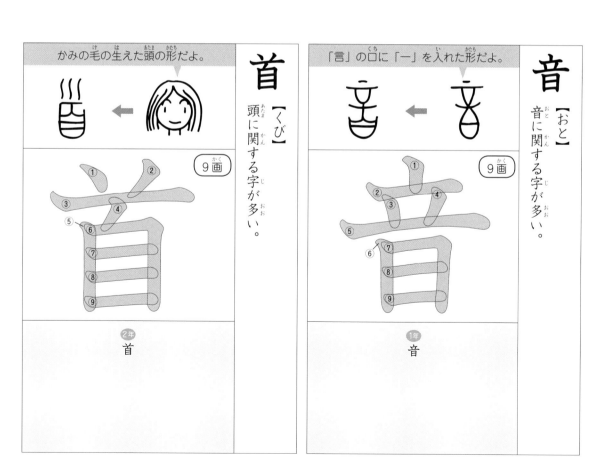

音

【おと】

音に関する字が多い。

「言」の口に「一」を入れた形だよ。

9画

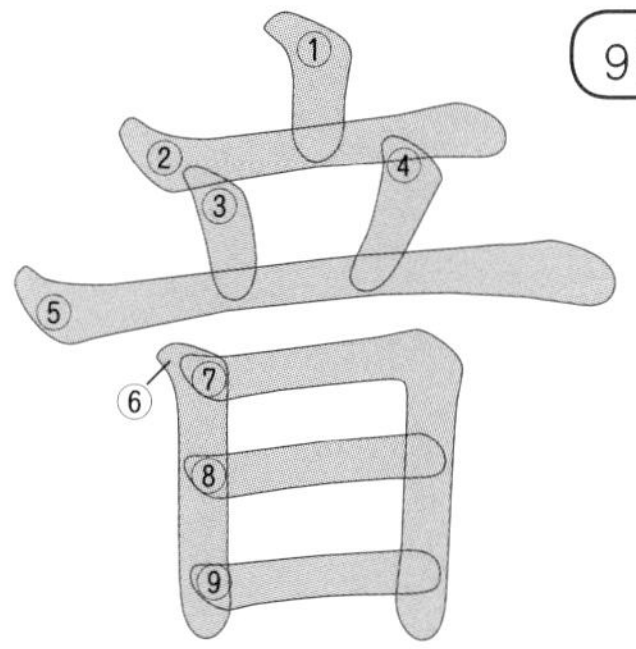

1年 音

首

【くび】

頭に関する字が多い。

かみの毛の生えた頭の形だよ。

9画

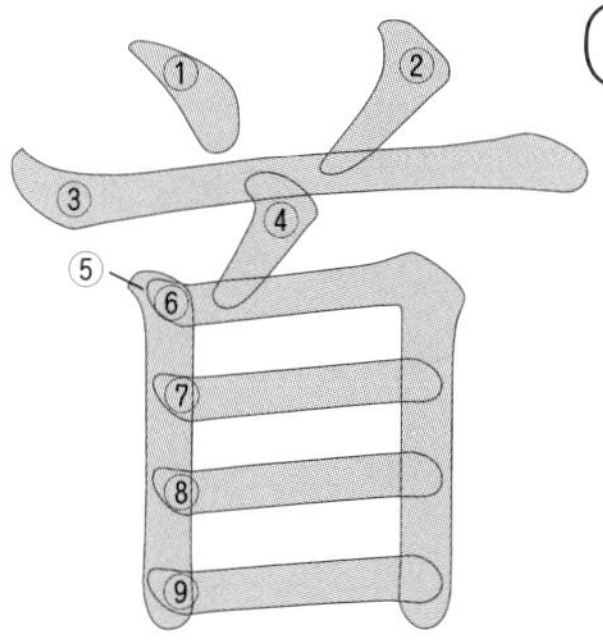

2年 首

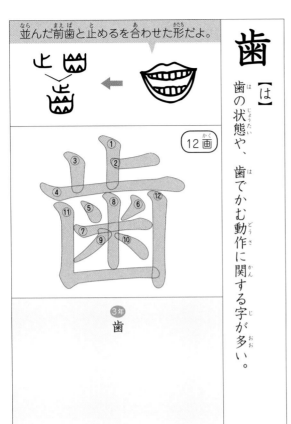

面

【めん】

顔に関する字が多い。

顔を囲んだ形だよ。

9画

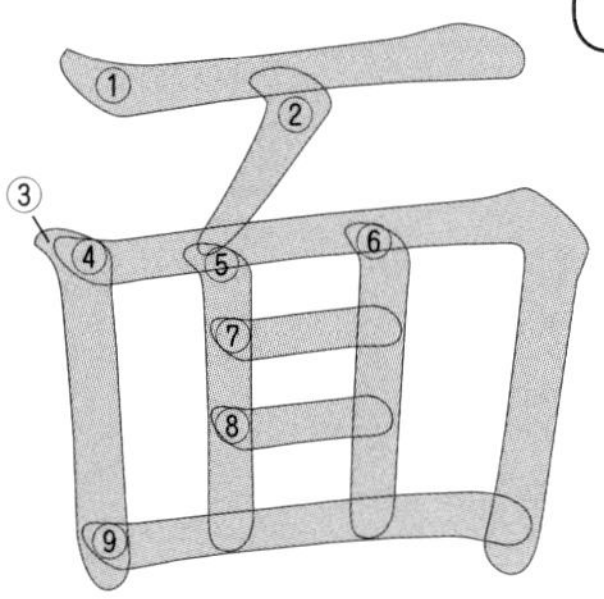

3年

面

歯

【は】

歯の状態や、歯でかむ動作に関する字が多い。

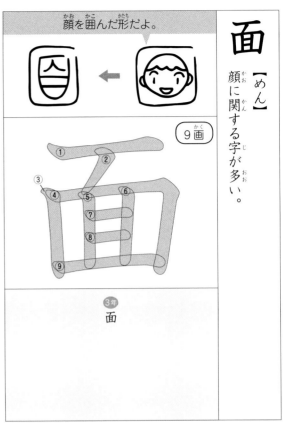

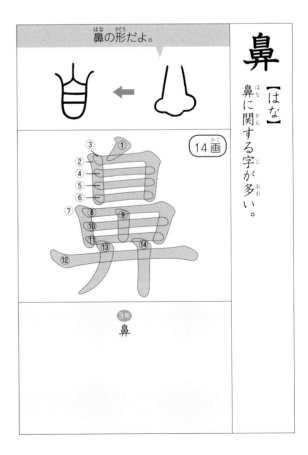

並んだ前歯と止めるを合わせた形だよ。

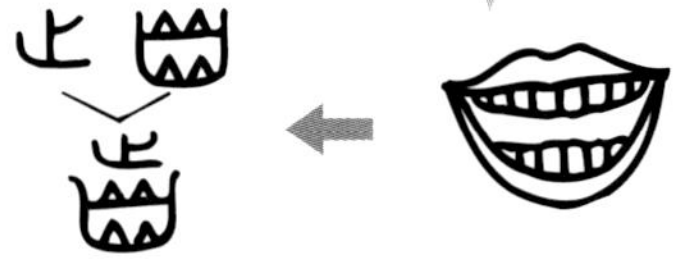

12画

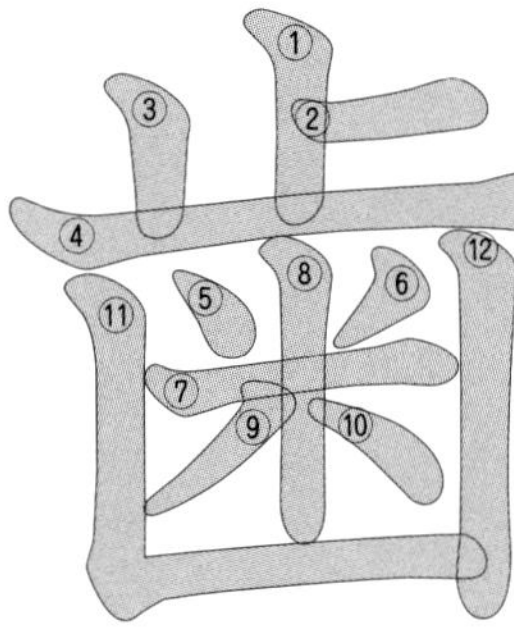

3年

歯

鼻

【はな】

鼻に関する字が多い。

鼻の形だよ。

14画

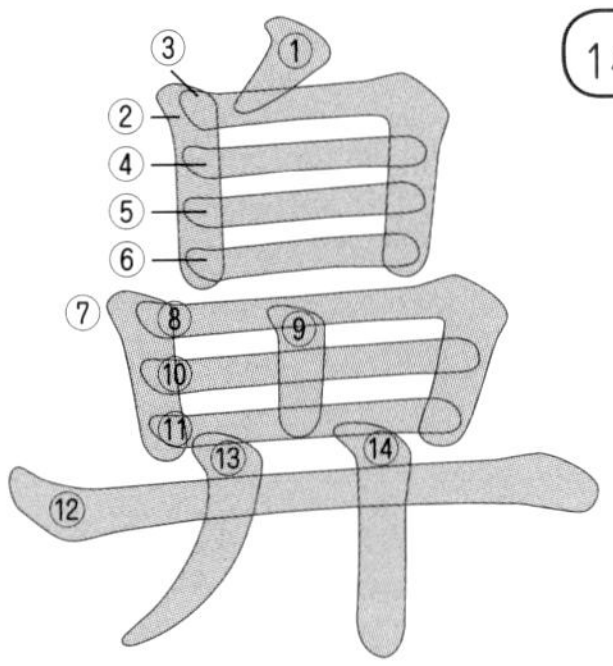

3年

鼻

手(て)がもとになった部首

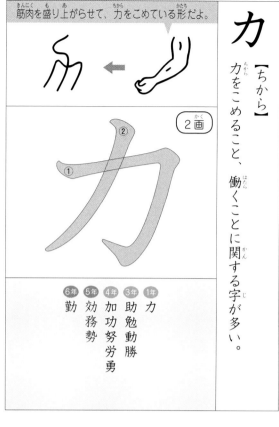

力

【ちから】

力(ちから)をこめること、働(はたら)くことに関(かん)する字(じ)が多い。

筋肉(きんにく)を盛(も)り上(あ)がらせて、力(ちから)をこめている形(かたち)だよ。

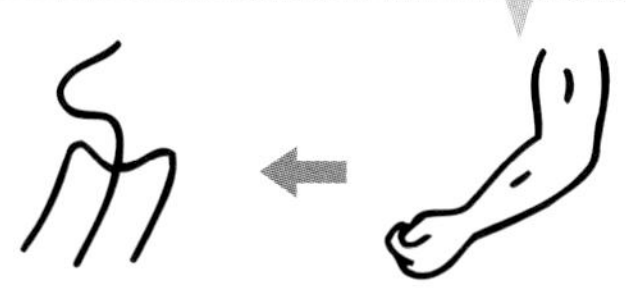

2画(かく)

①②

1年	3年	4年	5年	6年
力	助 勉 動 勝	加 功 努 労 勇	効 務 勢	勤

書(か)き方(かた)

力 ◎

力 △

力 ◎

力 △

5年(ねん)

よく効(き)くという薬(くすり)を飲(の)みましたが、効果(こうか)がありませんでした。

効 コウ きく

効 効 効 効 効 効 効

8画(かく)

5年(ねん)

事務室(じむしつ)では、事務(じむ)の先生(せんせい)が電(でん)たくを手(て)にして務(つと)めています。

務 ム つとめる つとまる

務 務 務 務 務 務 務 務 務

11画(かく)

5年(ねん)

勢(いきお)いがつきすぎて転(ころ)び、手(て)をついたところを、大勢(おおぜい)の人(ひと)に見(み)られました。

勢 セイ いきおい

勢 勢 勢 勢 勢 勢 勢 勢 勢 勢

13画(かく)

6年(ねん)

銀行(ぎんこう)に勤(つと)めている父(ちち)は、毎朝(まいあさ)同(おな)じ電車(でんしゃ)で通勤(つうきん)しています。

勤 キン（ゴン） つとめる つとまる

勤 勤 勤 勤 勤 勤 勤 勤 勤

12画(かく)

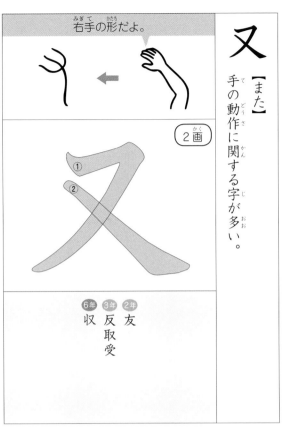

又【また】

手の動作に関する字が多い。

右手の形だよ。

2画

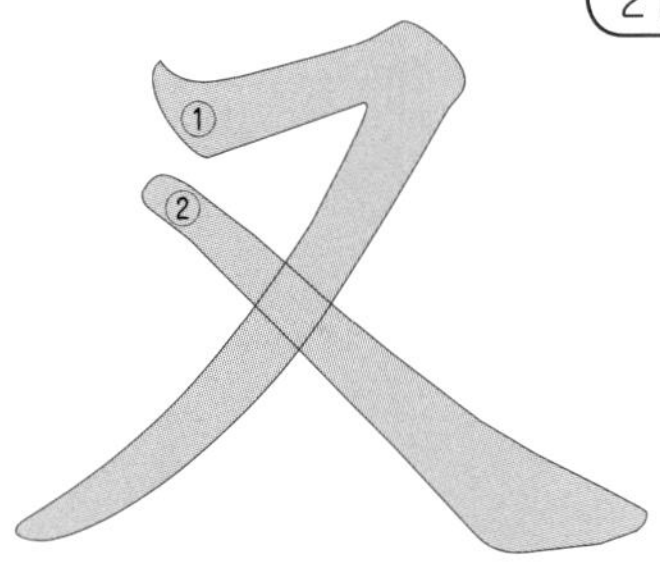

6年	3年	2年
収	反 取 受	友

書き方

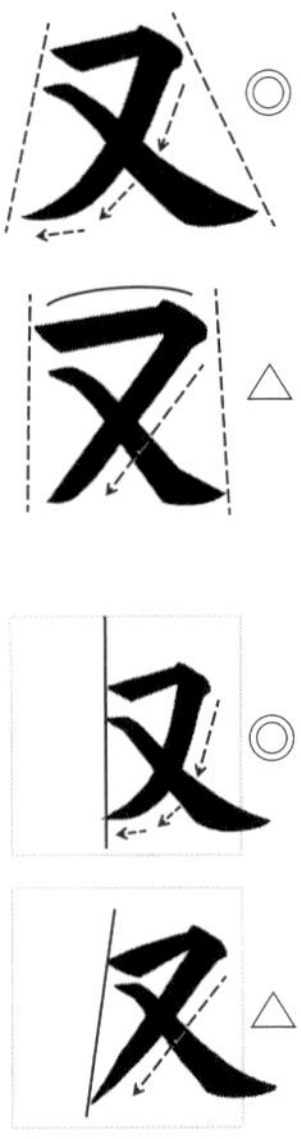

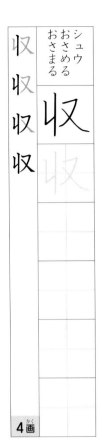

6年

ゆかに散らばった本を回収して、元の本だなに収めました。

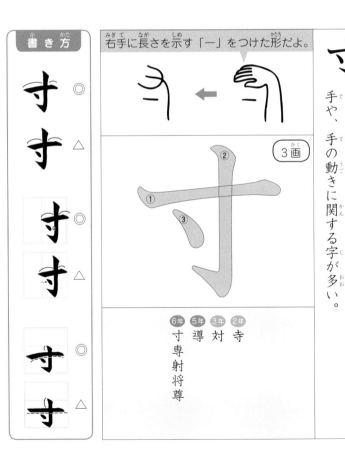

収 シュウ おさめる おさまる

4画

収 収 収 収

寸【すん】

手や、手の動きに関する字が多い。

右手に長さを示す「一」をつけた形だよ。

3画

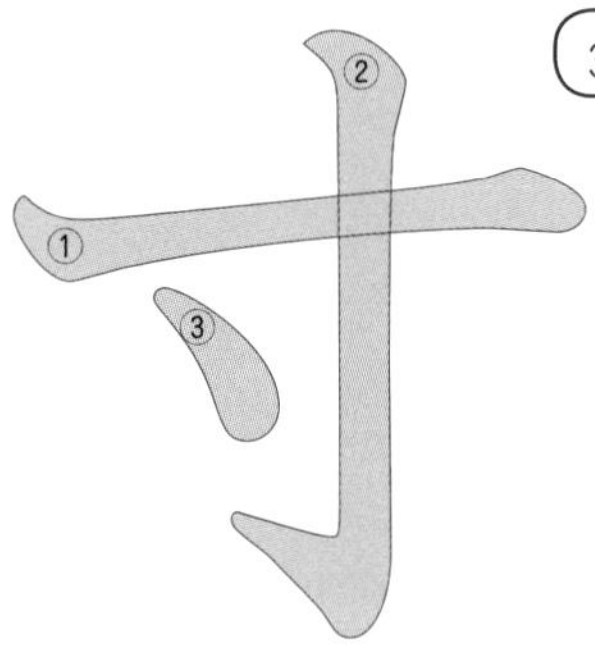

6年	5年	3年	2年
寸 専 射 将 尊	導	対	寺

書き方

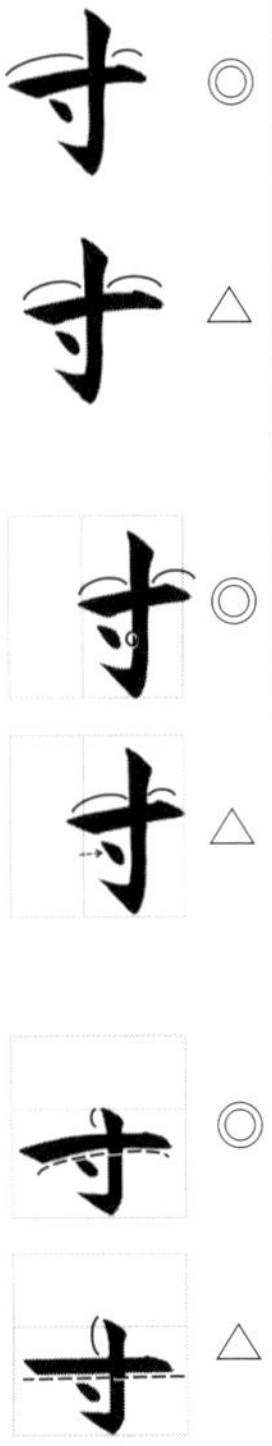

5年

物語の導入部は、旅人が子どもに手を引かれ、村に導かれる場面です。

導 ドウ みちびく

15画

導 導 導 導 導 導 導 導

6年

専用の定規を使って、寸法を測りました。

専
セン
(もっぱら)
専 専 専 専 専 専 専 専
9画

寸
スン
寸 寸 寸
3画

6年

射的が得意な将軍は、弓をひいて矢を射ました。

射
シャ
いる
射 射 射 射 射 射 射 射
10画

将
ショウ
将 将 将 将 将 将 将 将
10画

6年

相手の意見を尊重するのは尊いことです。

尊
ソン
たっとい
とうとい
たっとぶ
とうとぶ
尊 尊 尊 尊 尊 尊 尊 尊
12画

廾【にじゅうあし】

手で差し出すことに関する字が多い。

両手でものを差し出す形だよ。

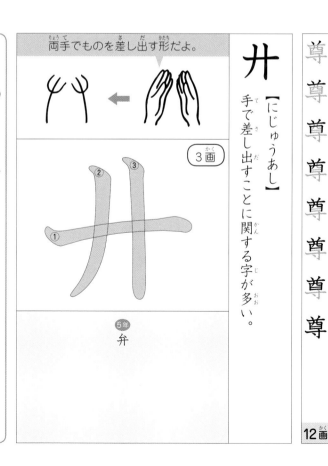

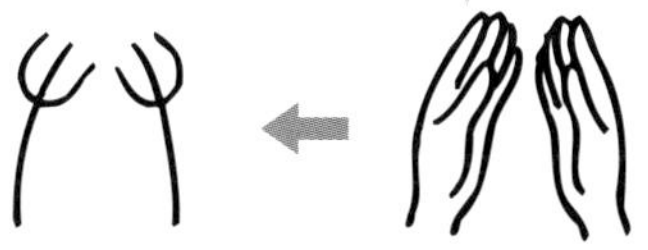

3画

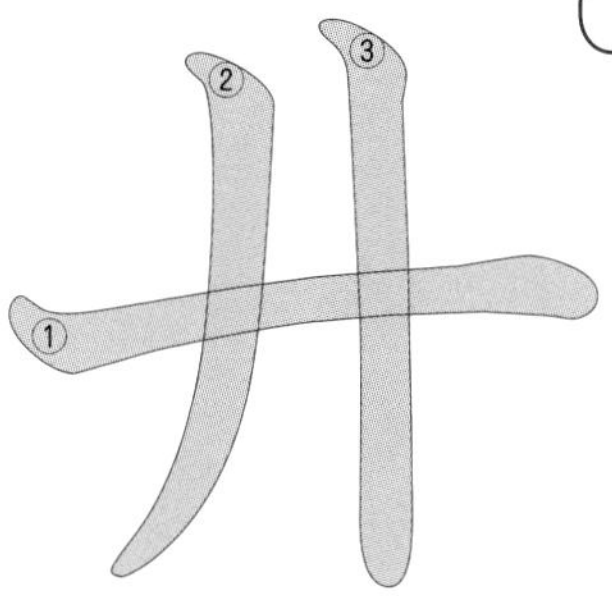

5年
弁

書き方

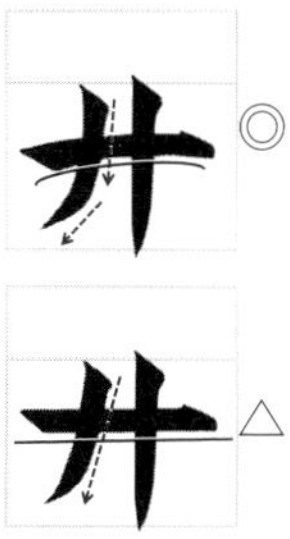

5年

今日は、お母さんの手作り弁当なので、楽しみです。

弁

ベン

弁 弁 弁 弁 弁

5画

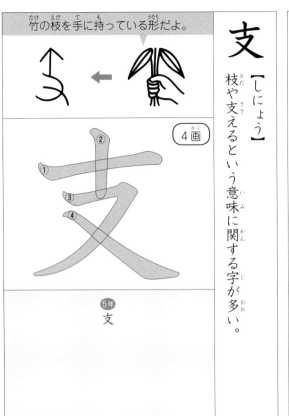

支【しにょう】

枝や支えるという意味に関する字が多い。

竹の枝を手に持っている形だよ。

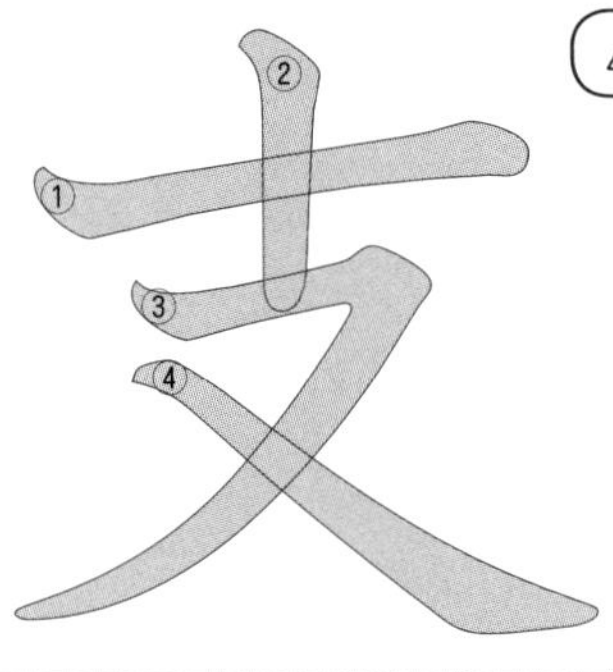

4画

5年 支

書き方

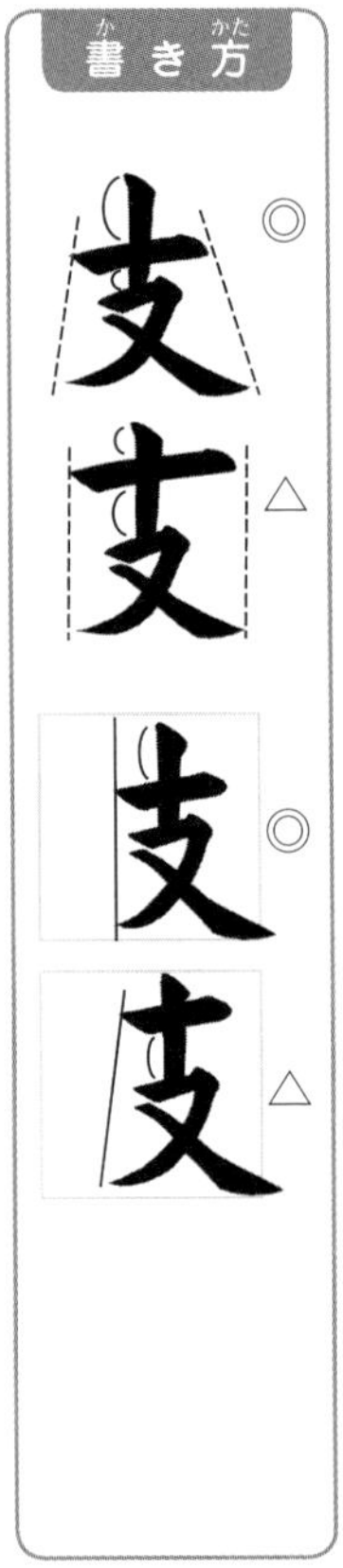

5年

年をとった支配者は、つえで体を支えて立っています。

支

シ
ささえる

支 支 支 支

4画

手（扌）【て（てへん）】

手に関する字が多い。

手の形だよ。

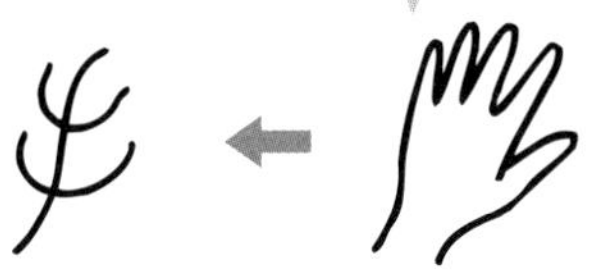

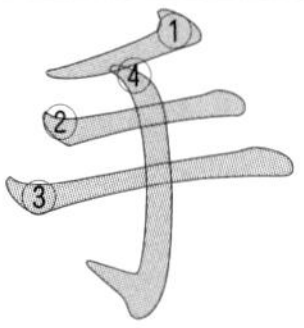

4画

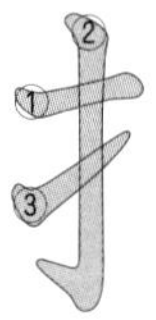

3画

1年	2年	3年	4年	5年	6年
手	才	打 投 指 持 拾	折 挙	技 招 採 授 接 提 損	批 拡 承 担 拝 捨 推 探 揮 操

書き方

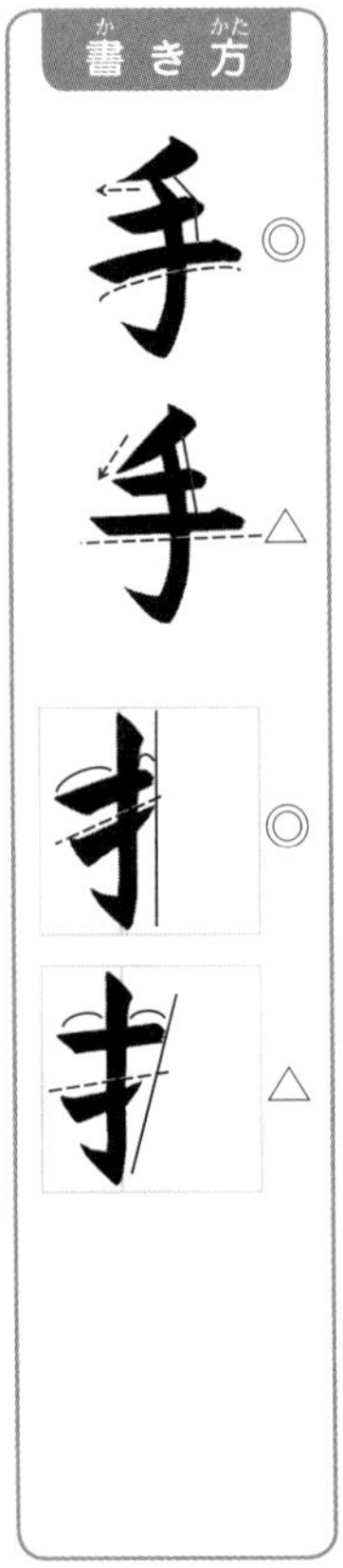

5年

招待客の中から一人を手招きして、特技の手品を手伝ってもらいました。

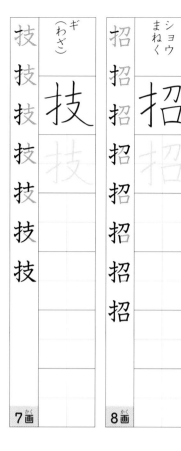

招
ショウ
まねく
8画

技
ギ
（わざ）
7画

5年

夏休み前の理科の授業で、こん虫採集を取り上げました。

授
ジュ
（さずける）
（さずかる）
11画

採
サイ
とる
11画

5年

電池を直列とへい列に接続して、ちがいを調べました。

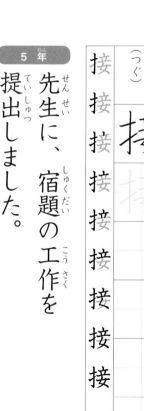

接
セツ
（つぐ）
11画

5年

先生に、宿題の工作を提出しました。

提
テイ
（さげる）
12画

5年

せっかくがんばったのに、これではほね折り損のくたびれもうけだよ。

損
ソン
（そこなう）
（そこねる）
13画

6年

せまくて危険(きけん)だと批判(ひはん)されていた、歩道(ほどう)の拡張工事(かくちょうこうじ)が始(はじ)まりました。

批　ヒ　7画

拡　カク　8画

6年

友人(ゆうじん)に作業(さぎょう)の分担(ぶんたん)をお願(ねが)いしたら、快(こころよ)く承知(しょうち)してくれました。

担　タン　(かつぐ)　(になう)　8画

承　ショウ　(うけたまわる)　8画

6年

神社(じんじゃ)に参拝(さんぱい)した帰(かえ)り、空(あ)きかんが道(みち)に捨(す)てられていたので拾(ひろ)いました。

拝　ハイ　おがむ　8画

捨　シャ　すてる　11画

6年

いま推理小説(すいりしょうせつ)で、探(たん)ていが証(しょう)こを探(さが)しているところを読(よ)んでいます。

推　スイ　(おす)　11画

探　タン　さがす　(さぐる)　11画

6年

気持ちをうまく操作しないと、試合では実力が発揮できません。

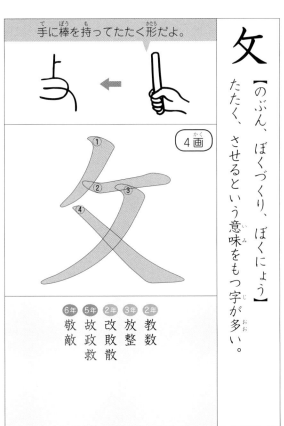

操

ソウ
（みさお）
（あやつる）

16画

揮

キ

12画

攵【のぶん、ぼくづくり、ぼくにょう】

たたく、させるという意味をもつ字が多い。

手に棒を持ってたたく形だよ。

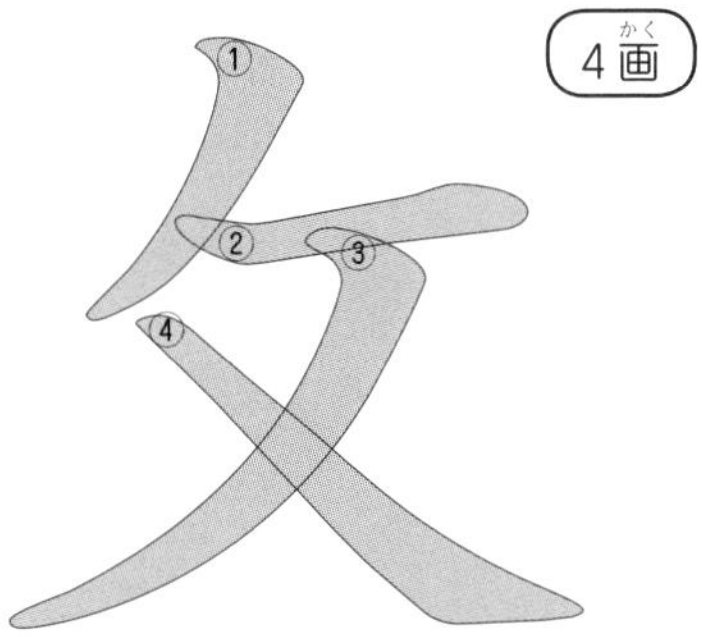

6年	5年	2年	3年	2年
敬	故	改	放	教
敵	政	敗	整	数
	救	散		

書き方

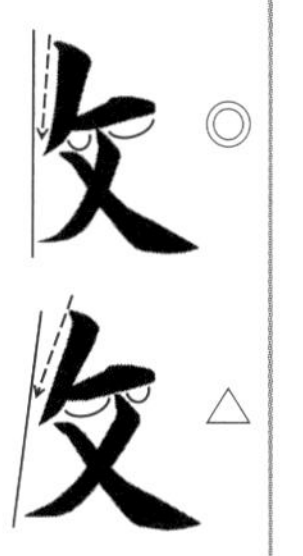

5年

故人はこの町で政治家になった初めての人でした。

故

コ
（ゆえ）

9画

政

セイ
（ショウ）
（まつりごと）

9画

5年

交通事故の現場に救急車がとう着し、けが人を救いました。

救

キュウ
すくう

11画

6年

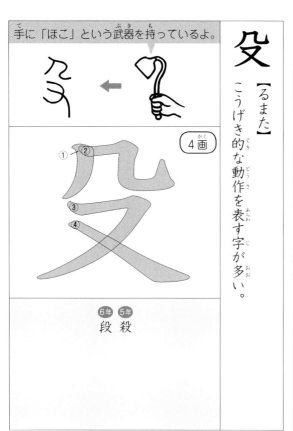

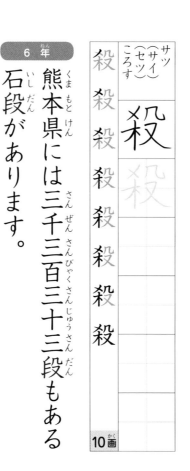

スポーツマンシップにのっとって、敵にも敬意をはらいましょう。

敵 テキ（かたき） 15画

敬 ケイ うやまう 12画

殳【るまた】
こうげき的な動作を表す字が多い。

手に「ほこ」という武器を持っているよ。

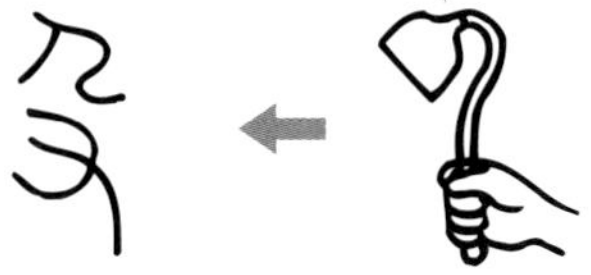

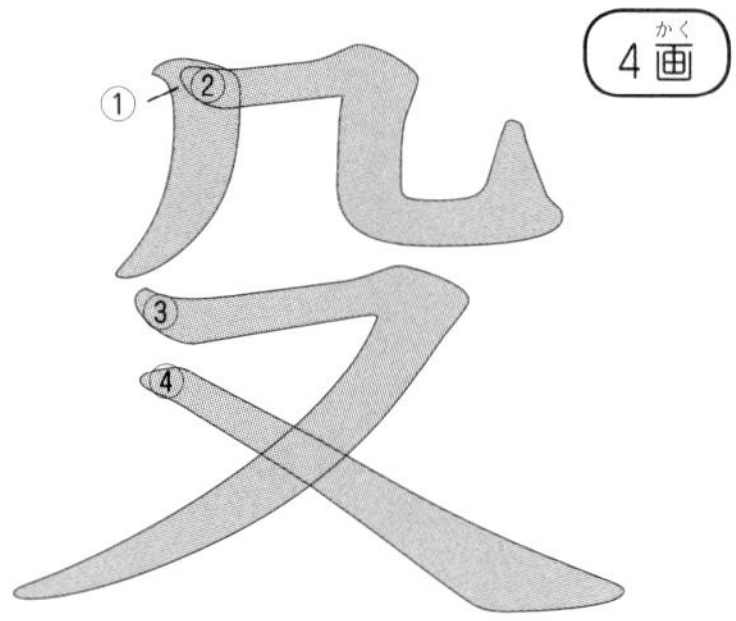

6年 段　5年 殺

書き方

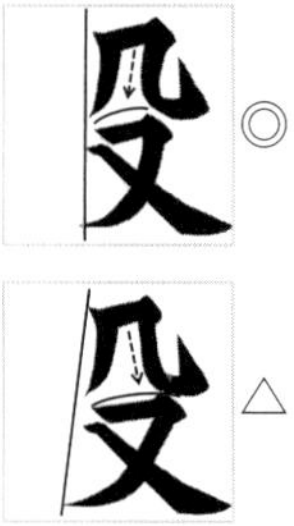

5年

殺虫ざいを手でまいて、害虫を殺しました。

殺 サツ（サイ）（セツ） ころす 10画

6年

熊本県には三千三百三十三段もある石段があります。

段 ダン 9画

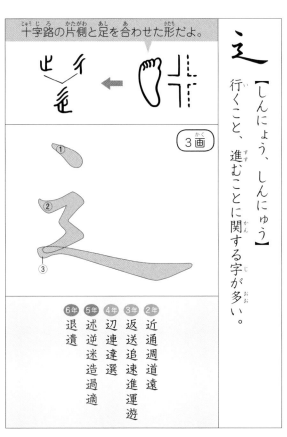

足がもとになった部首

辶

【しんにょう、しんにゅう】

行くこと、進むことに関する字が多い。

十字路の片側と足を合わせた形だよ。

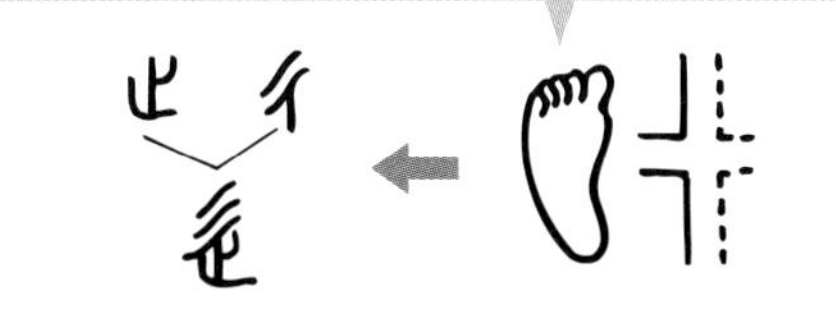

3画

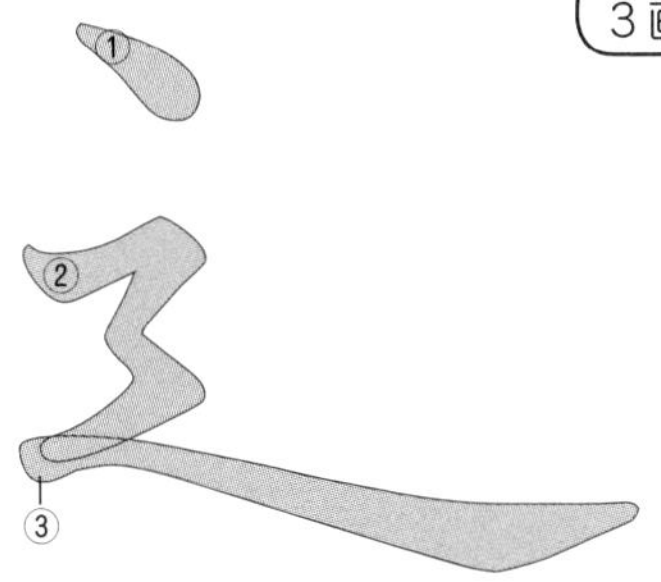

- 2年　近通週道遠
- 3年　返送追速進運遊
- 4年　辺連達選
- 5年　述逆迷造過適
- 6年　退遺

書き方

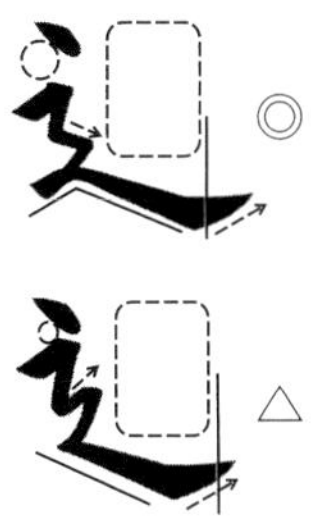

5年

人の流れとは逆に道を進むのはやめようと、意見を述べました。

逆	
ギャク　さか　さからう	9画

述	
ジュツ　のべる	8画

5年

どのおもちゃをすてるか迷いながら、引っこしの荷造りをしました。

迷	
（メイ）　まよう	9画

造	
ゾウ　つくる	10画

5年

適度な速さで走ったので、いつもより楽に公園を過ぎました。

適　テキ　14画

過　カ　すぎる　すごす　(あやまつ)　(あやまち)　12画

6年

見学が終わったので、遺せきのある公園から退場しました。

遺　イ　(ユイ)　15画

退　タイ　しりぞく　しりぞける　9画

夂

【ふゆがしら】

「夂」の形をもつ字の仲間。「夂」は足を表す。

下を向いた足の形だよ。

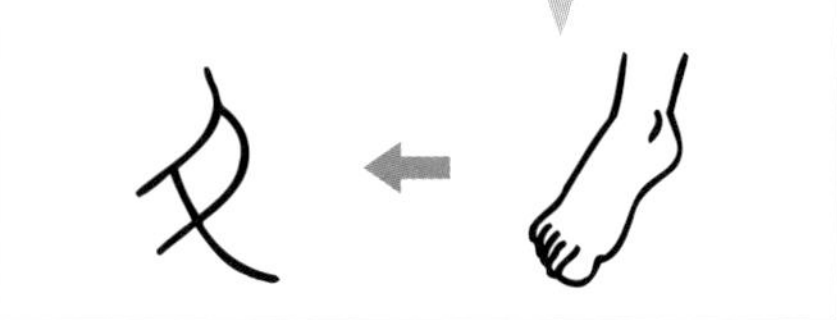

4年　変

2年　冬　夏

尢

【まげあし、おう】

「尢」の形をもつ字の仲間。「尢」は足を表す。

片方の足を曲げて立つ人の形だよ。

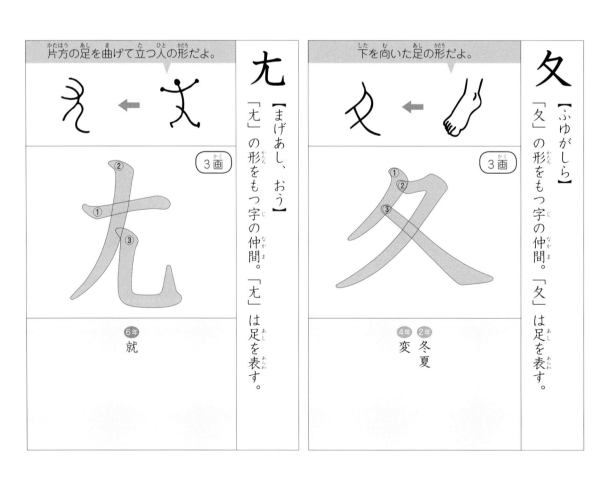

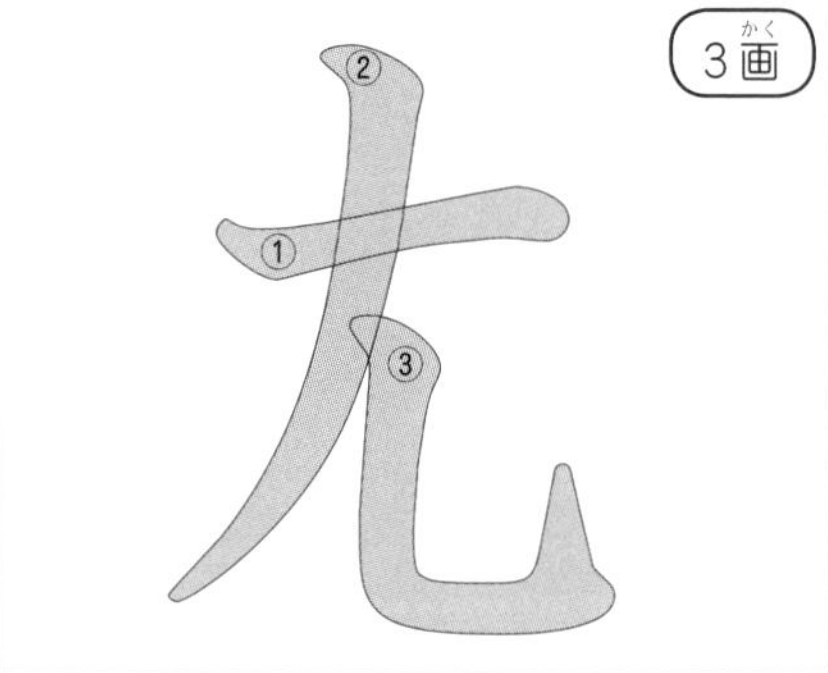

6年　就

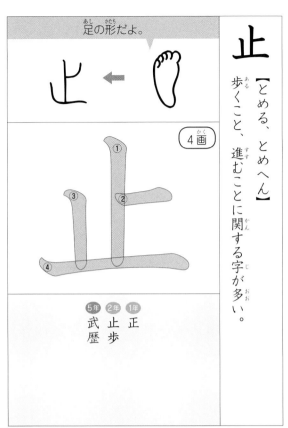

書き方

6年

新しく就任した先生が、教室まで歩いて来ました。

就　シュウ（ジュ）（つく）（つける）

12画

止

【とめる、とめへん】

歩くこと、進むことに関する字が多い。

足の形だよ。

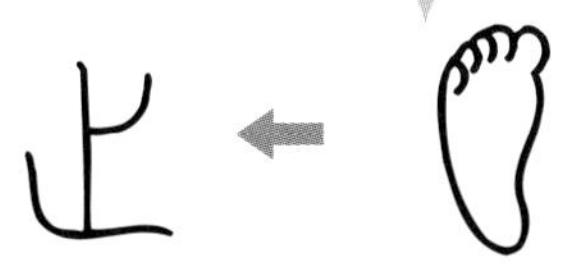

4画

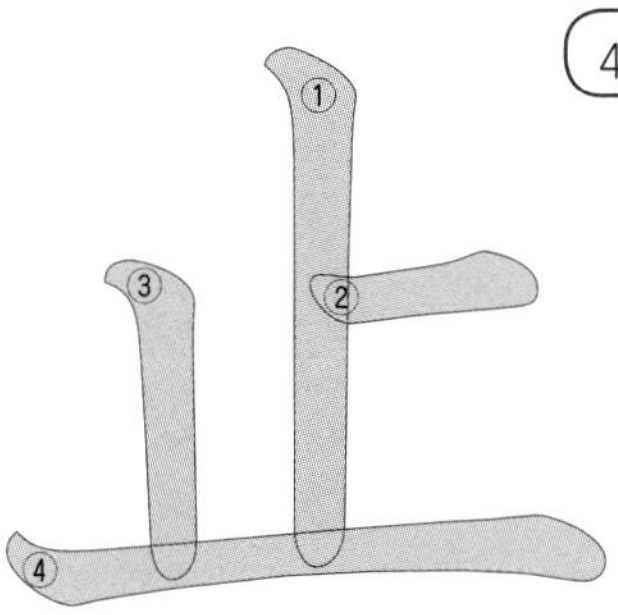

5年　武　歴

2年　止　歩

1年　正

書き方

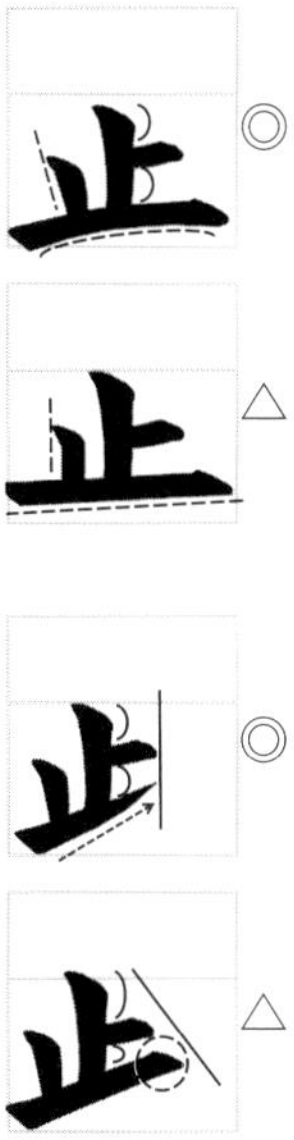

5年

武士が生まれた歴史的な意味を調べるため、図書館に出かけました。

武　ムブ

8画

歴　レキ

14画

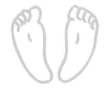

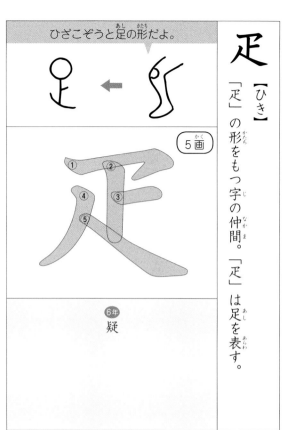

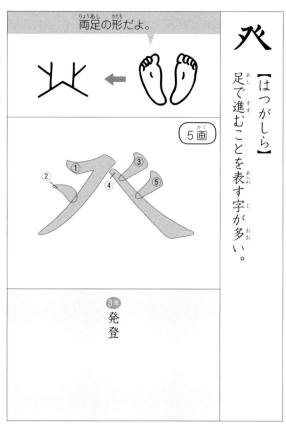

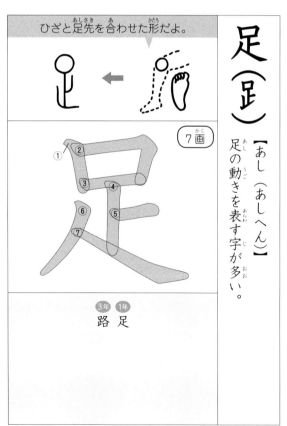

癶

【はつがしら】

足(あし)で進(すす)むことを表(あらわ)す字(じ)が多(おお)い。

両足(りょうあし)の形(かたち)だよ。

5画(かく)

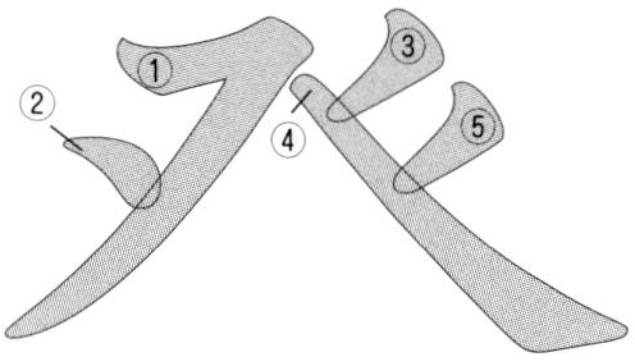

3年

発　登

⻊

【ひき】

「⻊」の形(かたち)をもつ字(じ)の仲間(なかま)。「⻊」は足(あし)を表(あらわ)す。

ひざこぞうと足(あし)の形(かたち)だよ。

5画(かく)

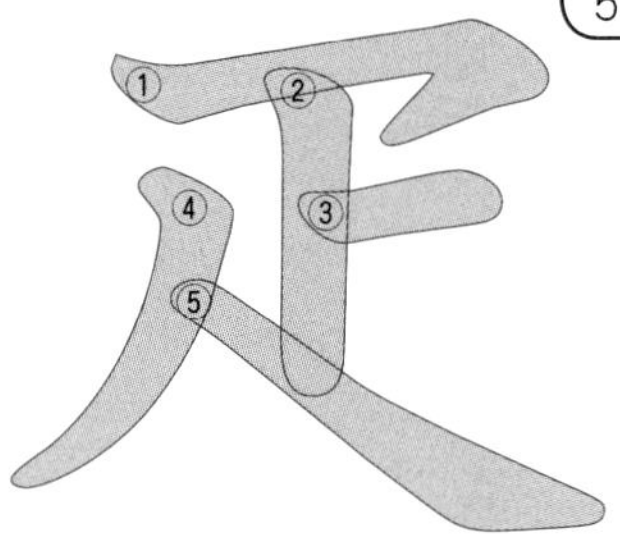

6年

疑

書(か)き方(かた)

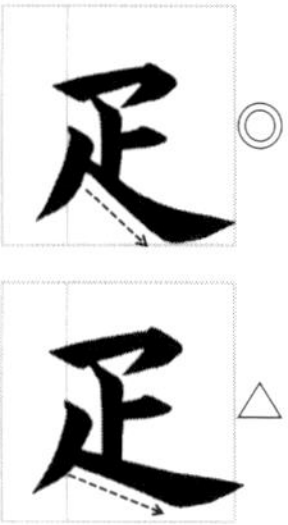

◎

△

6年(ねん)

疑(うたが)うわけではありませんが、あなたの話(はなし)には疑問点(ぎもんてん)があります。

ギ

うたがう

疑

疑

14画(かく)

足(⻊)

【あし（あしへん）】

足(あし)の動(うご)きを表(あらわ)す字(じ)が多(おお)い。

ひざと足先(あしさき)を合(あ)わせた形(かたち)だよ。

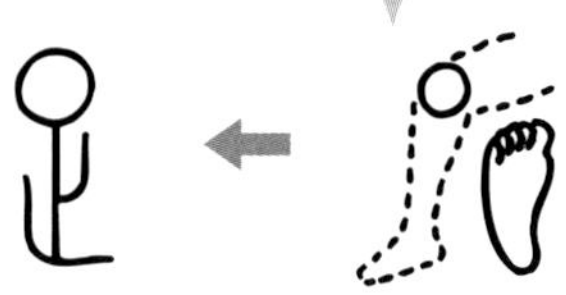

7画(かく)

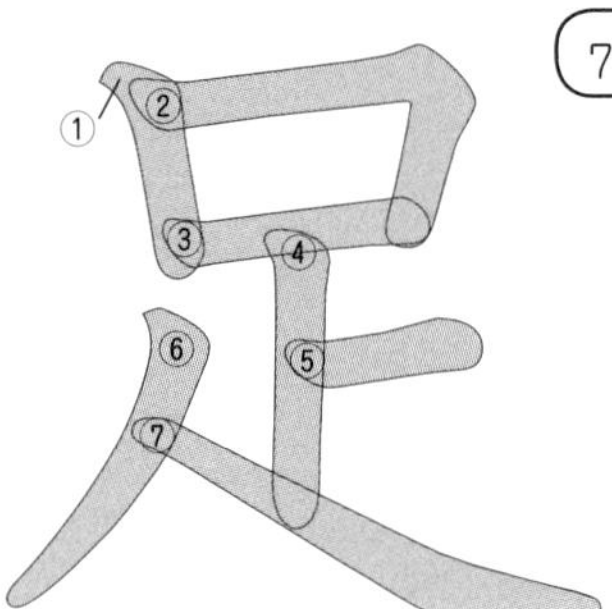

3年　1年

路　足

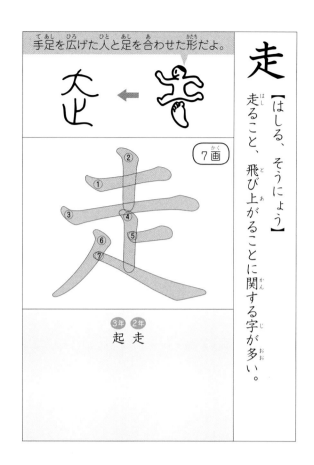

心と体がもとになった部首

走

【はしる、そうにょう】

走ること、飛び上がることに関する字が多い。

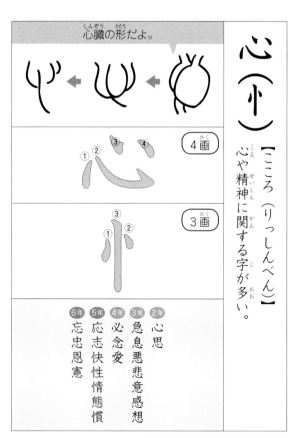

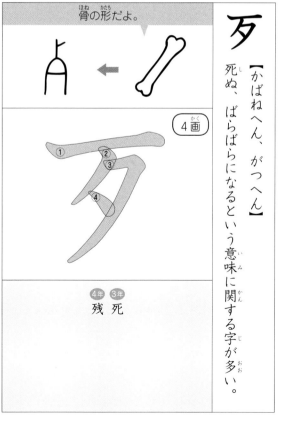

手足を広げた人と足を合わせた形だよ。

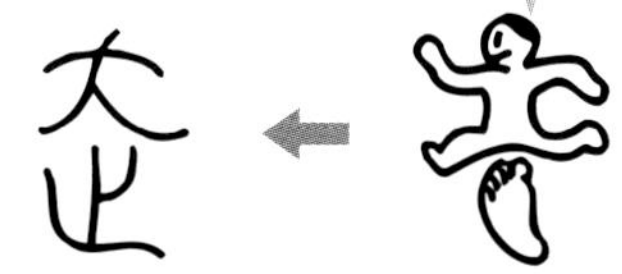

7画

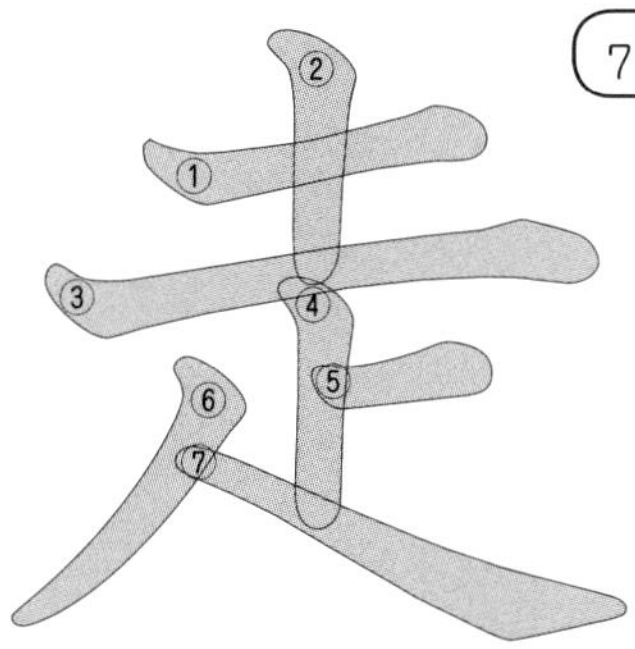

3年 起

2年 走

歹

【かばねへん、がつへん】

死ぬ、ばらばらになるという意味に関する字が多い。

骨の形だよ。

4画

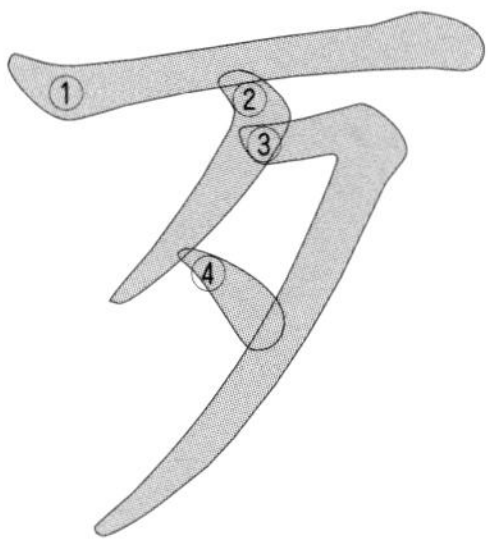

4年 残

3年 死

心（忄）

【こころ（りっしんべん）】

心や精神に関する字が多い。

心臓の形だよ。

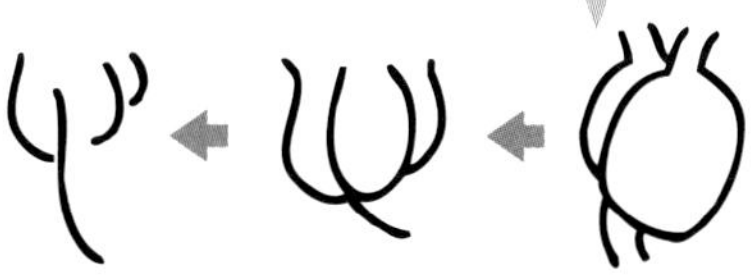

4画

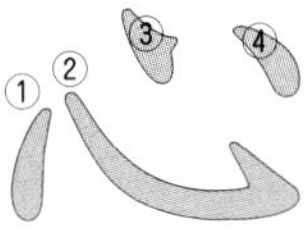

3画

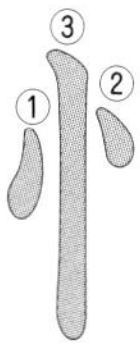

2年 心思

3年 急息悪悲意感想

4年 必念愛

5年 応志快性情態慣

6年 忘忠恩憲

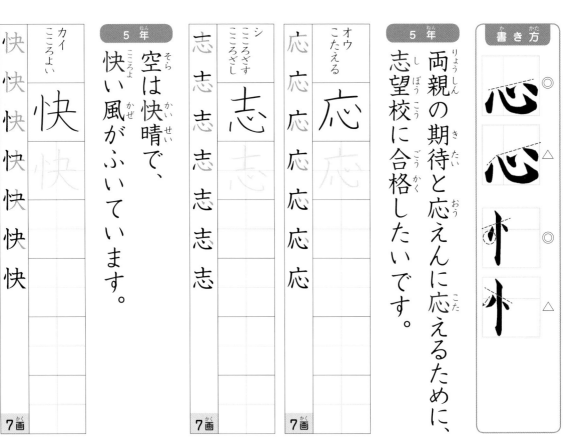

書き方

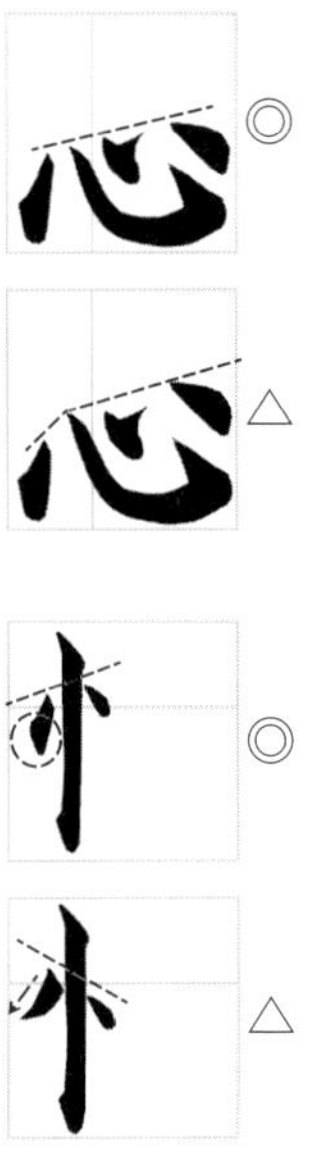

5年

両親(りょうしん)の期待(きたい)と応(おう)えんに応(こた)えるために、志望校(しぼうこう)に合格(ごうかく)したいです。

応 オウ／こたえる　7画

応 応 応 応 応 応 応

志 シ／こころざす／こころざし　7画

志 志 志 志 志 志 志

5年

空(そら)は快晴(かいせい)で、快(こころよ)い風(かぜ)がふいています。

快 カイ／こころよい　7画

快 快 快 快 快 快 快

5年

母(はは)は明(あか)るい性格(せいかく)で、愛情深(あいじょうぶか)い人(ひと)です。

性 セイ／(ショウ)／—　8画

性 性 性 性 性 性 性 性

情 ジョウ／(セイ)／なさけ　11画

情 情 情 情 情 情 情 情 情

5年

父(ちち)に対(たい)して反(はん)こう的(てき)な態度(たいど)をとる習慣(しゅうかん)がついてしまいました。

態 タイ／—　14画

態 態 態 態 態 態 態 態

慣 カン／なれる／ならす　14画

慣 慣 慣 慣 慣 慣 慣 慣

6年

これからは忘れ物をしないようにと先生から忠告されました。

忘 （ボウ）わすれる 7画

忘 忘 忘 忘 忘 忘 忘

忠 チュウ 8画

忠 忠 忠 忠 忠 忠 忠 忠

6年

憲法記念日で休みの日に、恩師に会うつもりです。

憲 ケン 16画

憲 憲 憲 憲 憲 憲 憲 憲

恩 オン 10画

恩 恩 恩 恩 恩 恩 恩

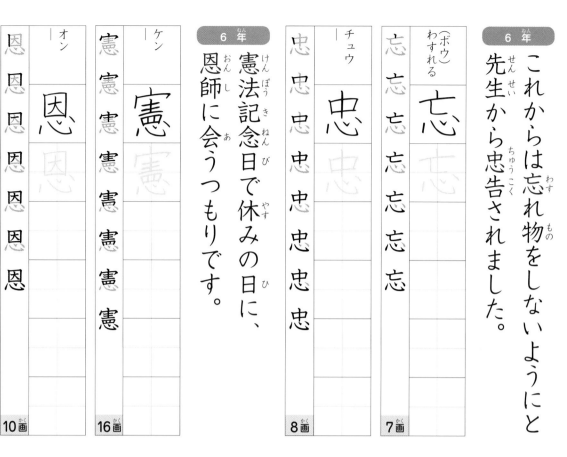

血【ち】

「血」の形をもつ字の仲間。「血」は血を表す。

丸くて深い皿に血を入れた形だよ。

6画

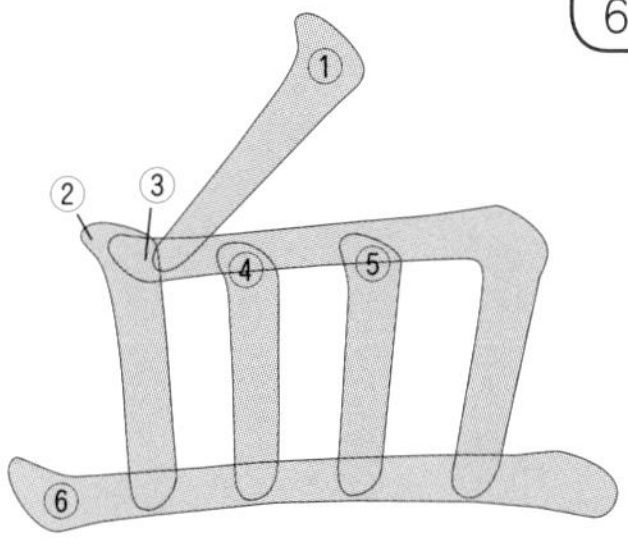

6年 衆　3年 血

書き方

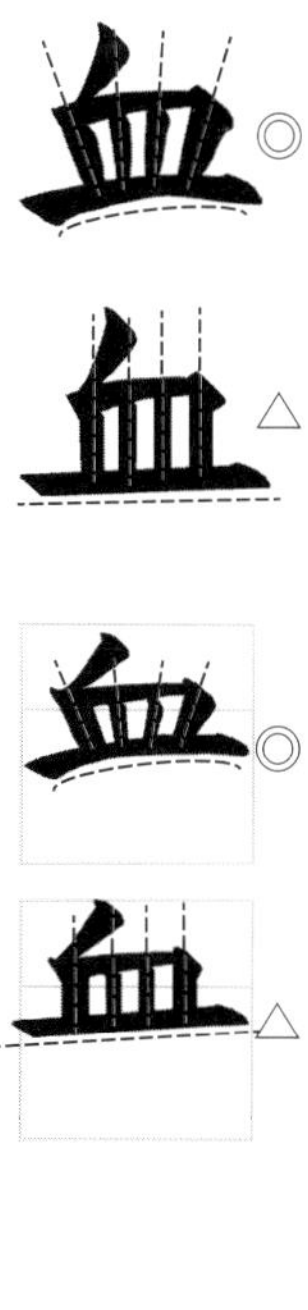

6年

日本人選手のファインプレーに、観衆がどっとわきました。

衆 シュウ（シュ） 12画

衆 衆 衆 衆 衆 衆 衆

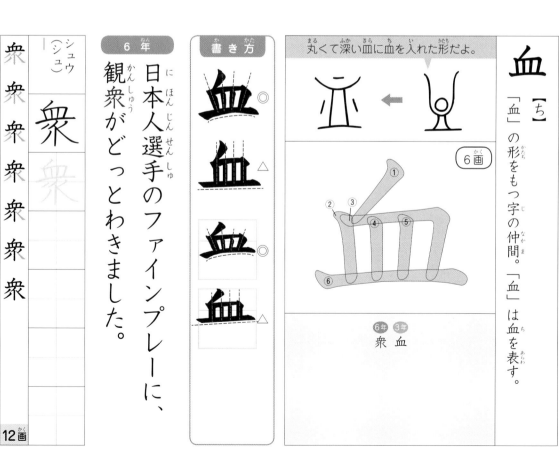

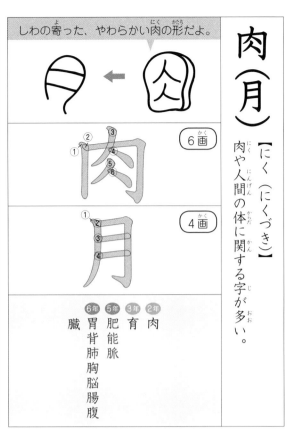

肉（月）

【にく（にくづき）】肉や人間の体に関する字が多い。

しわの寄った、やわらかい肉の形だよ。

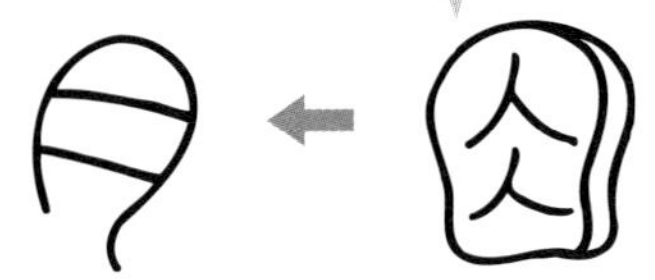

肉　6画

月　4画

2年	3年	5年	6年
肉	育	肥能脈	胃背肺胸脳腸腹臓

書き方

肉 ◎

肉 △

月 ◎

月 △

5年

よく肥えた牛の肉はおいしいそうだ。

肥　ヒ　こえる　こえ　こやす　こやし　8画

肥 肥 肥 肥 肥 肥 肥 肥

5年

その医師には、脈をとるだけで病気を知る能力があります。

脈　ミャク　10画

脈 脈 脈 脈 脈 脈 脈 脈 脈 脈

能　ノウ　10画

能 能 能 能 能 能 能 能 能 能

6年

胃が苦しいし、背中も痛いから学校を休みたいな。

胃　イ　9画

胃 胃 胃 胃 胃 胃 胃 胃 胃

背　ハイ　せ　せい　（そむく）　（そむける）　9画

背 背 背 背 背 背 背 背 背

6年

肺活量を測ったあとは、胸のレントゲンをとります。

肺　ハイ　9画

胸　キョウ　むね　（むな）　10画

6年

もう腸の手術の直前、脳裏に母の顔がうかびました。

腸　チョウ　13画

脳　ノウ　11画

6年

急に走ったら、心臓がどきどきして腹が痛くなってきました。

臓　ゾウ　19画

腹　フク　はら　13画

身【み】

人の体や体の中身に関する字が多い。

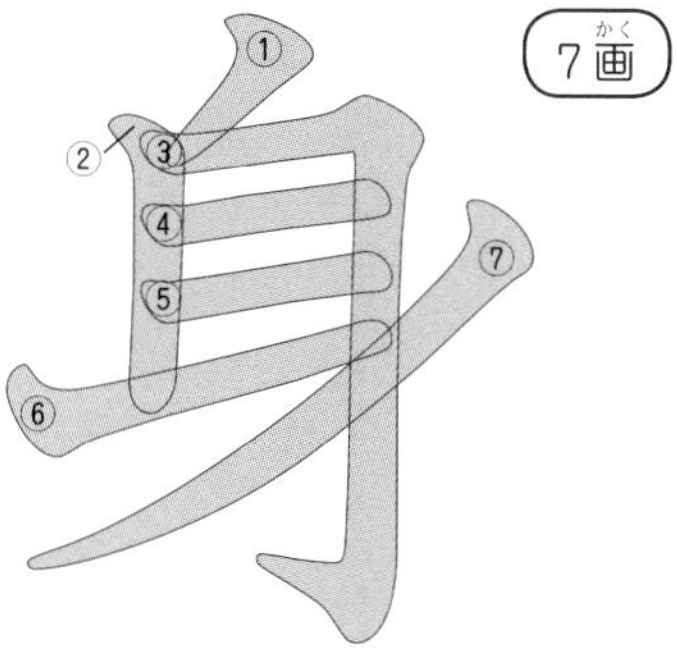

3年 身

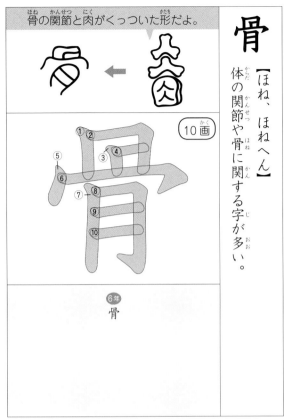

骨

【ほね、ほねへん】

体の関節や骨に関する字が多い。

骨の関節と肉がくっついた形だよ。

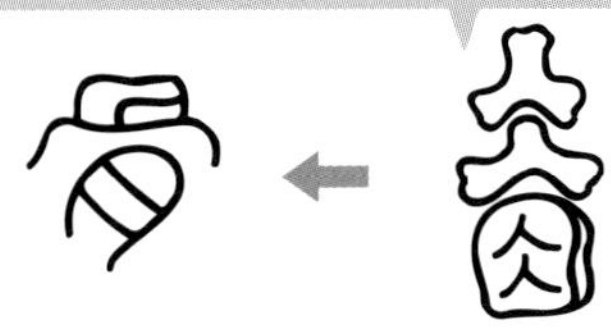

10画

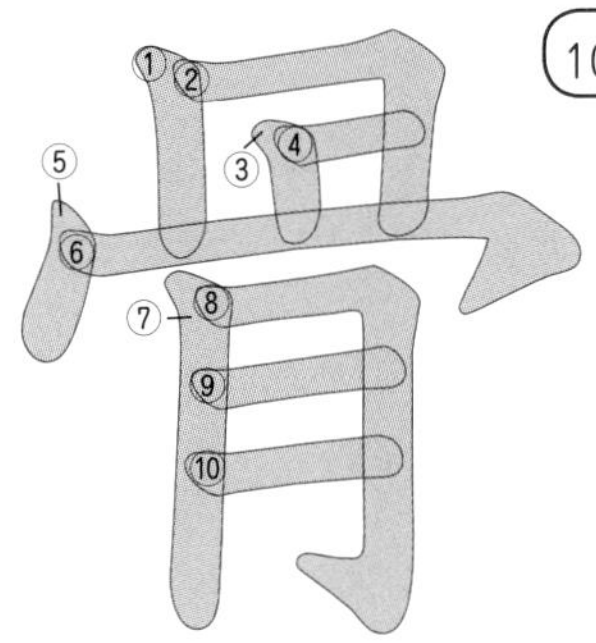

6年 骨

書き方

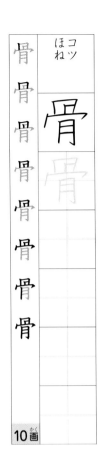

6年

牛乳を飲むと骨が強くなると聞いて飲んでいたのに、昨日骨折しました。

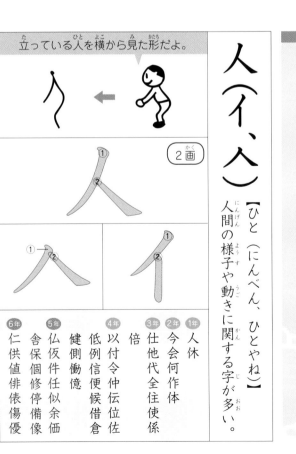

コツ
ほね

骨 骨 骨 骨 骨 骨 骨 骨

10画

姿がもとになった部首

人（亻、𠆢）

【ひと（にんべん、ひとやね）】

人間の様子や動きに関する字が多い。

立っている人を横から見た形だよ。

2画

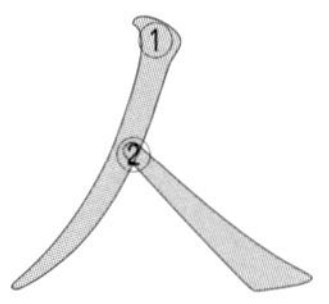

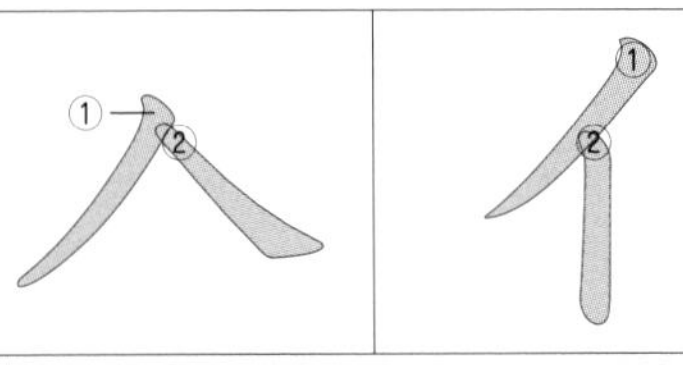

1年 人休

2年 今会何作体

3年 仕他代全住使係 倍

4年 以付令仲伝位佐 低例信便候借倉 健側働億

5年 仏仮件任似余価 舎保個修停備像

6年 仁供値俳俵傷優

書き方

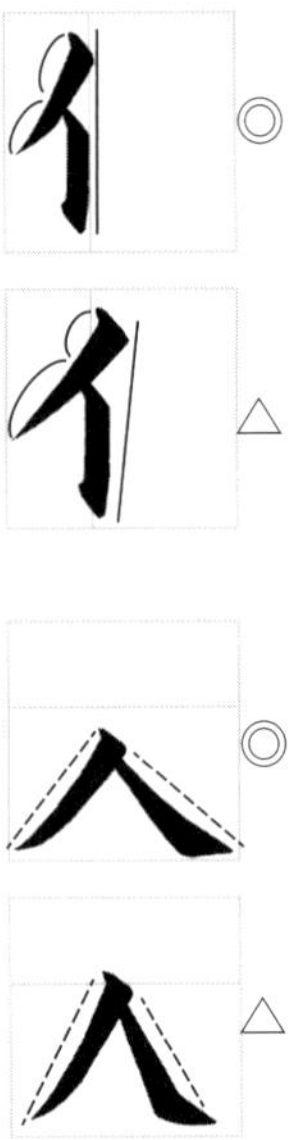

5年

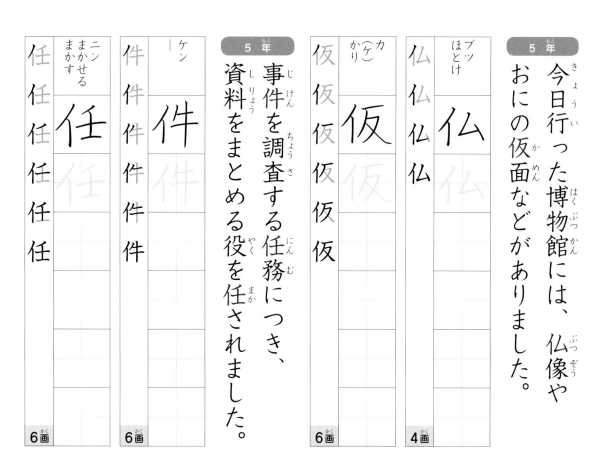

今日行った博物館には、仏像やおにの仮面などがありました。

仏
ブツ
ほとけ
4画

仮
カ
（ケ）
かり
6画

5年

事件を調査する任務につき、資料をまとめる役を任されました。

件
ケン
6画

任
ニン
まかせる
まかす
6画

5年

ノートの余白に先生の似顔絵をかきました。

余
ヨ
あまる
あます
7画

似
（ジ）
にる
7画

5年

わたしたちの学校の校舎は、古いけれど歴史的価ちがあります。

舎
シャ
8画

価
カ
（あたい）
8画

5年

弟(おとうと)が通(かよ)っている保育園(ほいくえん)の保育士(ほいくし)は、個性(こせい)豊(ゆた)かな人(ひと)です。

保 ホ たもつ　9画

保保保保保保保保

個 コ　10画

個個個個個個個

5年

学校(がっこう)の前(まえ)のバスの停留所(ていりゅうじょ)は、いま改修(かいしゅう)工事(こうじ)が行(おこな)われています。

停 テイ　11画

停停停停停停停停

修 シュウ (シュ) おさめる おさまる　10画

修修修修修修修修

5年

テレビの災害(さいがい)のえい像(ぞう)を見(み)て、食料(しょくりょう)を準備(じゅんび)し、備(そな)えます。

像 ゾウ　14画

像像像像像像像像

備 ビ そなえる そなわる　12画

備備備備備備備備

6年

食(た)べ物(もの)が足(た)りない人(ひと)に食料(しょくりょう)を提供(ていきょう)した仁愛(じんあい)のある人(ひと)はだれですか。

供 キョウ (ク) そなえる とも　8画

供供供供供供供供

仁 ジン (ニ)　4画

仁仁仁仁

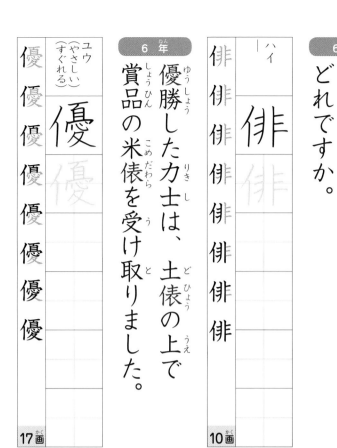

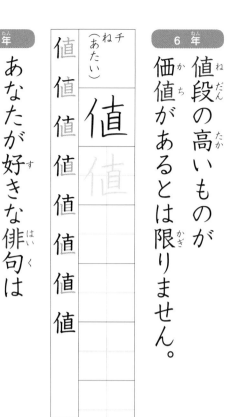

6年

値段の高いものが価値があるとは限りません。

値
チ
ね
(あたい)
10画

6年

あなたが好きな俳句はどれですか。

俳
ハイ
—
10画

6年

優勝した力士は、土俵の上で賞品の米俵を受け取りました。

優
ユウ
(やさしい)
(すぐれる)
17画

俵
ヒョウ
たわら
10画

6年

軽傷ではなく、傷が深い人を先に治りょうしましょう。

傷
ショウ
きず
(いたむ)
(いためる)
13画

勹

【つつみがまえ】

包む、かかえこむという意味に関する字が多い。

人が体を曲げて包みこんでいる姿だよ。

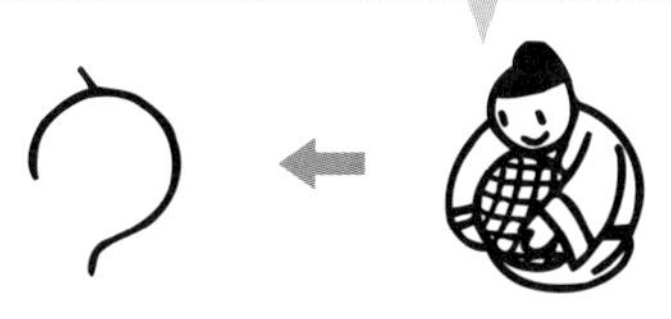

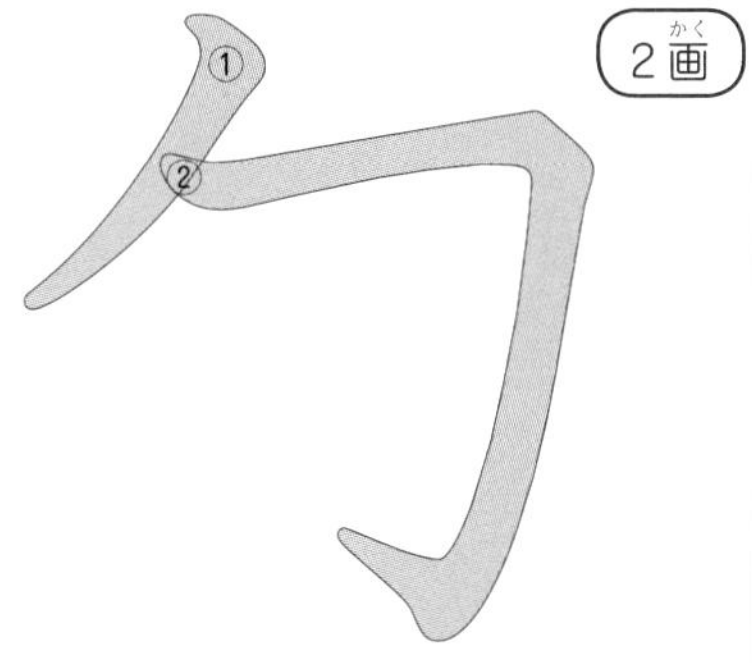

4年
包

儿 【ひとあし、にんにょう】

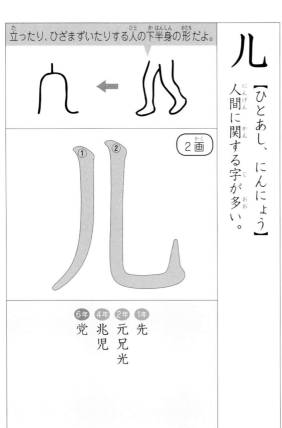

立ったり、ひざまずいたりする人の下半身の形だよ。

人間に関する字が多い。

2画

6年 党
4年 兆 児
2年 元 兄 光
1年 先

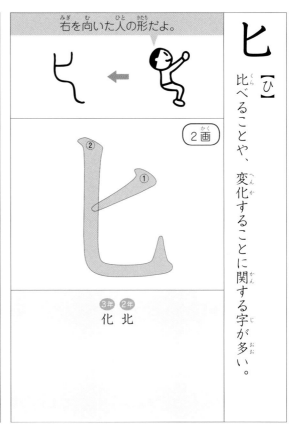

ヒ 【ひ】

右を向いた人の形だよ。

比べることや、変化することに関する字が多い。

2画

3年 化
2年 北

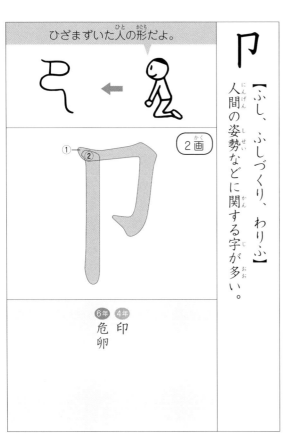

卩 【ふし、ふしづくり、わりふ】

ひざまずいた人の形だよ。

人間の姿勢などに関する字が多い。

2画

6年 危 卵
4年 印

党

6年

おとなしそうに見えるあの人は、本当は大変な悪党です。

書き方

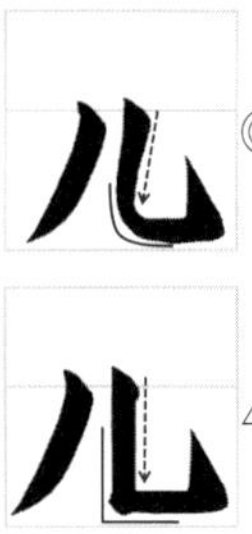

◎ △

トウ

党

10画

書き方

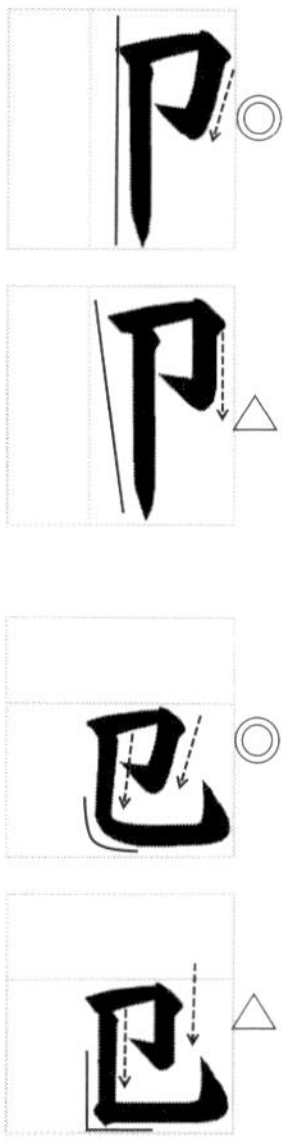

6年

「危険」と書いてあるのに入るから、危ない目にあうんだよ。

危

キ
あぶない
(あやうい)
(あやぶむ)

危 危 危 危 危 危

6画

6年

私はすわって、大好きな卵焼きを食べました。

卵

(ラン)
たまご

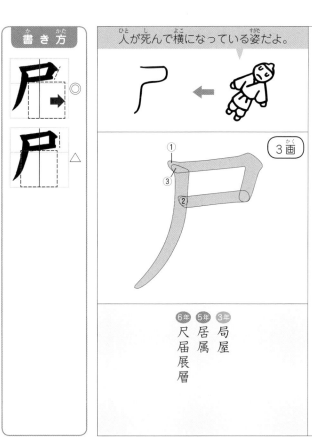

卵 卵 卵 卵 卵 卵 卵

7画

尸

【かばね、しかばね】
人の体に関する字が多い。

人が死んで横になっている姿だよ。

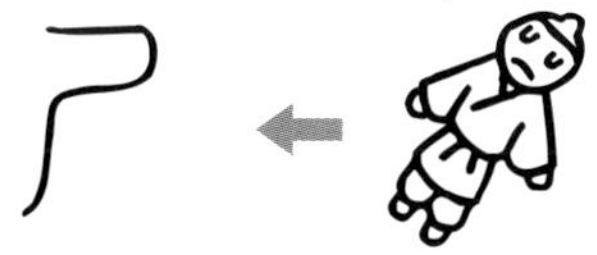

3画

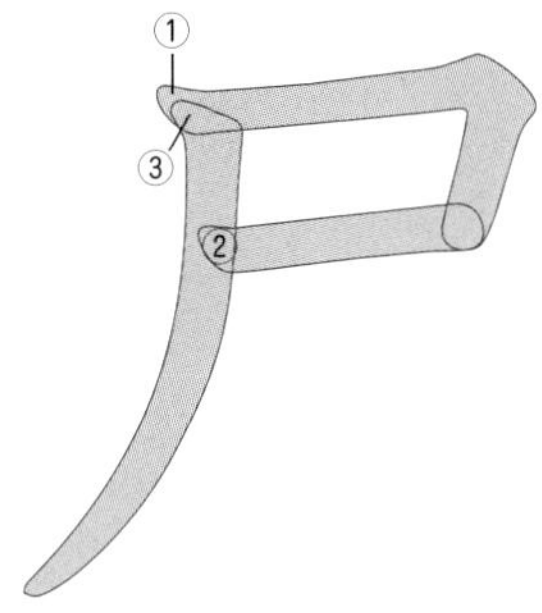

3年 局 屋
5年 居 属
6年 尺 届 展 層

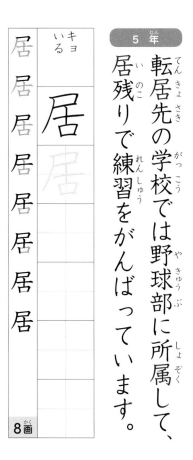

書き方

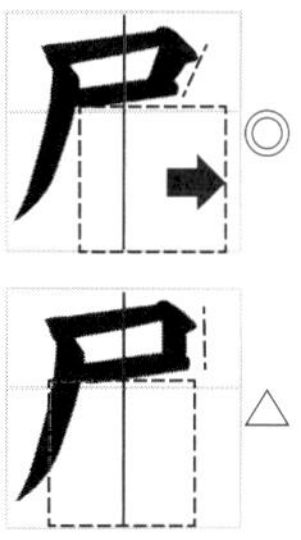

5年

転居先の学校では野球部に所属して、居残りで練習をがんばっています。

居

キョ
いる

居 居 居 居 居 居 居 居

8画

属
ゾク
属属属属属属属属
12画

6年
注文していた縮尺五万分の一の地図が届きました。

尺
シャク
尺尺尺尺
4画

届
とどける
とどく
届届届届届届
8画

6年
歴史博物館には、古代人のもけいが展示されていました。

展
テン
展展展展展展展展
10画

6年
友だちは五十二階建ての高層マンションに住んでいます。

層
ソウ
層層層層層層層層
14画

大

【だい】
大きいことや人体に関する字が多い。

人が手足を広げて立っている姿だよ。

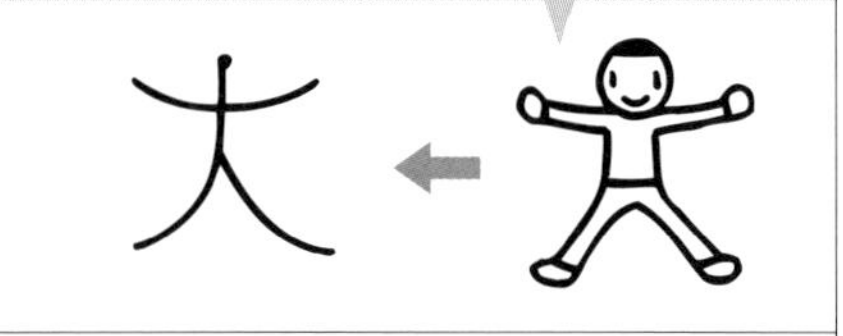

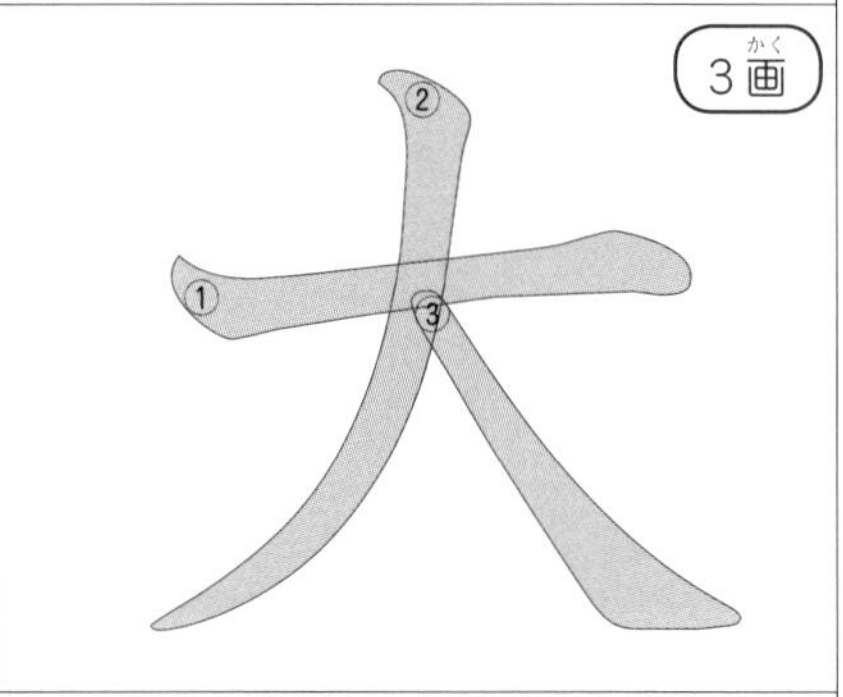

1年	2年	3年	4年	6年
大天	太	央	夫失奈	奏奮

書き方

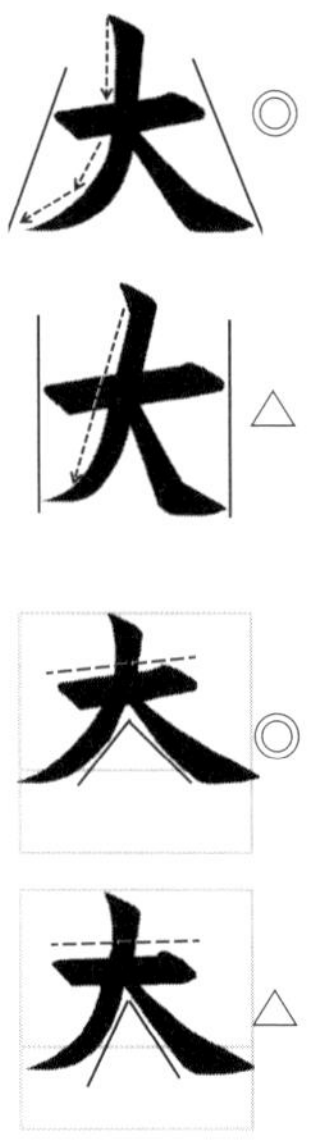

6年

ブラスバンドの演奏と声えんで、チームは奮起して戦いました。

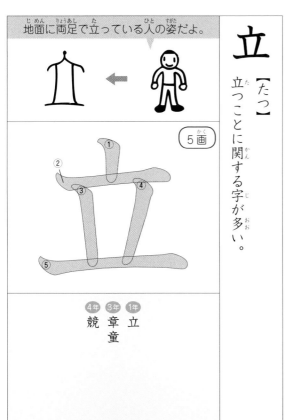

奏
ソウ
（かなでる）
9画

奏 奏 奏 奏 奏 奏 奏 奏 奏

奮
フン
ふるう
16画

奮 奮 奮 奮 奮 奮 奮 奮

立【たつ】

立つことに関する字が多い。

地面に両足で立っている人の姿だよ。

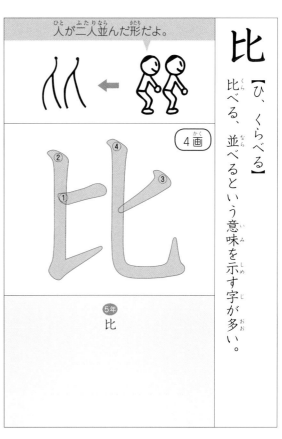

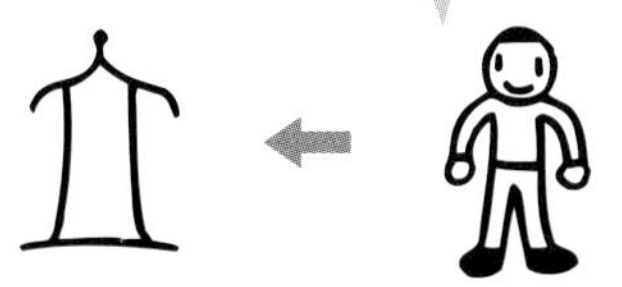

5画

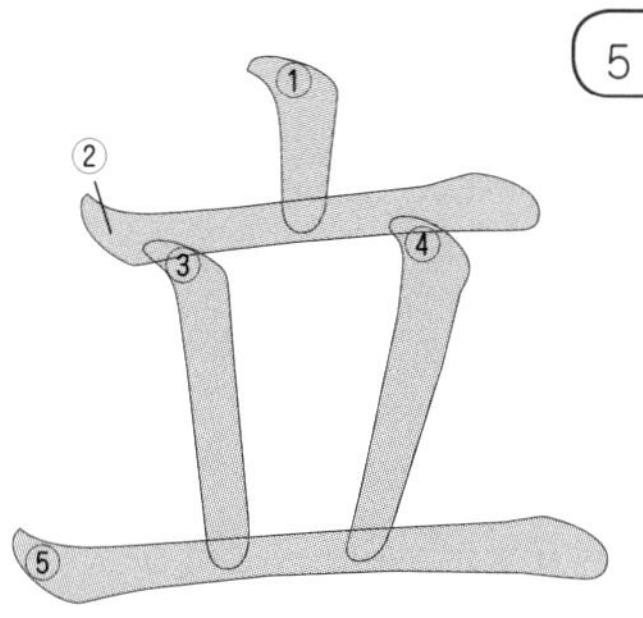

1年 立
3年 章 童
4年 競

比【ひ、くらべる】

比べる、並べるという意味を示す字が多い。

人が二人並んだ形だよ。

4画

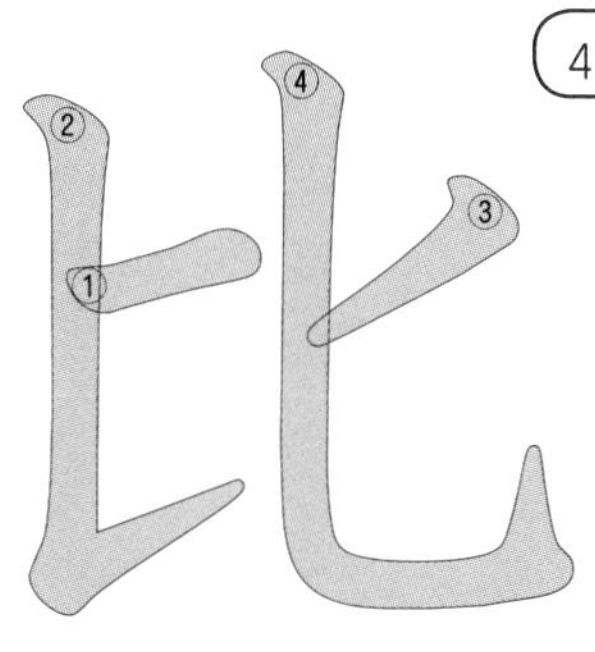

5年 比

書き方

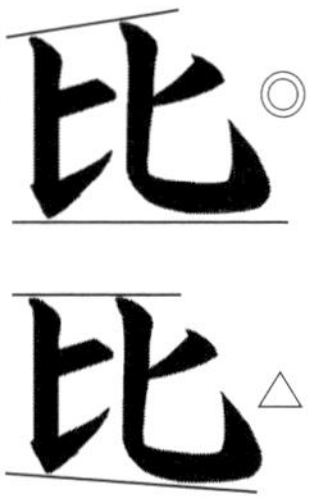

5年

家の柱の前で、兄と弟が身長を比べています。

比
ヒ
くらべる
4画

比 比 比 比

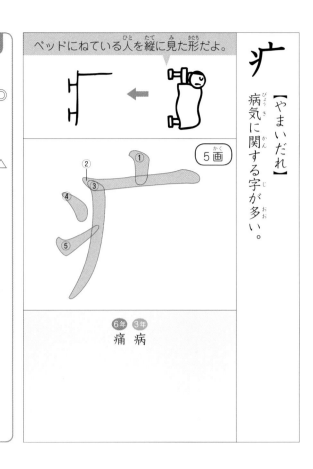

疒

【やまいだれ】

病気に関する字が多い。

ベッドにねている人を縦に見た形だよ。

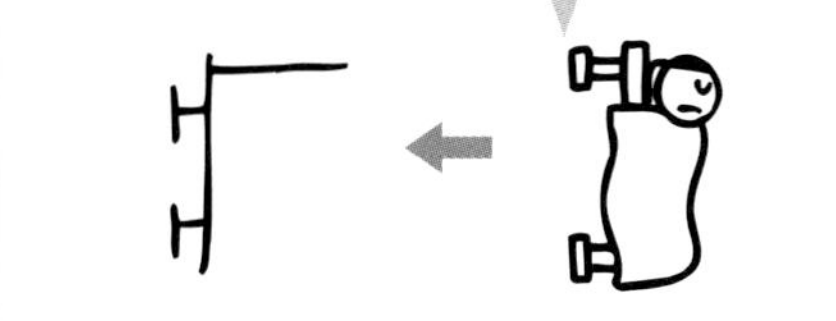

5画

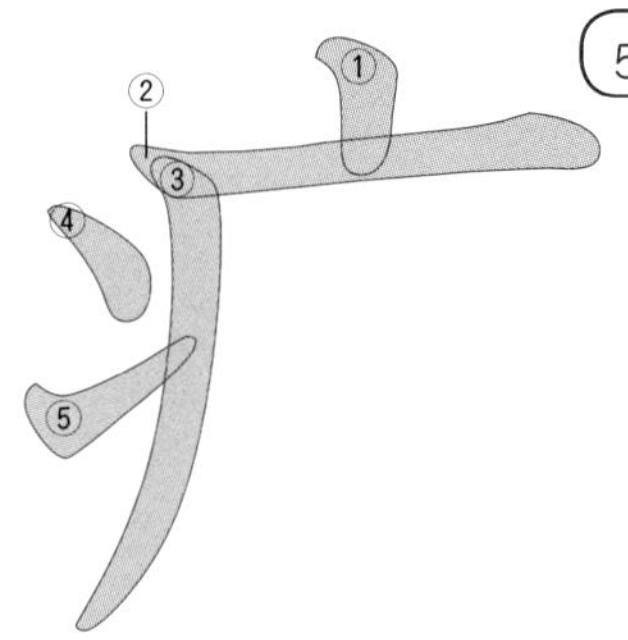

6年 3年

痛 病

書き方

◎

△

6年

昨日から歯が痛み始めて、今日は頭痛もします。

痛

ツウ
いたい
いたむ
いためる

12画

痛 痛 痛 痛 痛 痛 痛 痛

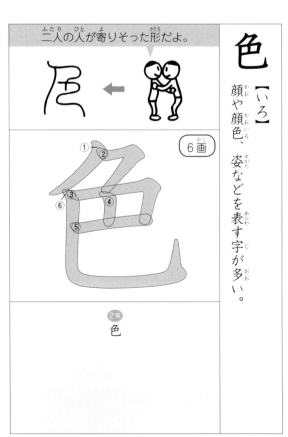

良

【こんづくり】

「良」の形をもつ字の仲間。「良」は人の形を表す。

後ろを見る人の形だよ。

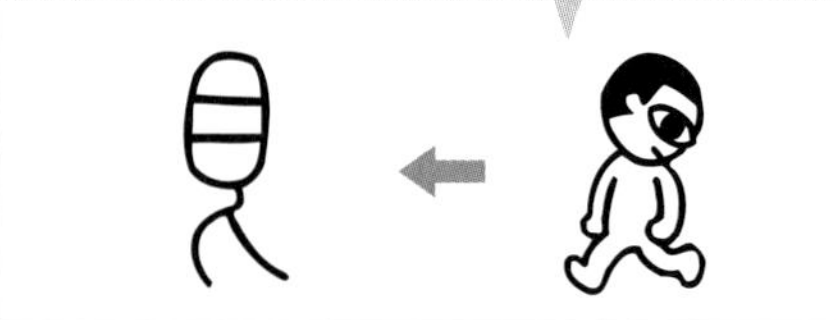

6画

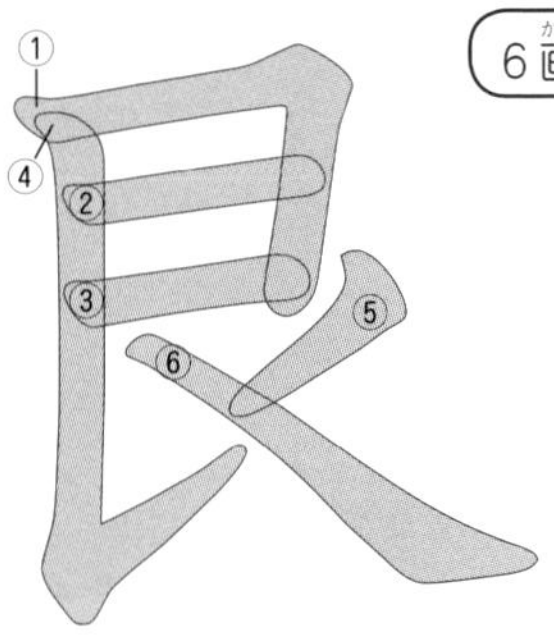

4年

良

色

【いろ】

顔や顔色、姿などを表す字が多い。

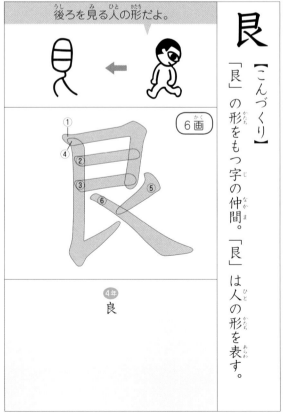

二人の人が寄りそった形だよ。

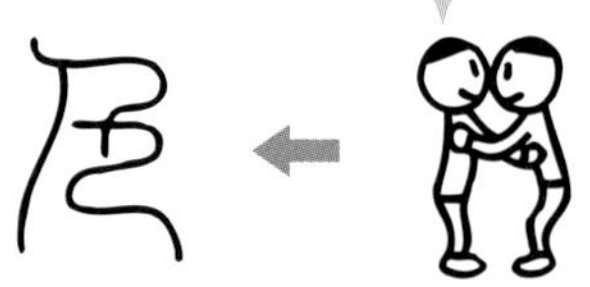

6画

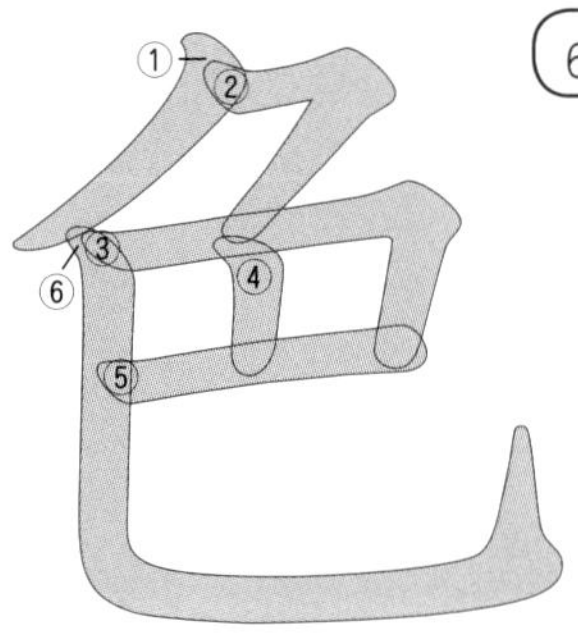

2年

色

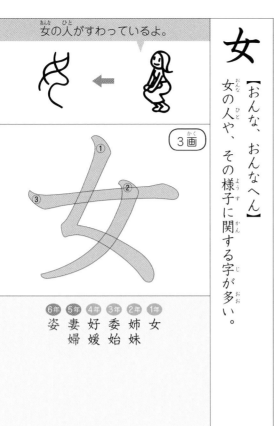

家族がもとになった部首

女

【おんな、おんなへん】
女の人や、その様子に関する字が多い。

女の人がすわっているよ。

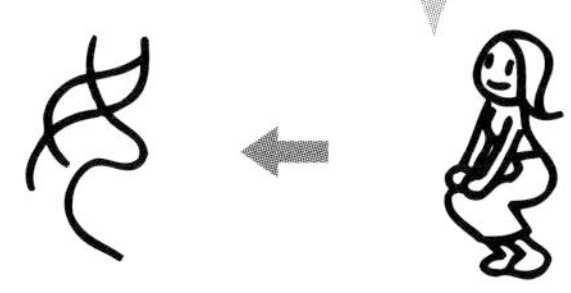

3画

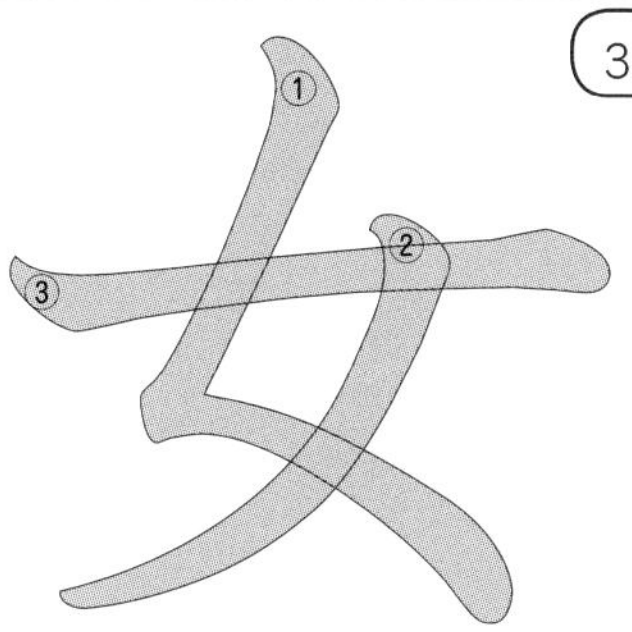

1年	2年	3年	4年	5年	6年
女	姉	委	好	妻	姿
	妹	始	媛	婦	

書き方

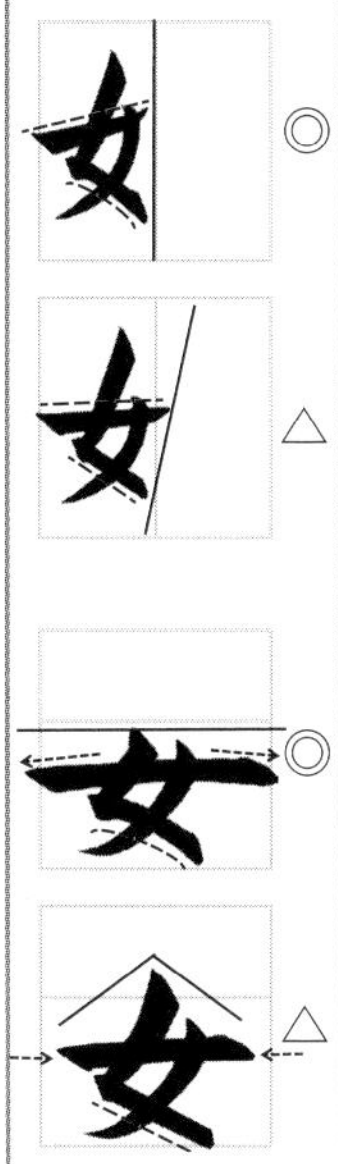

5年

父は毎日仕事をがんばって、妻と子を養っている。

妻 サイ　つま　8画

妻 妻 妻 妻 妻 妻 妻 妻

5年

あのご婦人は、わたしの母とよく似ています。

婦 フ　11画

婦 婦 婦 婦 婦 婦 婦 婦 婦 婦 婦

6年

あの後ろ姿はきっとお父さんだよ。姿勢がいいから、すぐにわかるね。

姿 シ　すがた　9画

姿 姿 姿 姿 姿 姿 姿 姿 姿

子

【こ、こへん】子どもに関係のある字が多い。

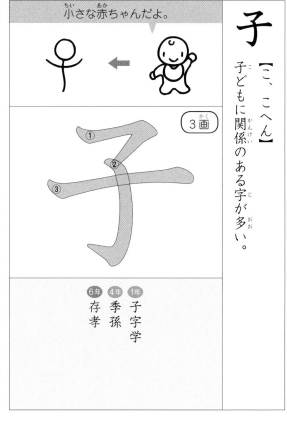

小さな赤ちゃんだよ。

3画

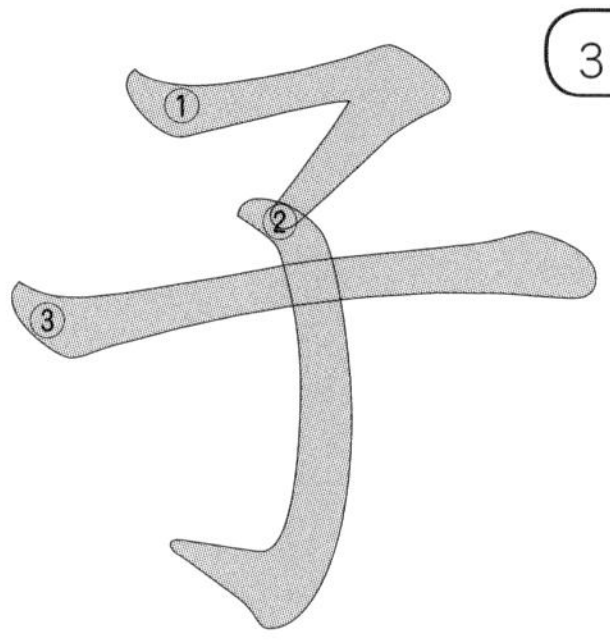

1年 子 字 学
4年 季 孫
6年 存 孝

書き方

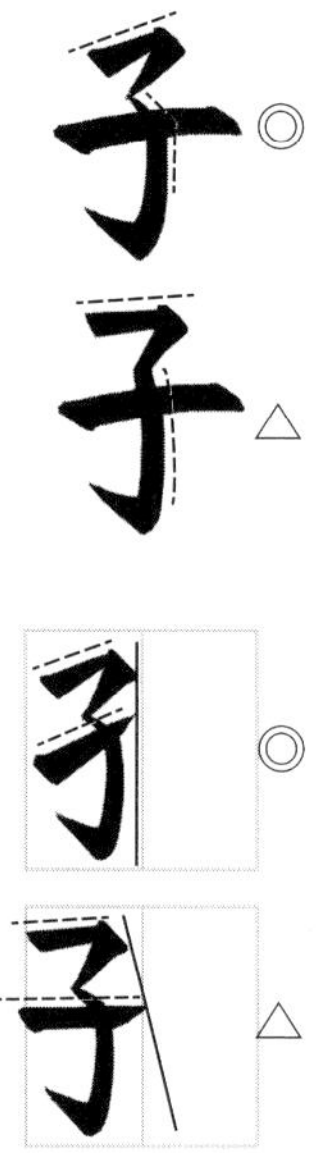

6年

その子どもは、宇宙人の存在を信じていました。

ソン
ゾン

存 存 存 存 存 存

6画

6年

父の日や母の日以外にも親孝行をしたいと思います。

コウ

孝 孝 孝 孝 孝 孝 孝

7画

士

【さむらい】一人前の男を表す字と「出る」意味をもつ字が多い。

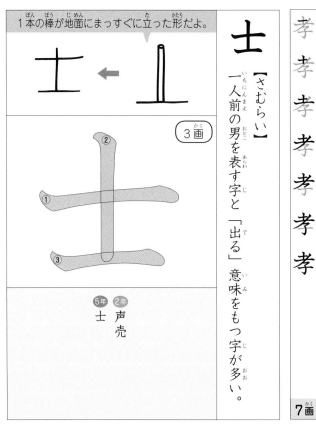

1本の棒が地面にまっすぐに立った形だよ。

3画

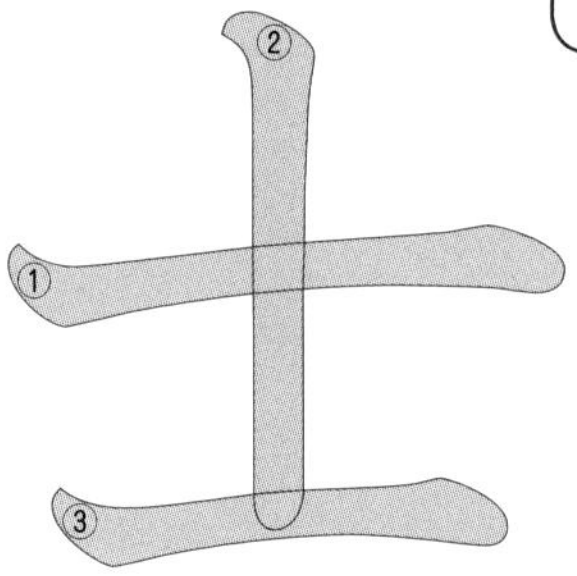

2年 声 売
5年 士

書き方

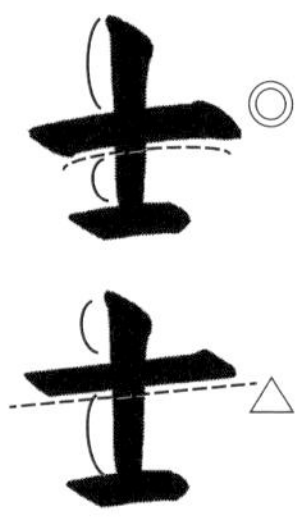

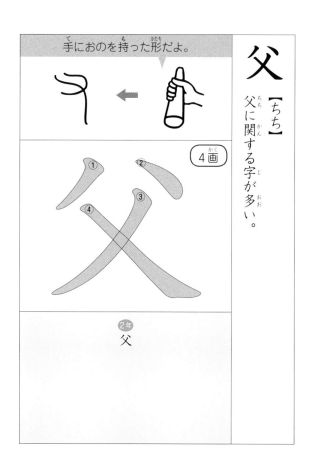

5年

戦国時代の武士にとても興味があります。

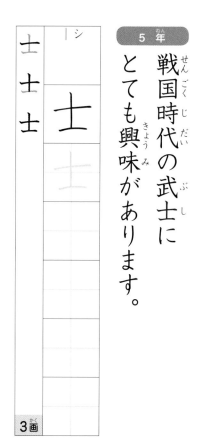

シ

士

3画

父

【ちち】父に関する字が多い。

手におのを持った形だよ。

4画

2年 父

母（毋）

【はは（はははのかん、なかれ）】母に関する字と、禁止の意味の字もふくまれる。

胸に2つの「乳」のある女の人だよ。

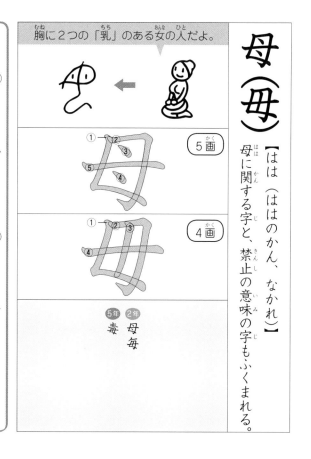

5画

4画

5年 毒

2年 母 毎

書き方

母 ◎

母 △

母 ◎

母 △

5年

転んでけがをしたので、母にきず口を消毒してもらいました。

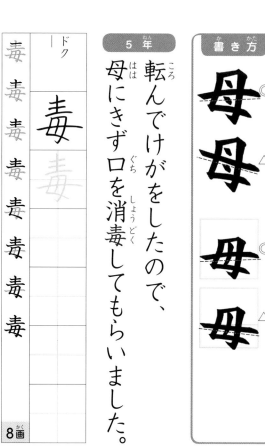

ドク

毒

8画

村に関係のある部首

冂 どうがまえ、けいがまえ
阝 おおざと
囗 くにがまえ
田 た、たへん
里 さと、さとへん
谷 たに

場所 p.49

宀 うかんむり
广 まだれ
戸 と、とかんむり
穴 あな、あなかんむり
門 もんがまえ
高 たかい

建物 p.55

廴 えんにょう
彳 ぎょうにんべん
行 ぎょうがまえ、ゆきがまえ

道 p.53

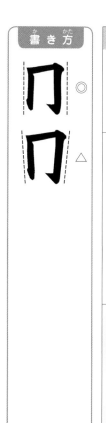

場所がもとになった部首

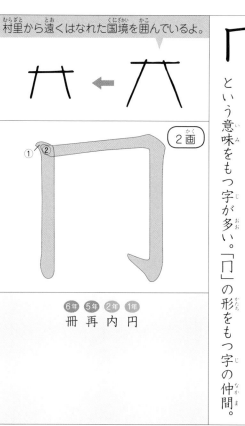

冂

【どうがまえ、けいがまえ】遠くにある、囲まれた土地という意味をもつ字が多い。「冂」の形をもつ字の仲間。

村里から遠くはなれた国境を囲んでいるよ。

2画

1年	2年	5年	6年
円	内	再	冊

書き方

冂 ◎

冂 △

5年

遠くに転校した友だちに再会し、二人で再びキャッチボールをしました。

再　サイ　サ　ふたたび

6画

6年

家から遠い図書館に出かけて、本を三冊借りました。

冊　サツ　(サク)

5画

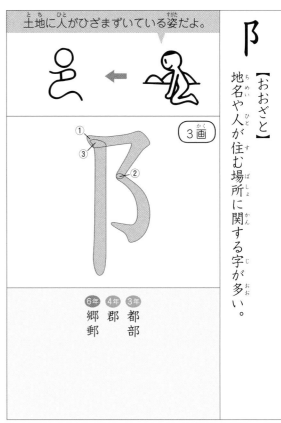

阝

【おおざと】

地名や人が住む場所に関する字が多い。

土地に人がひざまずいている姿だよ。

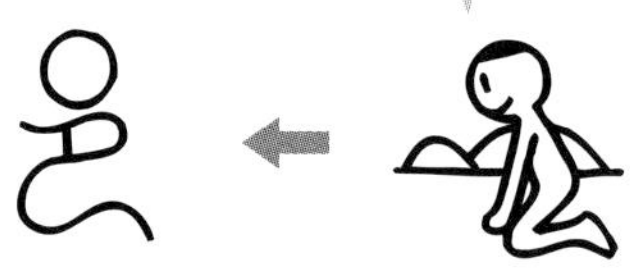

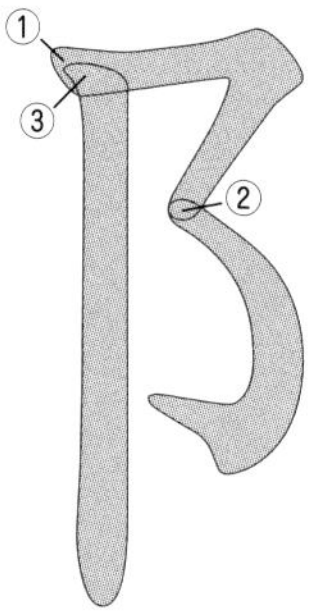

6年 郷 郵
4年 郡
3年 都 部

書き方

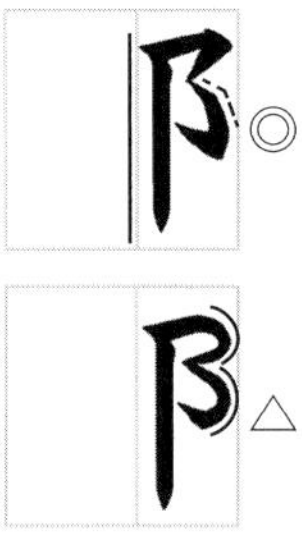

6年

母の故郷をおとずれて、おなかいっぱい郷土料理を食べました。

郷

キョウ
（ゴウ）

11画

口

【くにがまえ】

囲むという意味に関する字が多い。

囲んだ形だよ。

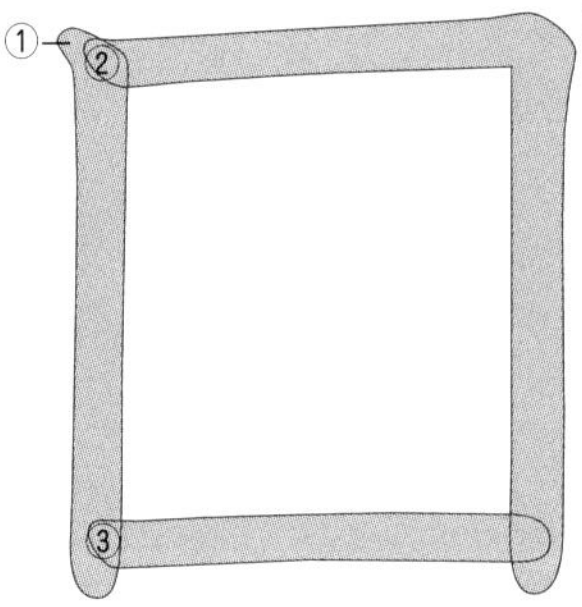

6年 困
5年 因 団 囲
4年 固
2年 回 図 国 園
1年 四

書き方

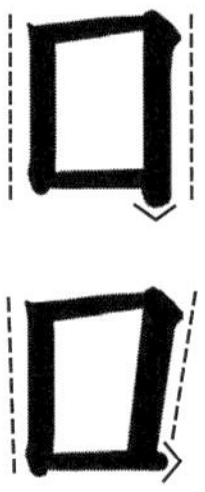

6年

私たちの学校の正面には、小さな郵便局があります。

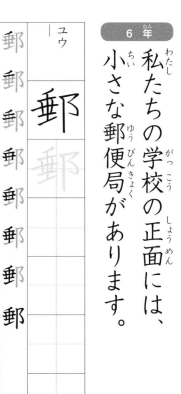

郵

ユウ

11画

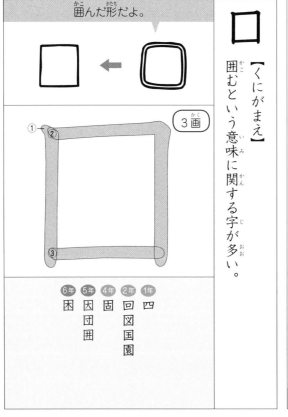

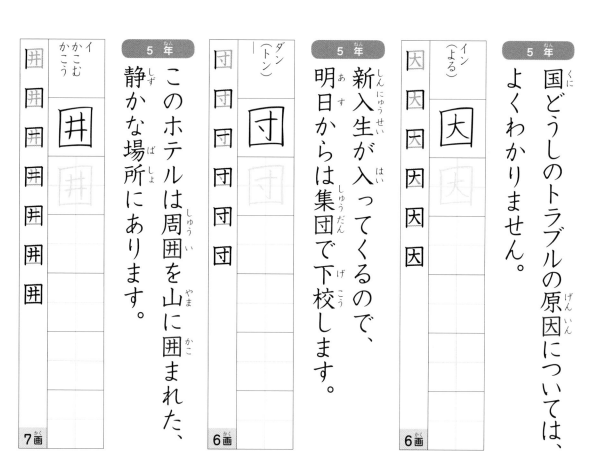

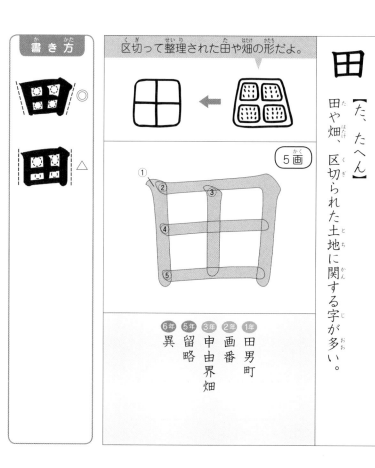

5年

国どうしのトラブルの原因については、よくわかりません。

因

イン
（よる）

6画

5年

新入生が入ってくるので、明日からは集団で下校します。

団

ダン
（トン）

6画

5年

このホテルは周囲を山に囲まれた、静かな場所にあります。

囲

イ
かこむ
かこう

7画

6年

困ったことに道に迷い、大木に囲まれて、森から出るのが困難です。

困

コン
こまる

7画

田

【た、たへん】

田や畑、区切られた土地に関する字が多い。

区切って整理された田や畑の形だよ。

5画

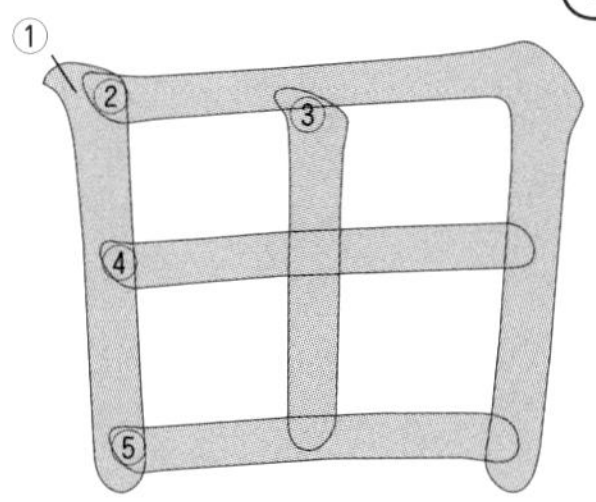

1年 田 男 町

2年 画 番

3年 申 由 界 畑

5年 留 略

6年 異

書き方

◎

△

5年

停留所でバスを待っていると、美しい田畑の風景に目が留まりました。

リュウ　ル
とまる　とめる

留

10画

5年

米作りも機械化することで、多くの作業を省略できます。

リャク

略

11画

6年

異国の町の風景は、日本とは異なるものでした。

イ
こと

異

11画

里

【さと、さとへん】

田や人の住むところに関する字が多い。

田と土を合わせた形だよ。

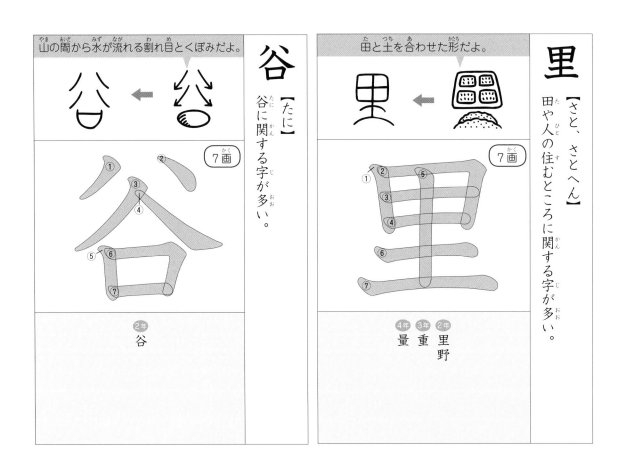

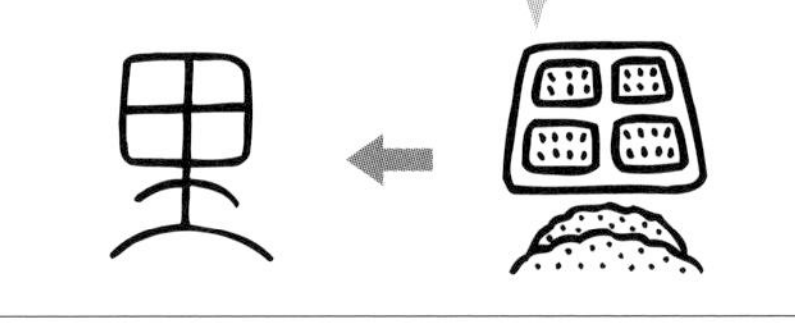

7画

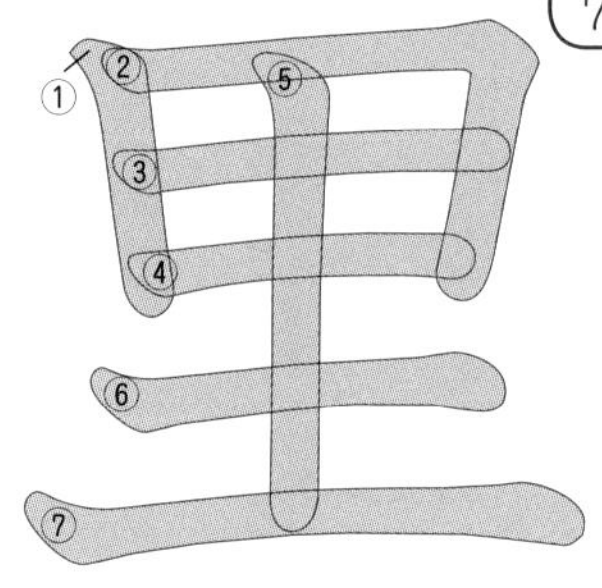

2年　里　野
3年　重
4年　量

谷

【たに】

谷に関する字が多い。

山の間から水が流れる割れ目とくぼみだよ。

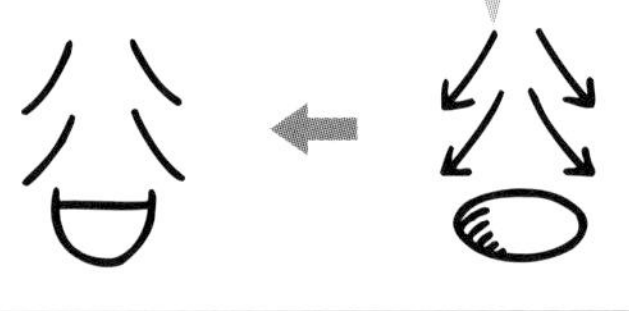

7画

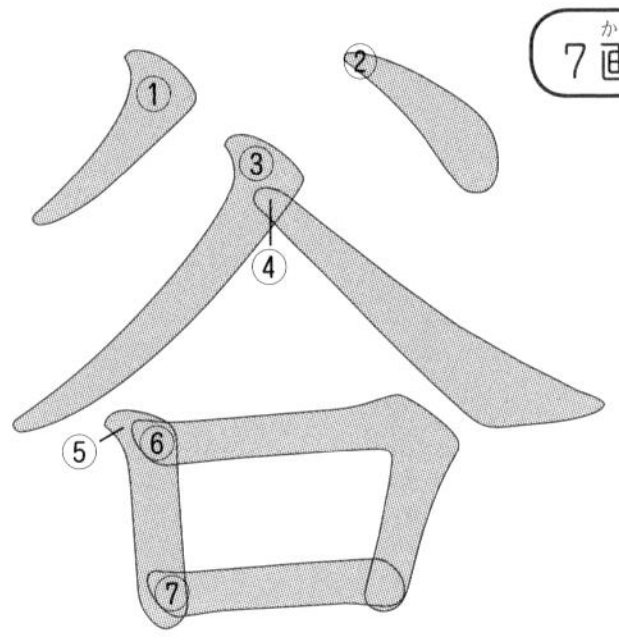

2年　谷

道（みち）がもとになった部首（ぶしゅ）

廴【えんにょう】

進（すす）むことや延（の）びることに関（かん）する字（じ）が多（おお）い。

十字路（じゅうじろ）の左下（ひだりした）が延（の）びた形（かたち）だよ。

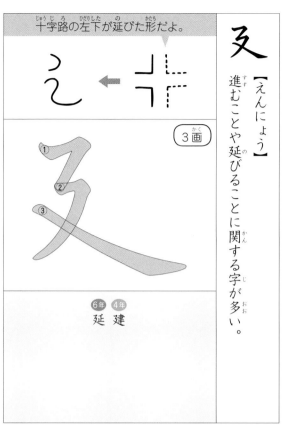

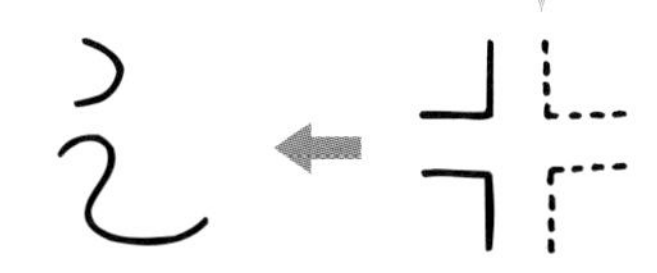

3画（かく）

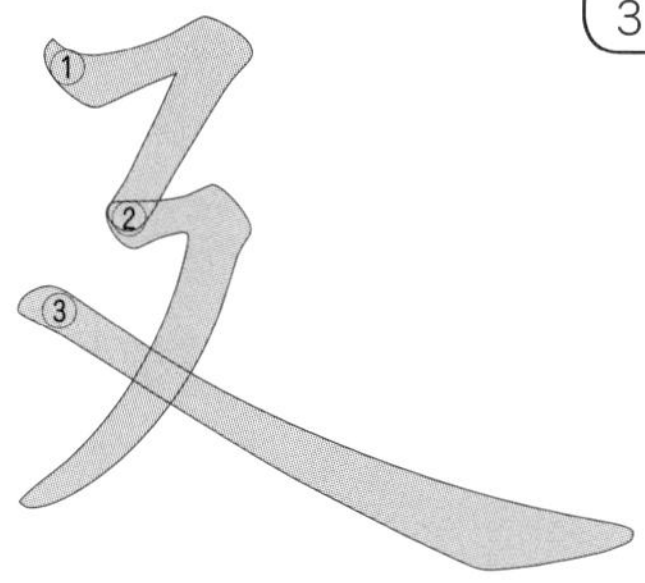

6年 延
4年 建

書（か）き方（かた）

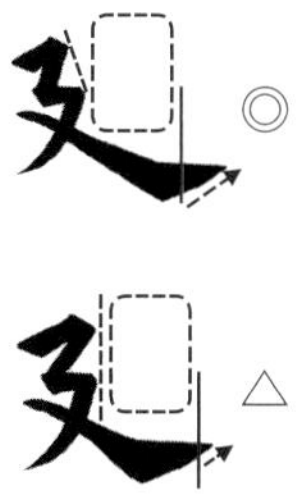

◎
△

6年（ねん）

駅伝（えきでん）のコースが延（の）びたので、大会（たいかい）の時間（じかん）を延長（えんちょう）しました。

延

エン
のびる
のべる
のばす

8画（かく）

延 延 延 延 延 延 延 延

彳【ぎょうにんべん】

進（すす）むことや行（おこな）うことに関（かん）する字（じ）が多（おお）い。

十字路（じゅうじろ）の左側（ひだりがわ）の形（かたち）だよ。

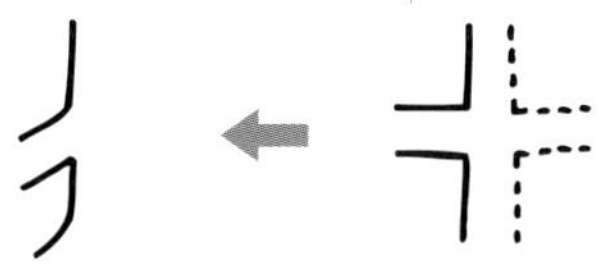

3画（かく）

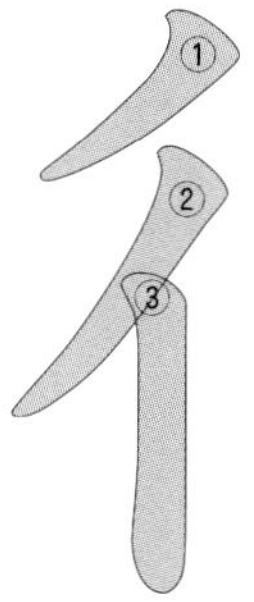

6年 律 従
5年 往 得 復
4年 径 徒 徳
3年 役 待
2年 後

書（か）き方（かた）

◎
△

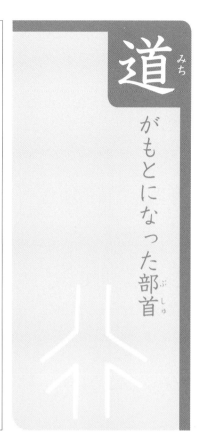

5年

今度のマラソン大会のコースは、学校と二キロ先の公園との往復です。

往　オウ　8画

往往往往往往往往

復　フク　12画

復復復復復復復復

5年

運転手は道順を覚えることが得意で、みんなの信らいを得ています。

得　トク　える（うる）　11画

得得得得得得得得

6年

従来の規律ではなく、新しいやり方に従ってください。

従　ジュウ（ショウ）（ジュ）　したがう　したがえる　10画

従従従従従従従従

律　リツ（リチ）　9画

律律律律律律律律

行

【ぎょうがまえ、ゆきがまえ】

道や進むこと、行うことに関する字が多い。

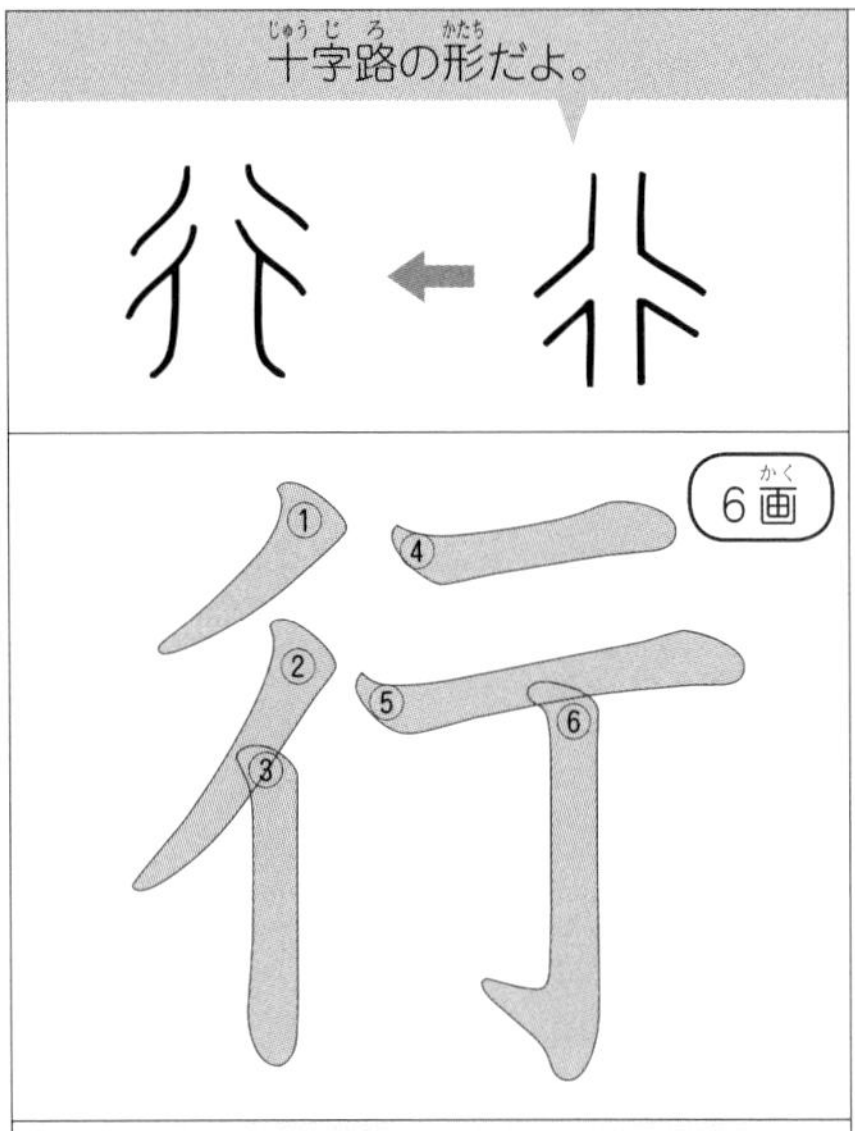

5年 術 衛

4年 街

2年 行

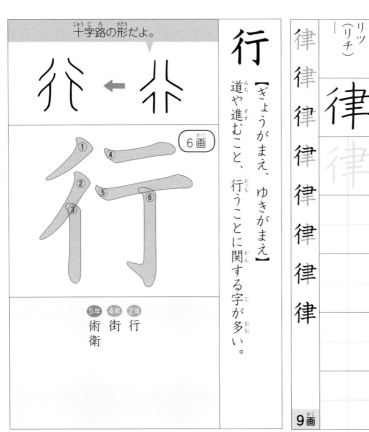

書き方

行 ◎
行 △

5年

人工衛星の成功には、高い技術と長い道のりが必要です。

衛 エイ 16画

衛 衛 衛 衛 衛 衛 衛 衛

術 ジュツ 11画

術 術 術 術 術 術 術 術

建物がもとになった部首

門

宀【うかんむり】

家、屋根、おおい、家での生活に関する字が多い。

高い屋根の家の形だよ。

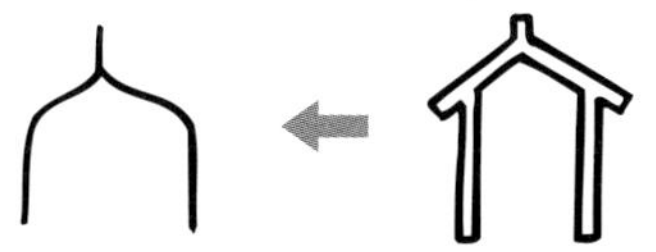

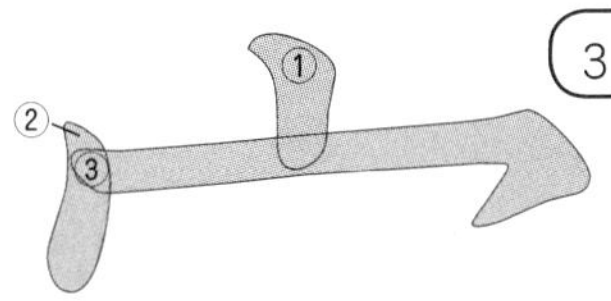

3画

- 2年 室家
- 3年 安守実定客宮宿寒
- 4年 完官害富察
- 5年 容寄
- 6年 宇宅宗宙宝宣密

書き方

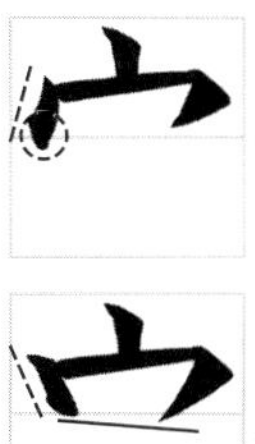

宀 ◎
宀 △

5年

自分で家を建てるのは、容易なことではありません。

容 ヨウ 10画

容 容 容 容 容 容 容 容

5年

多くの寄付で再建された建物の門に、人びとが寄り集まっていました。

寄（キ／よる・よせる）11画

寄 寄 寄 寄 寄 寄 寄 寄

6年

家の屋根の上から夜空を見上げ、宇宙の広さを想像しました。

宇（ウ）6画

宇 宇 宇 宇 宇 宇

宙（チュウ）8画

宙 宙 宙 宙 宙 宙 宙 宙

6年

今年の誕生日は、自宅に友だちをよんでパーティをするつもりです。

宅（タク）6画

宅 宅 宅 宅 宅 宅

6年

その宗教を信じる人たちの力で、教会が建てられました。

宗（シュウ（ソウ））8画

宗 宗 宗 宗 宗 宗 宗 宗

6年

母の宝物は、宝石ではなく、私がかいた母の絵だそうです。

宝（ホウ／たから）8画

宝 宝 宝 宝 宝 宝 宝 宝

6年

校長先生が、マラソン大会の開会を宣言しました。

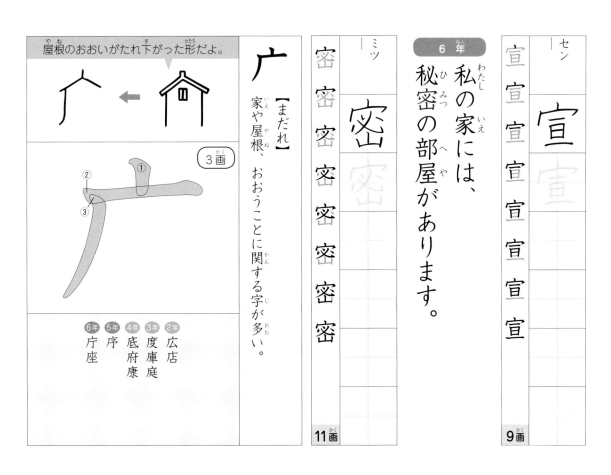

宣

セン

9画

6年

私の家には、秘密の部屋があります。

密

ミツ

11画

广

【まだれ】

家や屋根、おおうことに関する字が多い。

屋根のおおいがたれ下がった形だよ。

3画

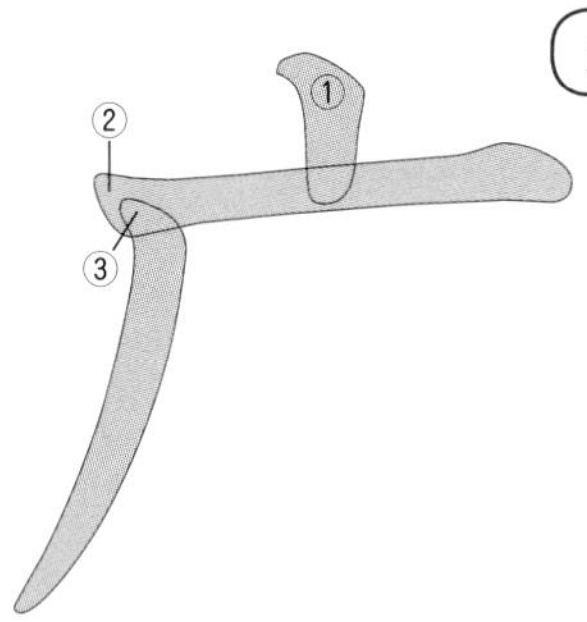

2年 広 店

3年 度 庫 庭

4年 底 府 康

5年 序

6年 庁 座

書き方

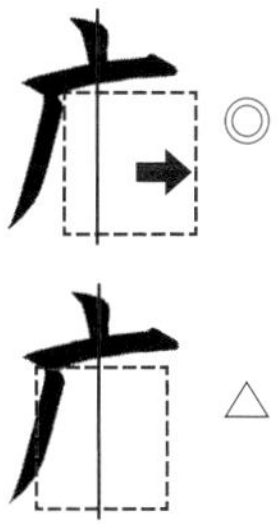

5年

屋根の上に、スズメが順序よくならんでいます。

序

ジョ

7画

6年

東京都庁を見学した後、プラネタリウムで星座を見ました。

庁

チョウ

5画

座

ザ

（すわる）

10画

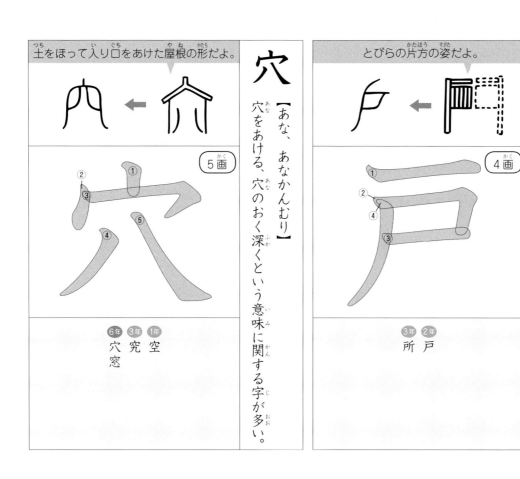

戸

とびらの片方(かたほう)の姿(すがた)だよ。

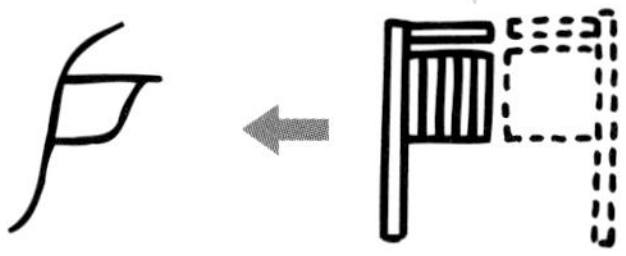

【と、とかんむり】

とびら、部屋(へや)、出入(ではい)りに関(かん)する字(じ)が多(おお)い。

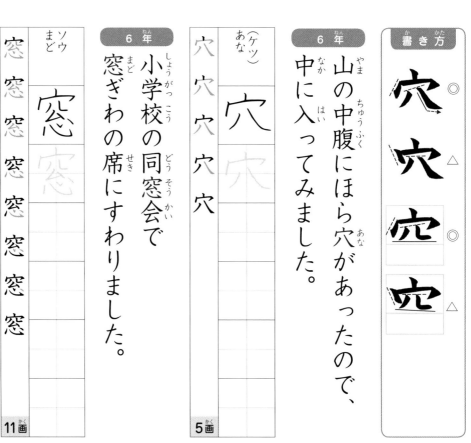

4画(かく)

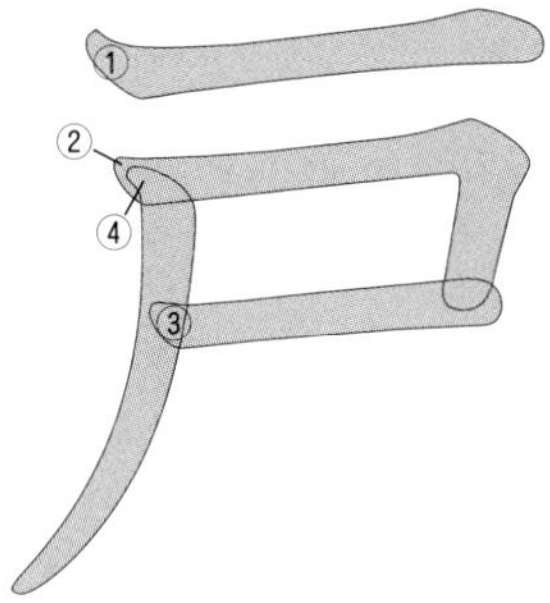

3年 所　2年 戸

穴

土(つち)をほって入(い)り口(ぐち)をあけた屋根(やね)の形(かたち)だよ。

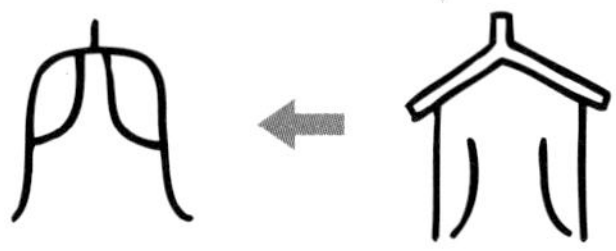

【あな、あなかんむり】

穴(あな)をあける、穴(あな)のおく深(ふか)くという意味(いみ)に関(かん)する字(じ)が多(おお)い。

5画(かく)

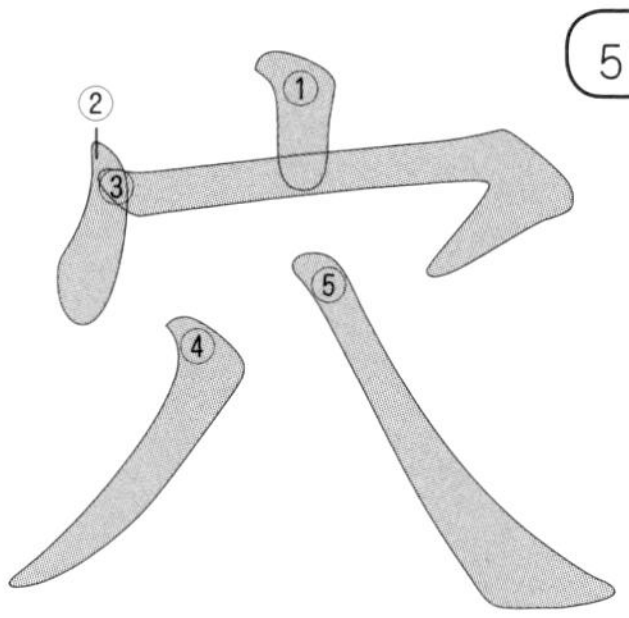

6年 穴 窓　3年 究　1年 空

書(か)き方(かた)

6年(ねん)

山(やま)の中腹(ちゅうふく)にほら穴(あな)があったので、中(なか)に入(はい)ってみました。

（ケツ）あな

穴

穴 穴 穴 穴 穴

5画(かく)

6年(ねん)

小学校(しょうがっこう)の同窓会(どうそうかい)で窓(まど)ぎわの席(せき)にすわりました。

ソウ まど

窓

窓 窓 窓 窓 窓 窓 窓 窓

11画(かく)

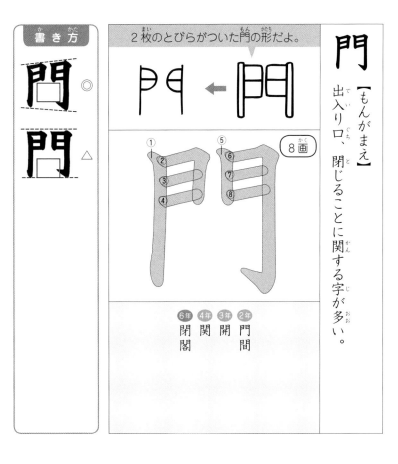

門

【もんがまえ】

出入(でい)り口(ぐち)、閉(と)じることに関(かん)する字(じ)が多(おお)い。

2枚(まい)のとびらがついた門(もん)の形(かたち)だよ。

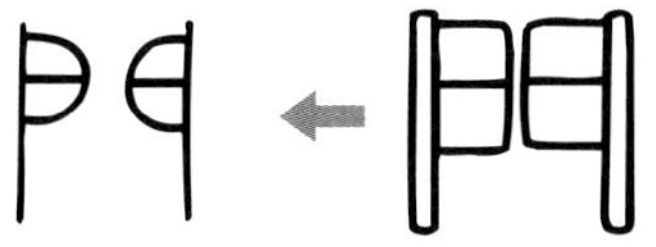

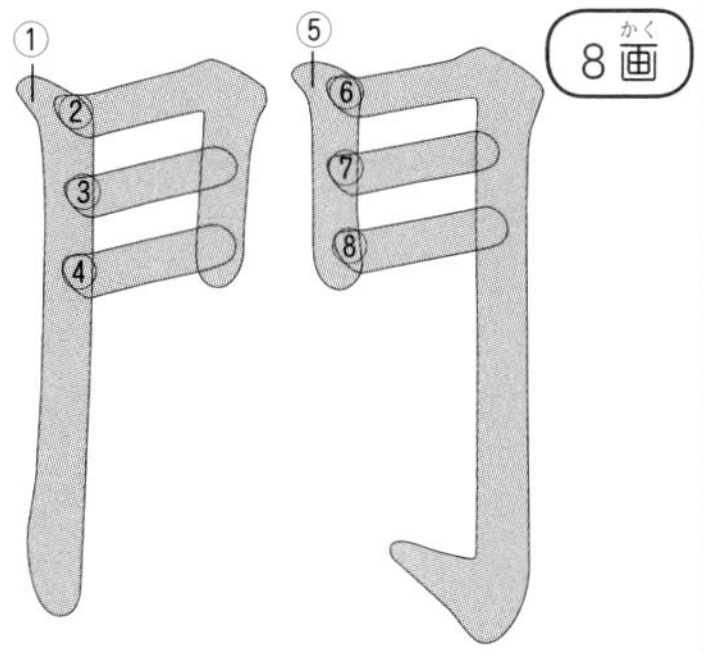

6年 閉 閣

4年 関

3年 開

2年 門 間

書(か)き方(かた)

門 ◎

門 △

6年(ねん)

天守閣(てんしゅかく)に登(のぼ)りたかったのですが、すでに門(もん)が閉(し)まっていました。

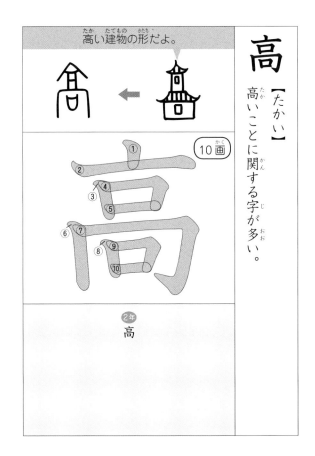

閣

カク

14画(かく)

閣 閣 閣 閣 閣 閣 閣 閣

閉

ヘイ

とじる（とざす）

しめる

しまる

11画(かく)

閉 閉 閉 閉 閉 閉 閉 閉

高

【たかい】

高(たか)いことに関(かん)する字(じ)が多(おお)い。

高(たか)い建物(たてもの)の形(かたち)だよ。

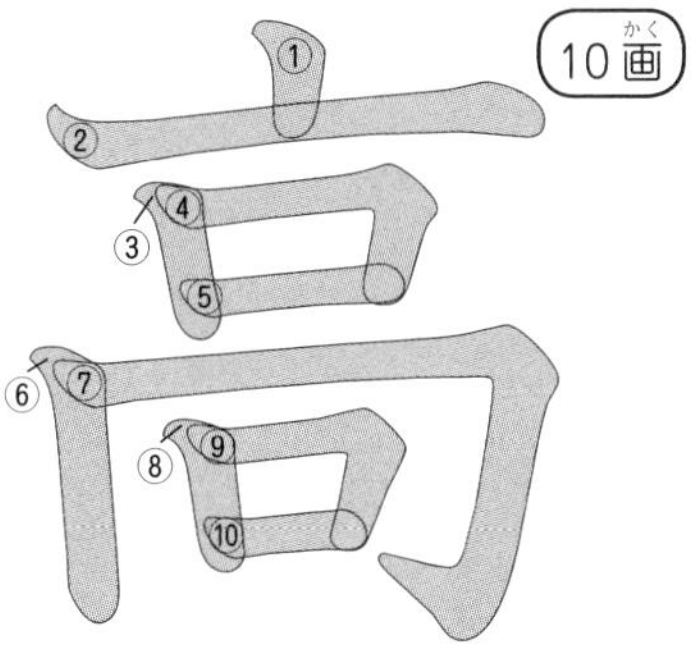

2年 高

自然（しぜん）に関係（かんけい）のある部首（ぶしゅ）

天体（てんたい） p.70

- 夕 ゆうべ、た
- 月 つき、つきへん
- 日（曰） ひ、ひへん（ひらび、いわく）

水（みず） p.67

- 冫 にすい
- 川 かわ
- 水（氵） みず（さんずい）

土（つち）や石（いし） p.61

- 厂 がんだれ
- 阝（阜） こざとへん
- 土 つち、つちへん
- 山 やま、やまへん
- 石 いし、いしへん
- 金 かね、かねへん

植物（しょくぶつ） p.75

- 艹 くさかんむり
- 片 かた、かたへん
- 木 き、きへん
- 生 うまれる
- 白 しろ
- 禾 のぎへん
- 米 こめ、こめへん
- 竹 たけ、たけかんむり
- 麦 むぎ、ばくにょう
- 青 あお
- 食（飠） たべる、しょく（しょくへん）
- 香 か、かおり

気象（きしょう） p.73

- 气 きがまえ
- 火（灬） ひ、ひへん（れっか、れんが）
- 赤 あか
- 雨 あめ、あめかんむり
- 風 かぜ
- 黒 くろ

土や石がもとになった部首

厂【がんだれ】

がけや石、土などの意味を表す字が多い。

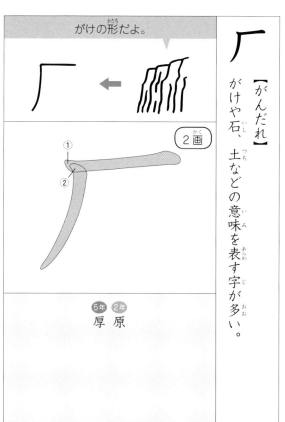

がけの形だよ。

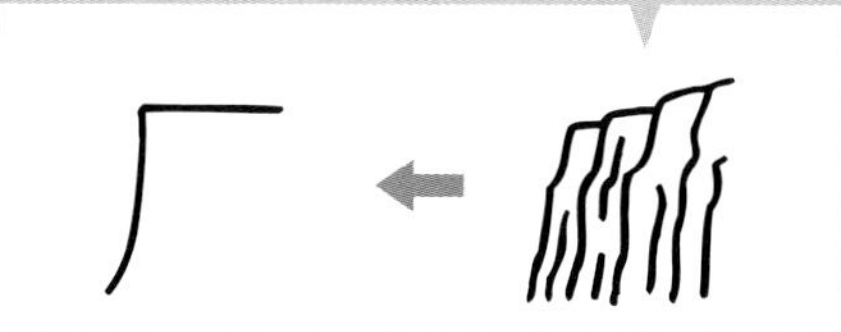

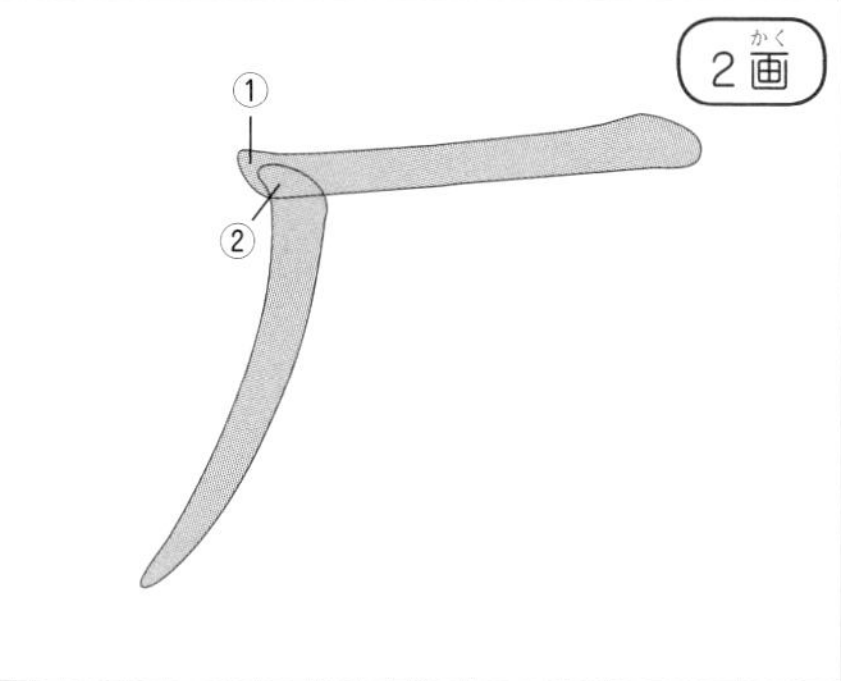

2画

5年 厚　2年 原

書き方

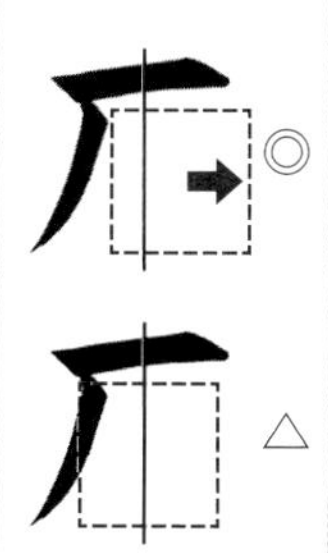

5年

このがけには、厚い地そうが見られます。

厚（コウ）あつい

9画

厚 厚 厚 厚 厚 厚 厚 厚

阝（阜）【こざとへん】

積み上げた土やおか、階段などに関する字が多い。

盛り上げた土の形だよ。

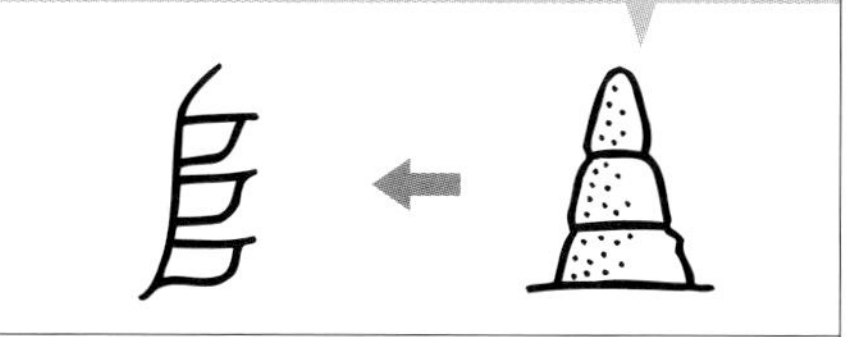

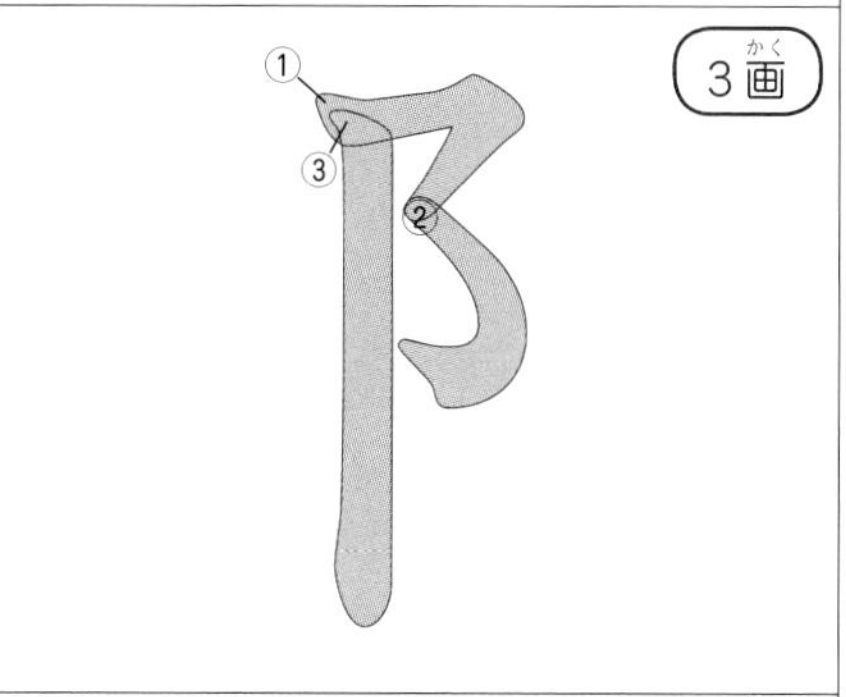

3画

6年	5年	4年	3年
降	防	阪	院
除	限	阜	階
陛	険	陸	陽
障	際	隊	

書き方

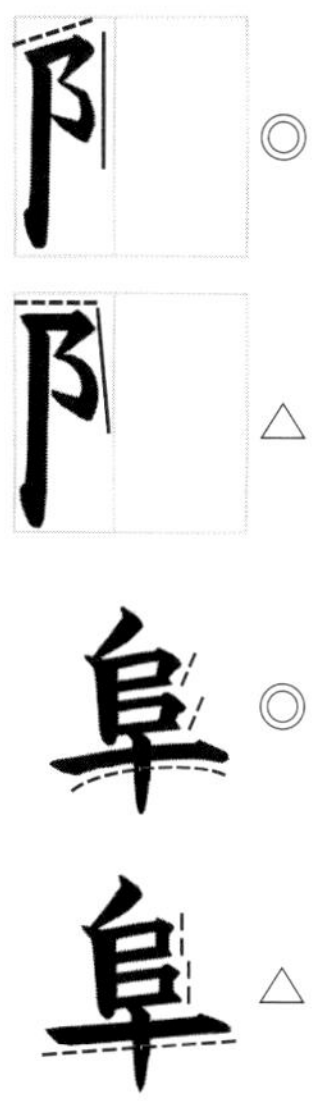

5年

できる限り予防注しゃを打って、インフルエンザを防ぎましょう。

限　ゲン　かぎる　9画

防　ボウ　ふせぐ　7画

5年

国際交流会館の階だんは、古くて、き険です。

際　サイ　（きわ）　14画

険　ケン　けわしい　11画

6年

夜に大雪が降ったので、翌朝は除雪作業に追われました。

降　コウ　おりる　おろす　ふる　10画

除　ジョ　（ジ）　のぞく　10画

6年

天皇陛下がお通りになる道の障害物を取り除きました。

陛　ヘイ　—　10画

障　ショウ　（さわる）　14画

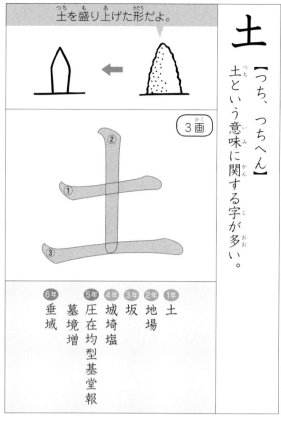

土

【つち、つちへん】

土という意味に関する字が多い。

土を盛り上げた形だよ。

3画

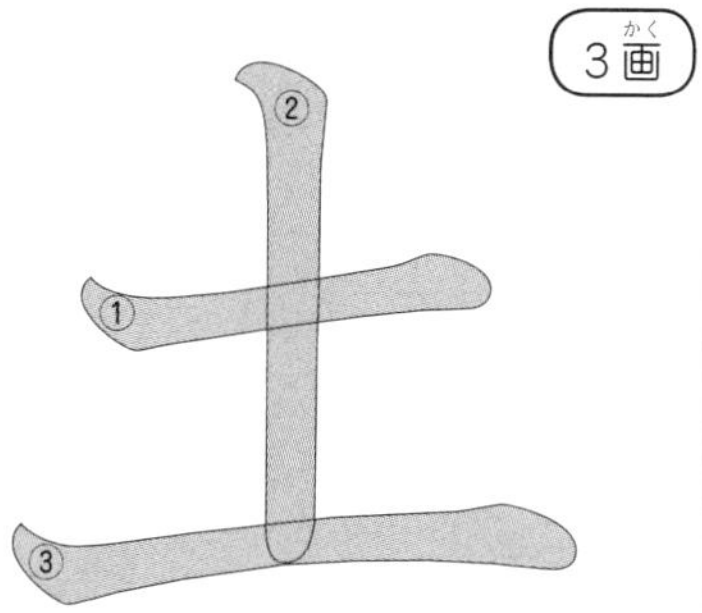

1年 土

2年 地 場

3年 坂

4年 城 埼 塩

5年 圧 在 均 型 基 堂 報 墓 境 増

6年 垂 域

書き方

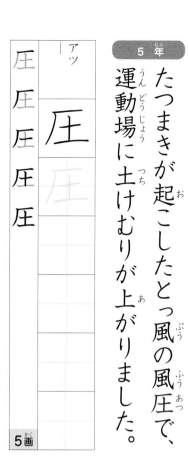

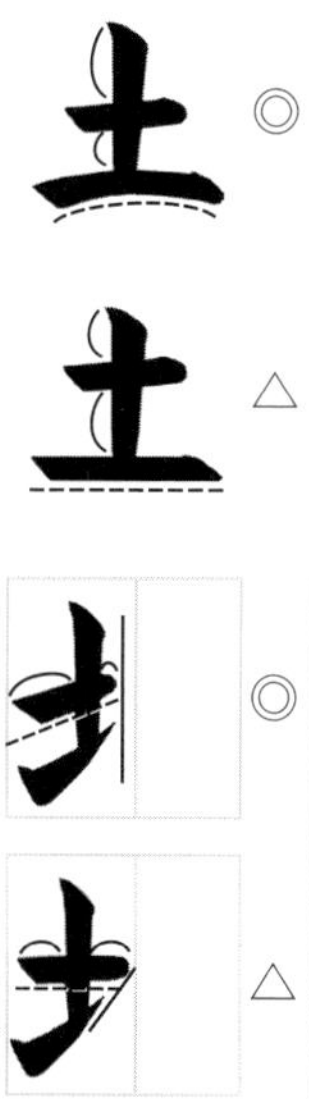

5年

たつまきが起こしたとっ風の風圧で、運動場に土けむりが上がりました。

圧 アツ

圧 圧 圧 圧 圧

5画

5年

その学校には、いつも土を均一にならした、すな場が在ります。

均 キン

均 均 均 均 均 均 均

7画

在 ザイ ある

在 在 在 在 在 在

6画

5年

すもう部では、土の上で基本の型をくり返し練習しています。

基 キ (もと) (もとい)

基 基 基 基 基 基 基 基

11画

型 ケイ かた

型 型 型 型 型 型 型 型 型

9画

5年

土の上に立つ古いお堂について、調べたことを報告しました。

堂 ドウ / —　11画

報 ホウ（むくいる）　12画

5年

祖父の墓は、神奈川県と静岡県の境にあります。

墓 ボ / はか　13画

境 キョウ（ケイ） / さかい　14画

5年

その町は人口が増加してきたので、住たく地を増やしています。

増 ゾウ / ます ふえる ふやす　14画

6年

つかんでいたくもの糸が切れ、男は底へと垂直に落ちていきました。

垂 スイ / たれる たらす　8画

6年

地域の人が、昔の町の様子を教えてくれました。

域 イキ / —　11画

山

3つのみねがある山の形だよ。

【やま、やまへん】

山に関する字が多い。

3画

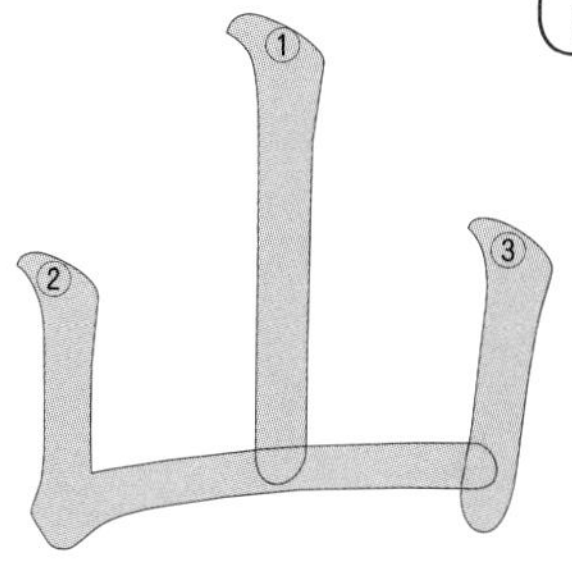

1年	2年	3年	4年
山	岩	岸 島	岐 岡 崎

石

がけの下に石が転がっている形だよ。

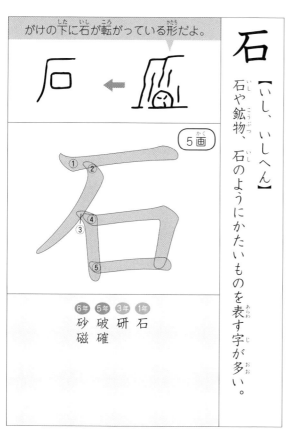

【いし、いしへん】

石や鉱物、石のようにかたいものを表す字が多い。

5画

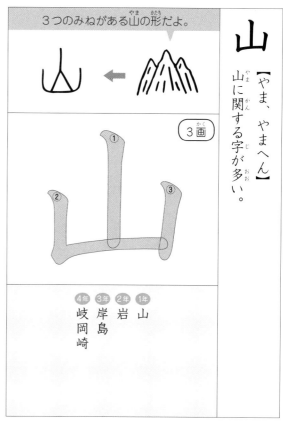

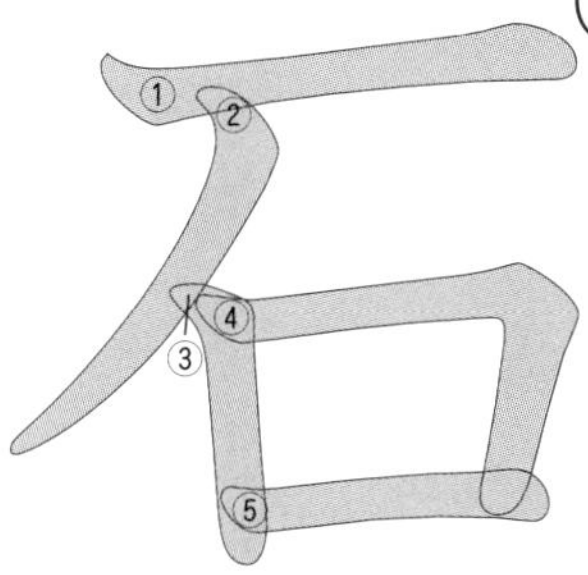

1年	3年	5年	6年
石	研	破 確	砂 磁

書き方

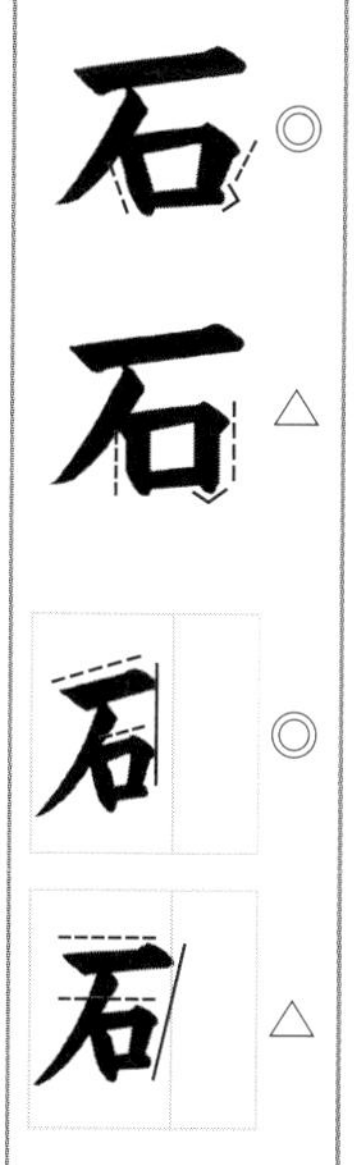

5年

石で作られた門の強さは確かで、決して破られません。

確　カク　たしか　たしかめる　15画

破　ハ　やぶる　やぶれる　10画

6年

河原で遊んでいたら、砂の中に砂金を見つけました。

砂　サ　(シャ)　すな　9画

6年

磁石のN極とS極について、いろいろな実験をしました。

ジ

磁

14画

磁 磁 磁 磁 磁 磁 磁 磁

金

【かね、かねへん】

金属の種類や性質、金属で作った物を表す字が多い。

土の中に金属のつぶが閉じこめられた形だよ。

8画

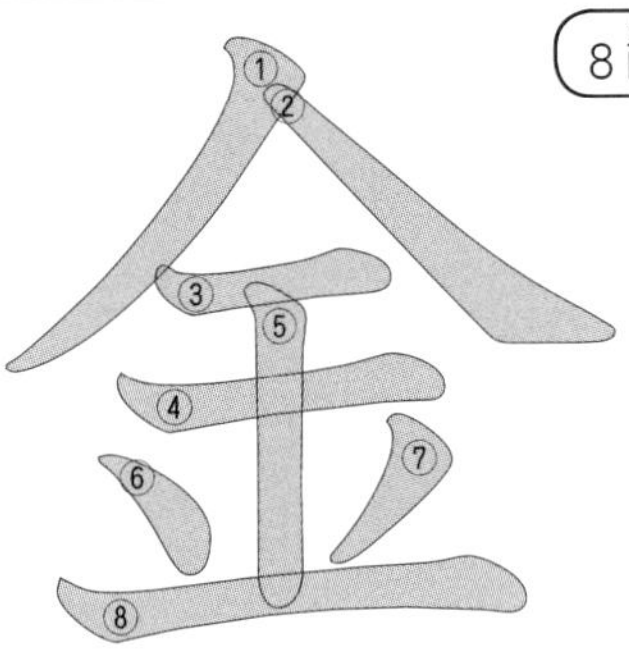

1年 金

3年 鉄 銀

4年 録 鏡

5年 鉱 銅

6年 針 銭 鋼

書き方

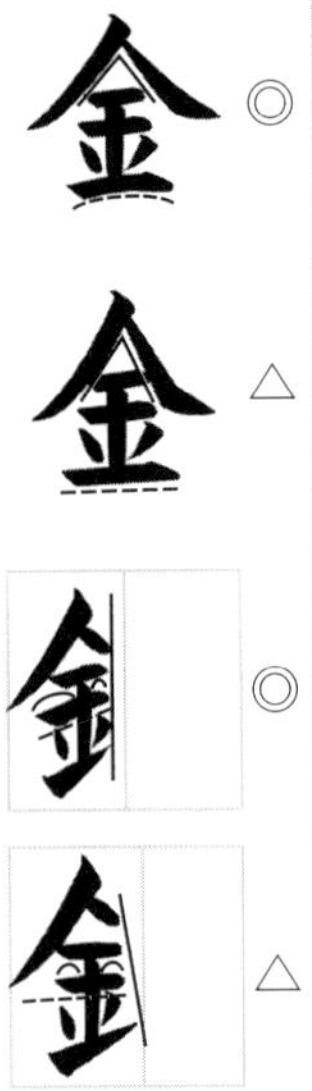

5年

日本には石炭をとるための炭鉱がたくさんあったと授業で習いました。

コウ

鉱

13画

鉱 鉱 鉱 鉱 鉱 鉱 鉱 鉱

5年

わたしの学校には、二宮金次郎の銅像があります。

ドウ

銅

14画

銅 銅 銅 銅 銅 銅 銅 銅

6年

時計の針には、短針と長針、それから秒針があります。

シン
はり

針

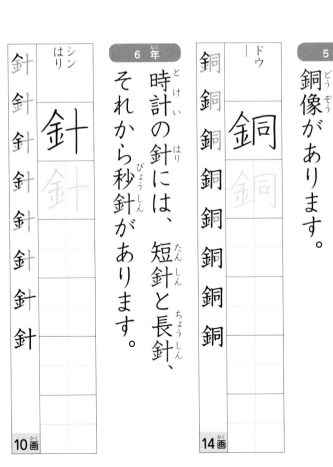

10画

針 針 針 針 針 針 針 針

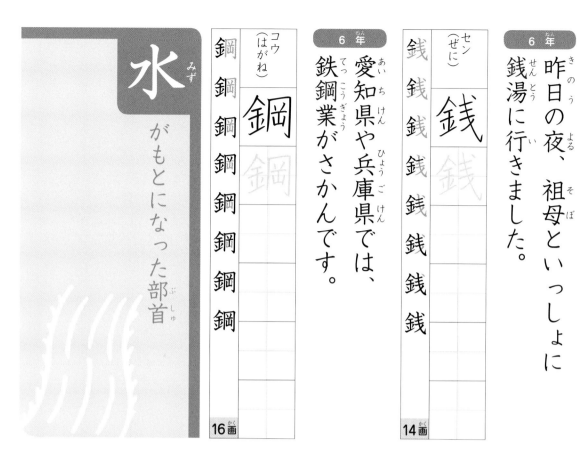

6年

昨日の夜、祖母といっしょに銭湯に行きました。

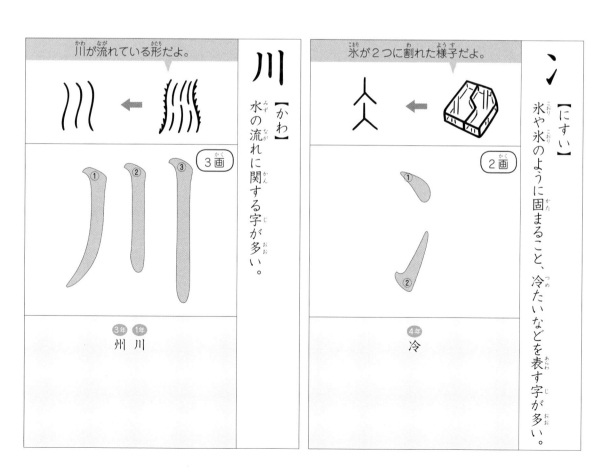

銭

セン（ぜに）

銭 銭 銭 銭 銭 銭 銭 銭

14画

6年

愛知県や兵庫県では、鉄鋼業がさかんです。

鋼

コウ（はがね）

鋼 鋼 鋼 鋼 鋼 鋼 鋼 鋼

16画

水（みず）がもとになった部首

冫【にすい】

氷や氷のように固まること、冷たいなどを表す字が多い。

氷が２つに割れた様子だよ。

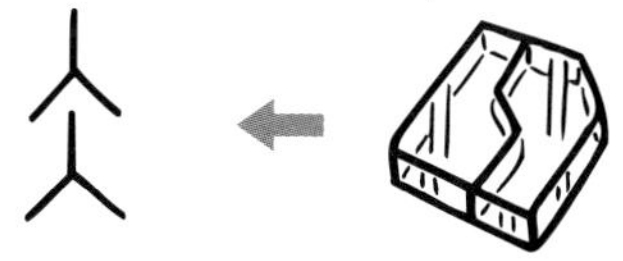

2画

4年 冷

川【かわ】

水の流れに関する字が多い。

川が流れている形だよ。

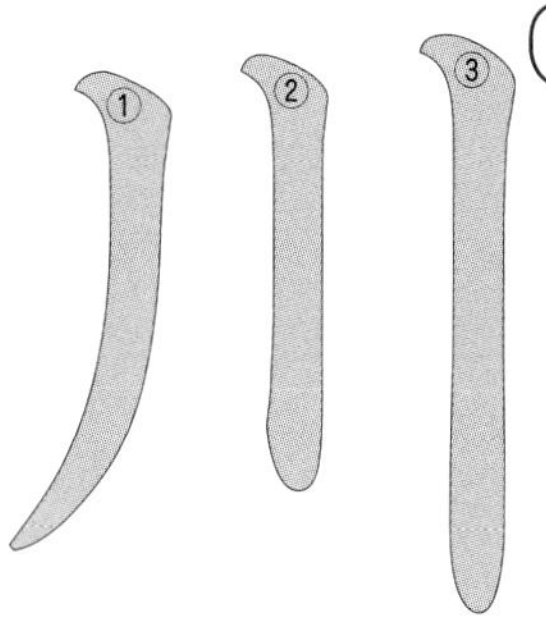

3画

3年 州　1年 川

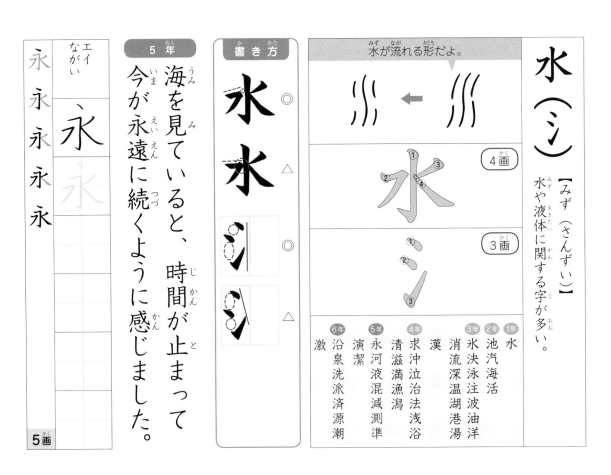

水（氵）

【みず（さんずい）】
水や液体に関する字が多い。

水が流れる形だよ。

4画 水

3画 氵

1年	2年	3年	4年	5年	6年
水	池汽海活	氷決泳注波油洋消流深温湖港湯漢	求沖泣治法浅浴清滋満漁潟	永河液混減測準演潔	沿泉洗派済源潮激

書き方

水 ◎
水 △
氵 ◎
氵 △

5年

海を見ていると、時間が止まって今が永遠に続くように感じました。

永　エイ　ながい　5画

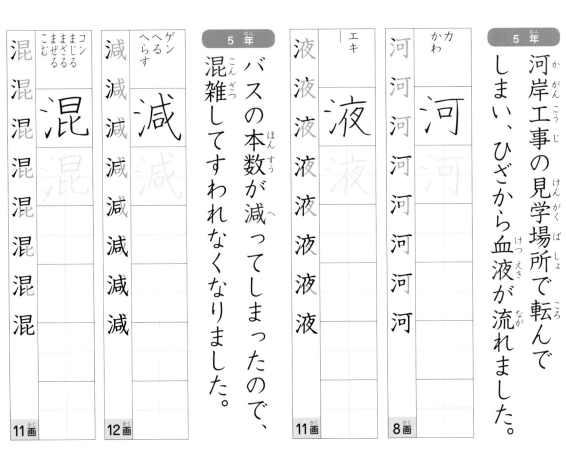

5年

河岸工事の見学場所で転んでしまい、ひざから血液が流れました。

河　カ　かわ　8画

液　エキ　11画

5年

バスの本数が減ってしまったので、混雑してすわれなくなりました。

減　ゲン　へる　へらす　12画

混　コン　まじる　まざる　まぜる　こむ　11画

5年

身体測定をしたら、標準よりも身長が高くなっていました。

測	ソク はかる	12画
準	ジュン	13画

5年

そうじのゆきとどいた清潔な部屋で、演技の練習をしました。

潔	ケツ (いさぎよい)	15画
演	エン	14画

6年

家族旅行で行った海沿いの温泉は、海の底からお湯がわいていました。

沿	エン そう	8画
泉	セン いずみ	9画

6年

洗面所で、とても派手な服装をした人を見かけました。

洗	セン あらう	9画
派	ハ	9画

6年

水資源をもっと活用して、経済を発展させましょう。

源 ゲン／みなもと　13画

源 源 源 源 源 源 源 源

済 サイ／すむ・すます　11画

済 済 済 済 済 済 済 済

6年

海に面した道路では、潮風が激しくふいていました。

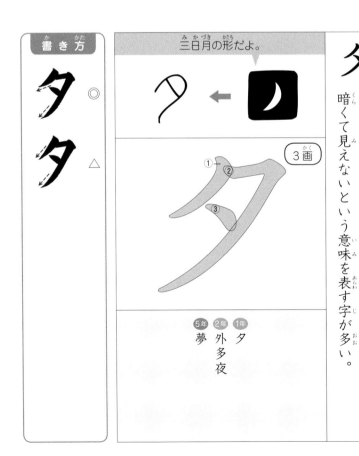

潮 チョウ／しお　15画

潮 潮 潮 潮 潮 潮 潮 潮

激 ゲキ／はげしい　16画

激 激 激 激 激 激 激 激

天体がもとになった部首

夕

【ゆうべ、た】

暗くて見えないという意味を表す字が多い。

三日月の形だよ。

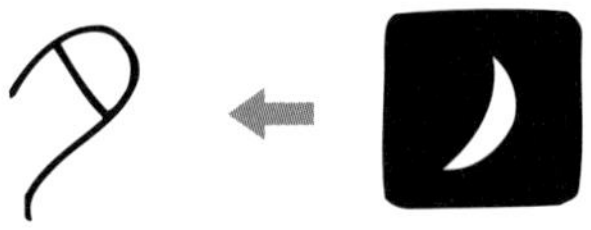

3画

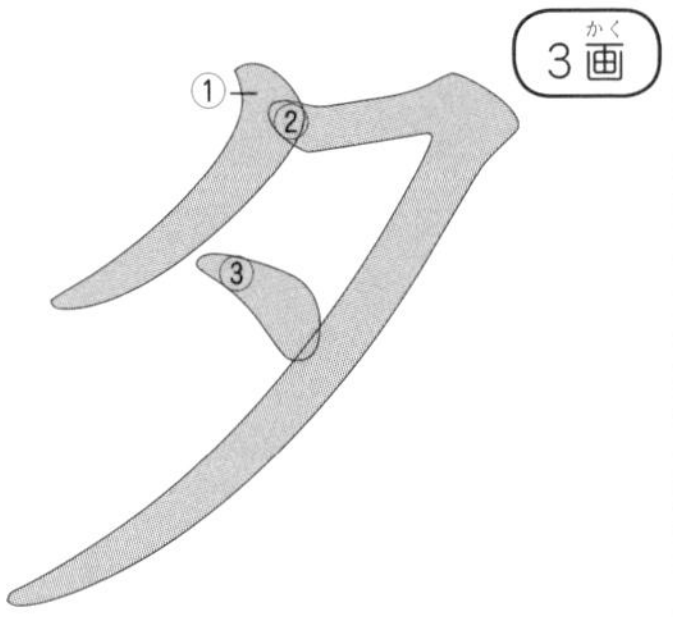

1年 夕

2年 外 多 夜

5年 夢

書き方

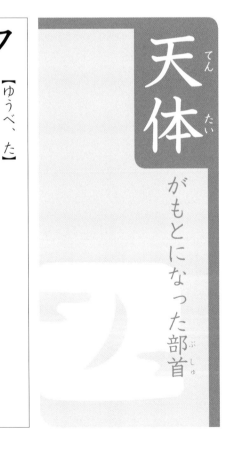

5年

ペットの犬がにげて、夢中で追いかける夢を見ました。

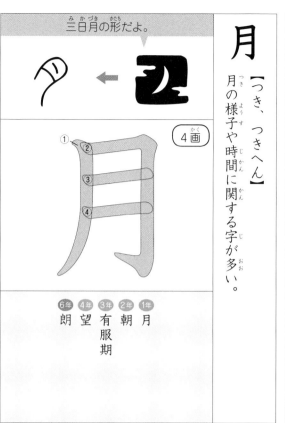

夢　ム　ゆめ

13画

夢 夢 夢 夢 夢 夢 夢 夢 夢

月

【つき、つきへん】

月の様子や時間に関する字が多い。

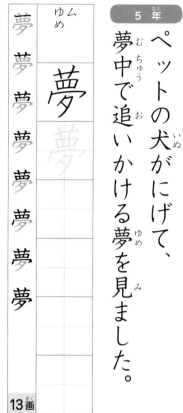

三日月の形だよ。

4画

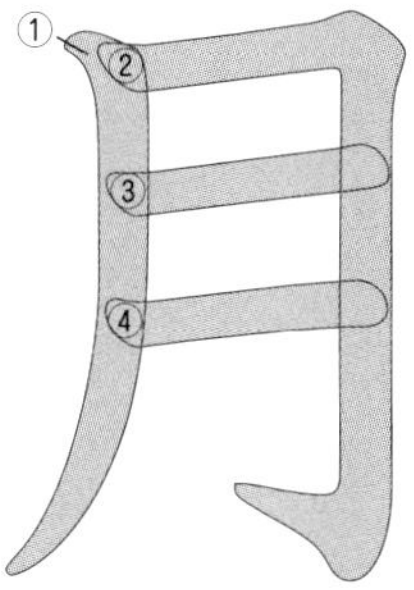

1年	2年	3年	4年	6年
月	朝	有 服 期	望	朗

書き方

6年

月を見て作った俳句を、朗読しました。

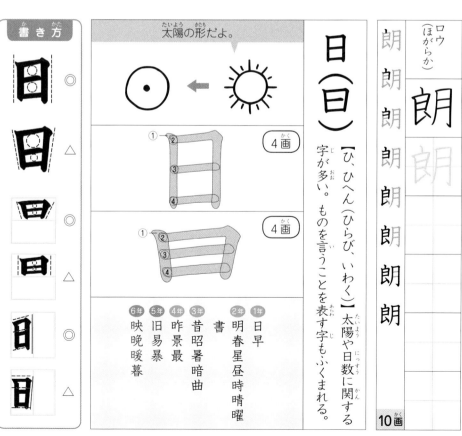

朗　ロウ　(ほがらか)

10画

朗 朗 朗 朗 朗 朗 朗 朗

日（曰）

【ひ、ひへん（ひらび、いわく）】

太陽や日数に関する字が多い。ものを言うことを表す字もふくまれる。

太陽の形だよ。

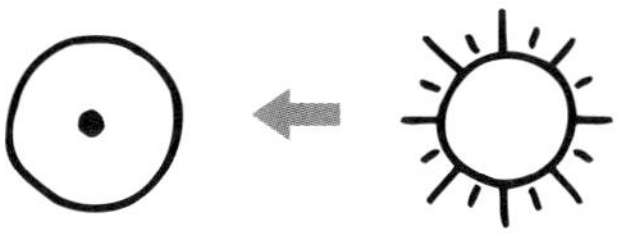

4画

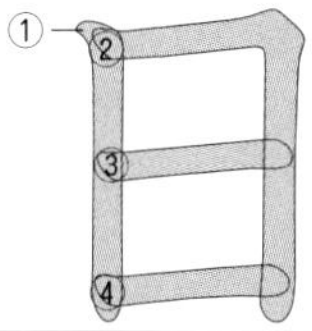

4画

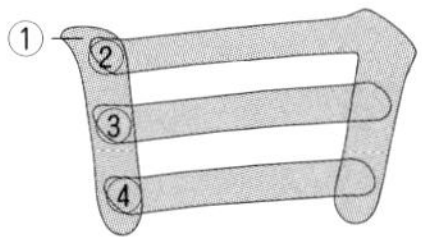

1年	2年		3年	4年	5年	6年
日 早	明 春 星 昼 時 晴 曜	書	昔 昭 暑 暗 曲	昨 景 最	旧 易 暴	映 晩 暖 暮

書き方

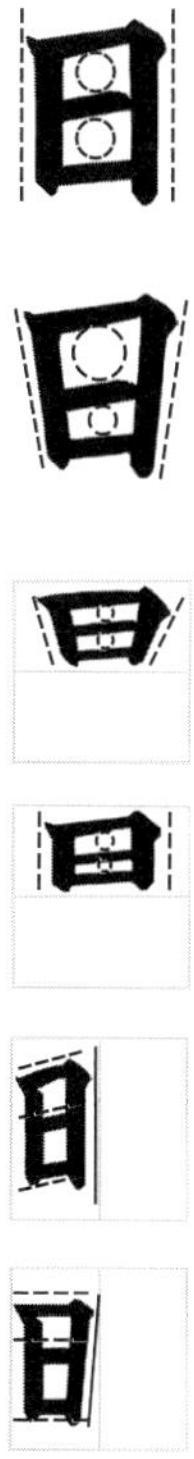

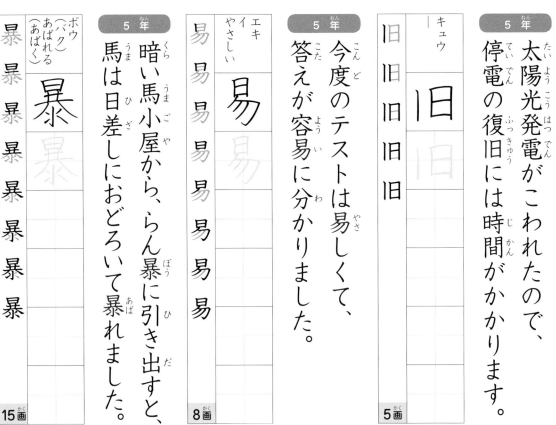

5年

太陽光発電がこわれたので、停電の復旧には時間がかかります。

旧
キュウ
5画
旧 旧 旧 旧 旧

5年

今度のテストは易しくて、答えが容易に分かりました。

易
エキ
イ
やさしい
8画
易 易 易 易 易 易 易 易

5年

暗い馬小屋から、らん暴に引き出すと、馬は日差しにおどろいて暴れました。

暴
ボウ
(バク)
あばれる
(あばく)
15画
暴 暴 暴 暴 暴 暴 暴 暴

6年

晩ごはんの後、家族で映画をみました。

晩
バン
12画
晩 晩 晩 晩 晩 晩 晩 晩

映
エイ
うつる
うつす
(はえる)
9画
映 映 映 映 映 映 映 映 映

6年

昼は暖かかったのに、日が暮れると寒くなったので暖ぼうをつけました。

暖
ダン
あたたか
あたたかい
あたたまる
あたためる
13画
暖 暖 暖 暖 暖 暖 暖 暖

暮
(ボ)
くれる
くらす
14画
暮 暮 暮 暮 暮 暮 暮 暮

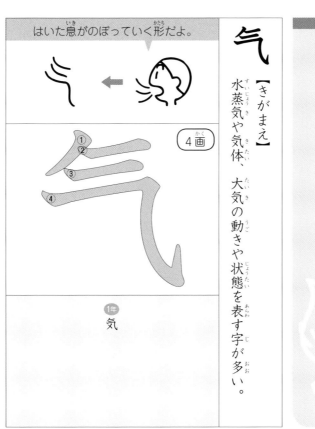

気象がもとになった部首

气

【きがまえ】
水蒸気や気体、大気の動きや状態を表す字が多い。

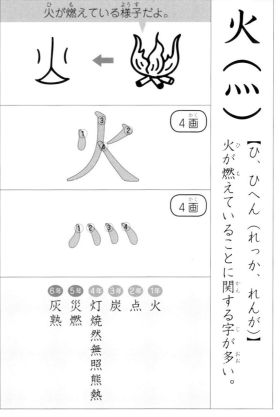

はいた息がのぼっていく形だよ。

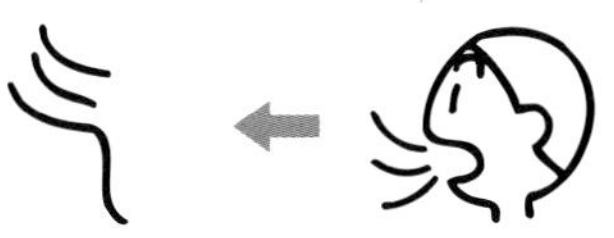

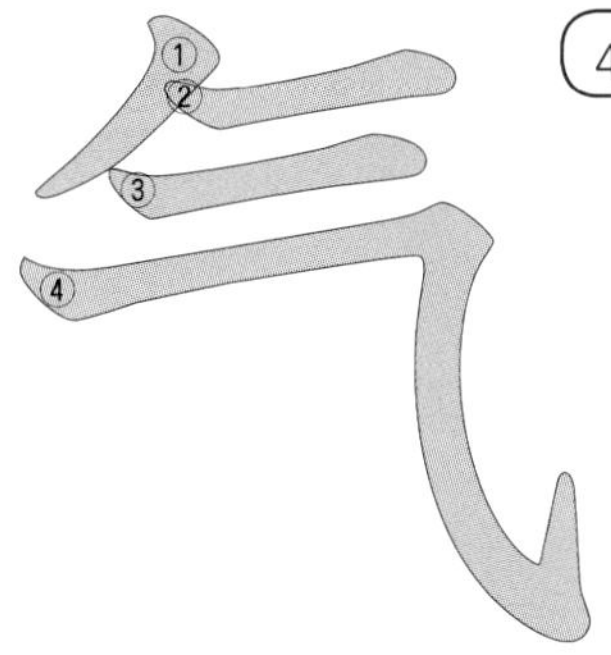

1年 気

火（灬）

【ひ、ひへん（れっか、れんが）】
火が燃えていることに関する字が多い。

火が燃えている様子だよ。

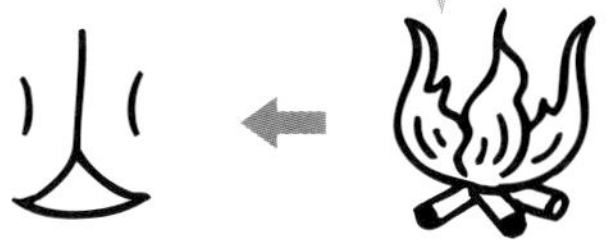

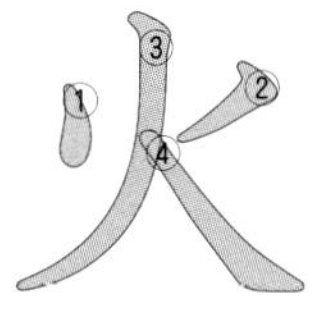

1年	2年	3年	4年	5年	6年
火	点	炭	灯焼然無照熊熱	災燃	灰熟

書き方

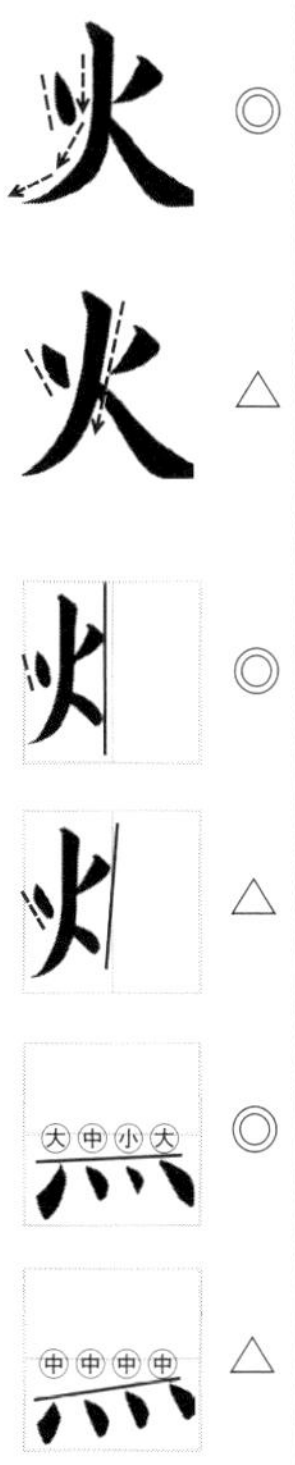

5年

山で火災が発生して、何日も消火活動が続きました。

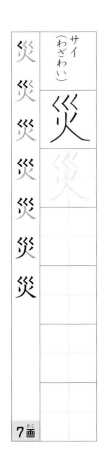

災 サイ（わざわい）

7画

5年

不燃物のごみの日なのに、燃やすごみが混じっていました。

燃

ネン
もえる
もやす
もす

燃 燃 燃 燃 燃 燃 燃 燃

16画

6年

キャンプファイヤーの後に、木の燃え残りと灰を片付けました。

灰

(カイ)
はい

灰 灰 灰 灰 灰 灰

6画

6年

ぼくは、よく焼いたものよりも、半熟の卵が好きです。

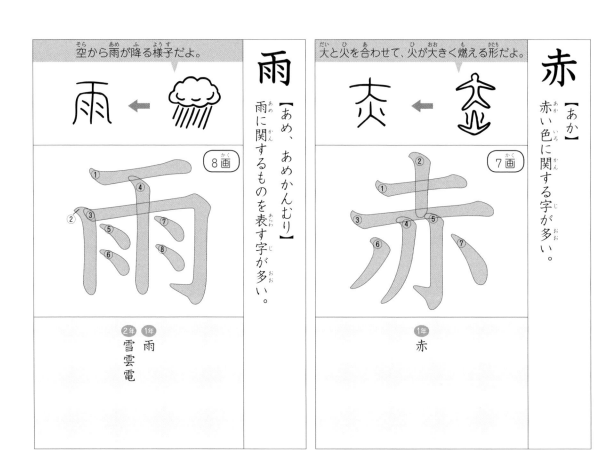

熟

ジュク
(うれる)

熟 熟 熟 熟 熟 熟 熟 熟

15画

赤

【あか】

赤い色に関する字が多い。

大と火を合わせて、火が大きく燃える形だよ。

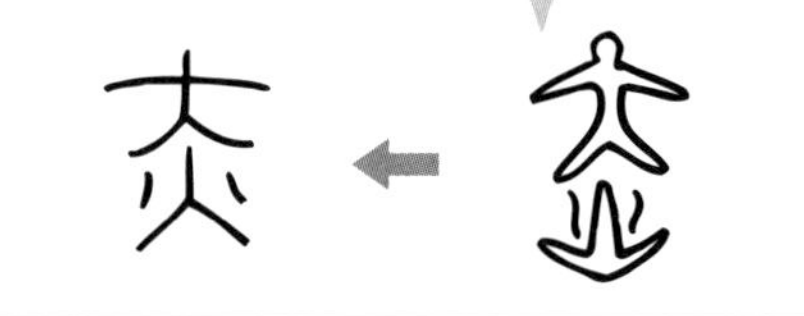

7画

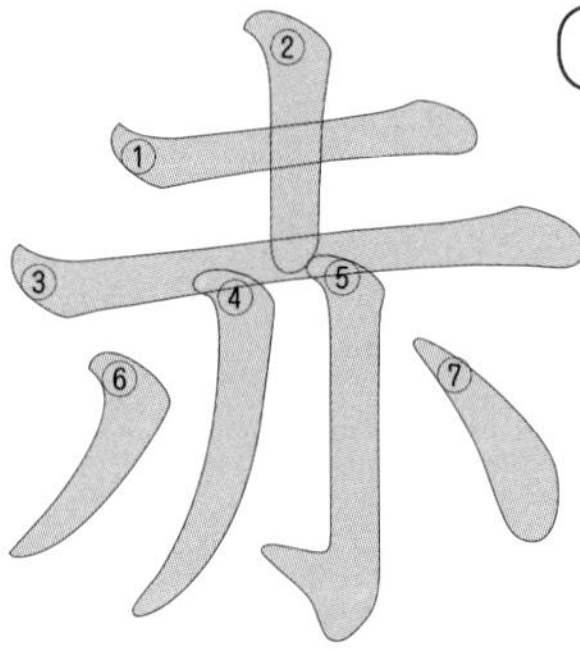

1年 赤

雨

【あめ、あめかんむり】

雨に関するものを表す字が多い。

空から雨が降る様子だよ。

8画

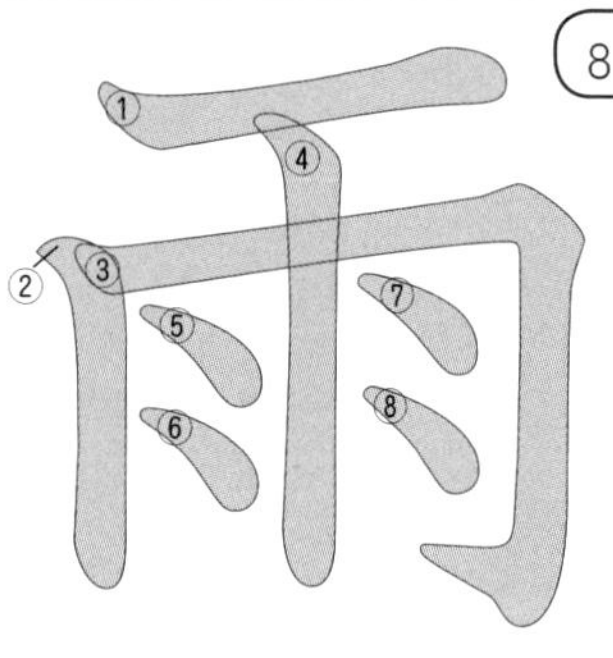

1年 雨

2年 雪 雲 電

風

【かぜ】

風の様子や種類に関する字が多い。

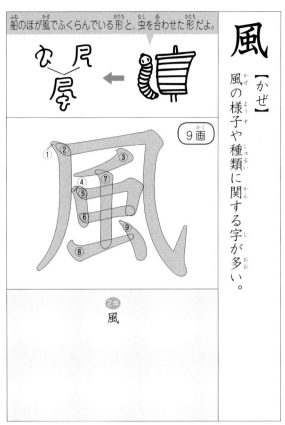

船のほが風でふくらんでいる形と、虫を合わせた形だよ。

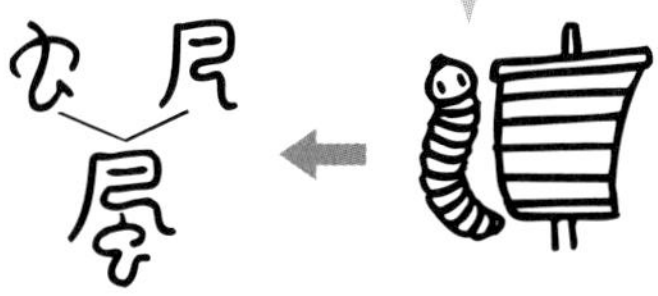

9画

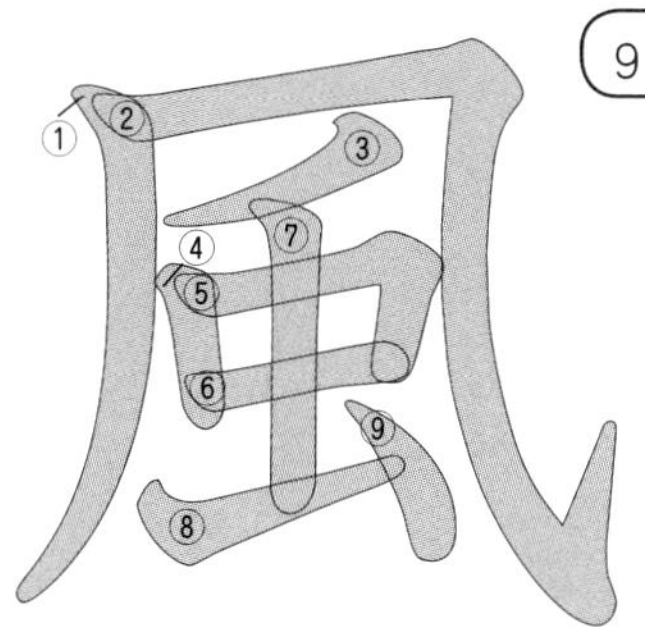

2年

風

黒

【くろ】

黒い色、黒いものに関する字が多い。

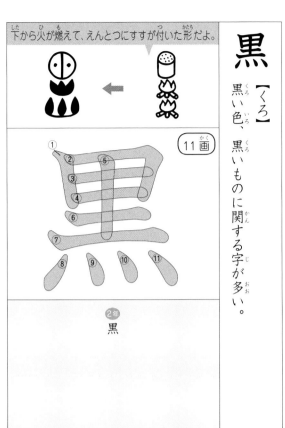

下から火が燃えて、えんとつにすすが付いた形だよ。

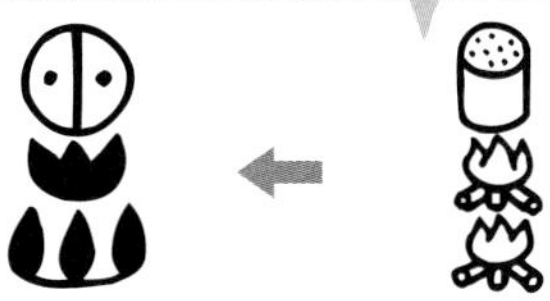

11画

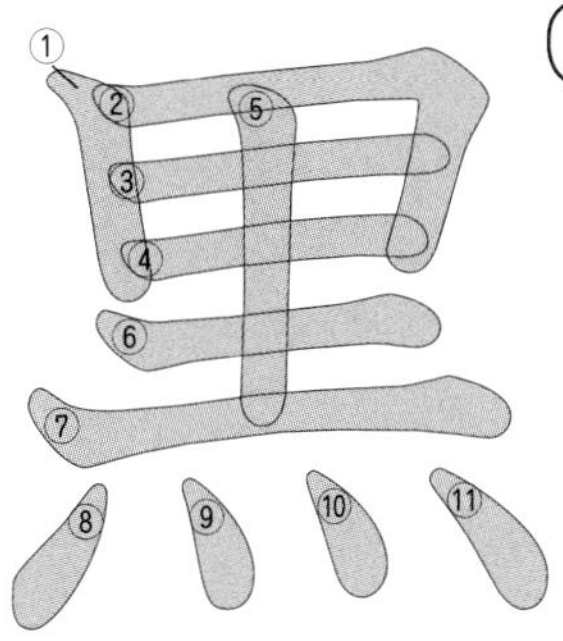

2年

黒

植物がもとになった部首

艹

【くさかんむり】

草の種類や様子を表す字が多い。

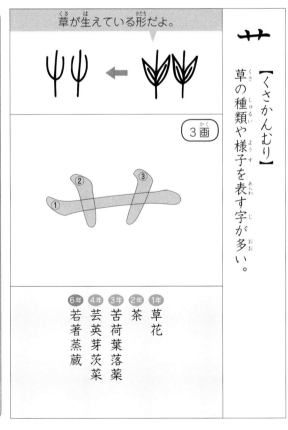

草が生えている形だよ。

3画

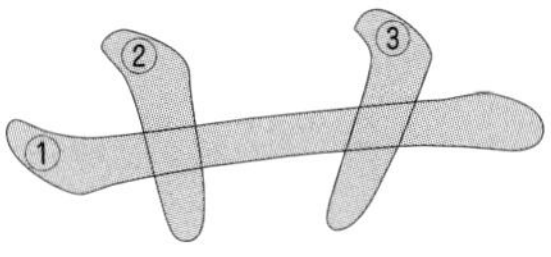

1年	2年	3年	4年	6年
草花	茶	苦荷葉落薬	芸英芽茨菜	若著蒸蔵

書き方

◎

△

6年

植物のことを書いた本の著者は、まだ若い人です。

著 チョ（あらわす）（いちじるしい） 11画

著 著 著 著 著 著 著 著

若 （ジャク）（ニャク） わかい （もしくは） 8画

若 若 若 若 若 若 若 若

6年

野菜をそのまま冷蔵庫に入れておいたら、水分が蒸発していました。

蔵 ゾウ （くら） 15画

蔵 蔵 蔵 蔵 蔵 蔵 蔵 蔵 蔵

蒸 ジョウ （むす）（むれる）（むらす） 13画

蒸 蒸 蒸 蒸 蒸 蒸 蒸 蒸

片

【かた、かたへん】

木の切れはしを表し、板や札などに関する字が多い。

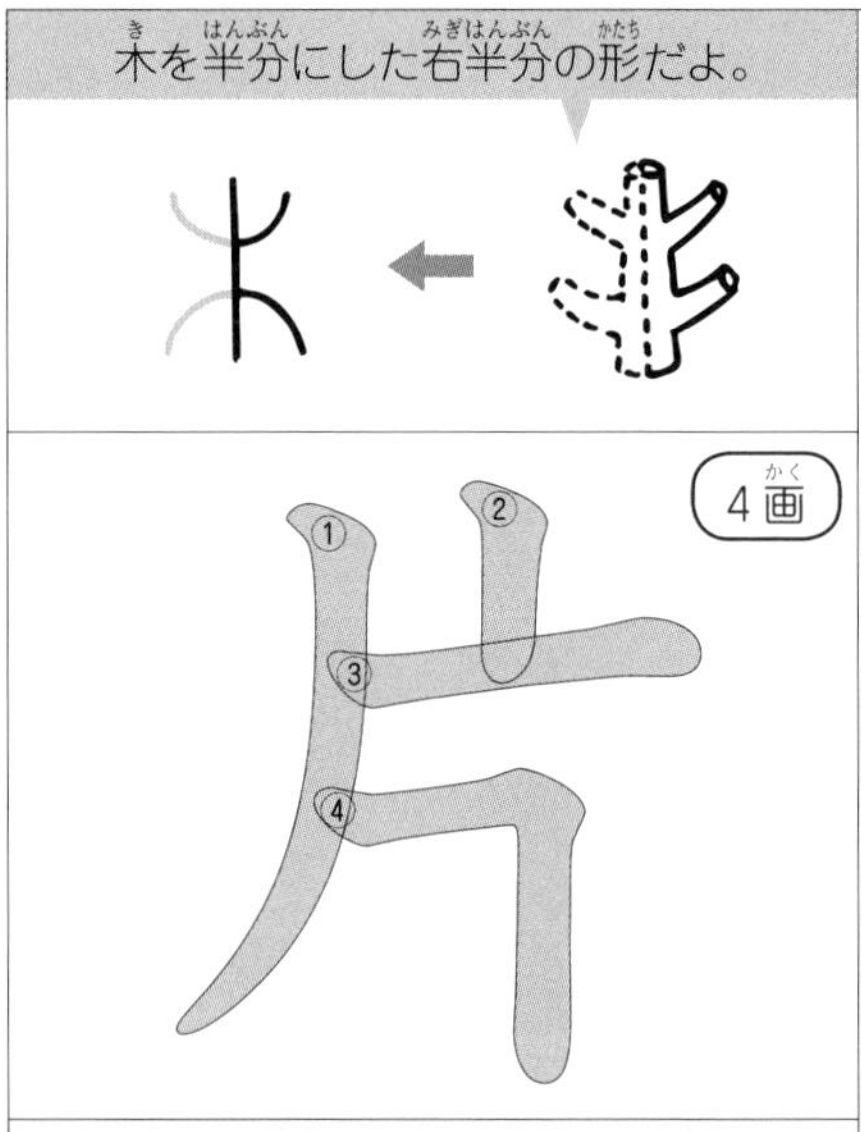

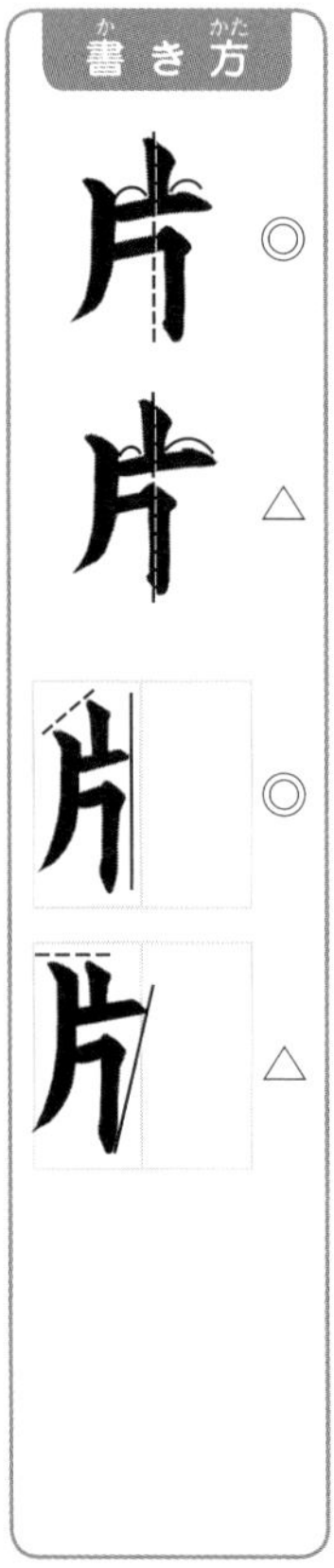

5年

毎年年賀状のために作っていた版画を、本にして出版しました。

版 ハン 8画

版 版 版 版 版 版 版 版

6年

小さな子が、木でできた人形のくつの片方を、手に持って見ています。

片 (ヘン) かた

4画

片 片 片 片

木

【き、きへん】

木、木で作った物などに関する字が多い。

木の形だよ。

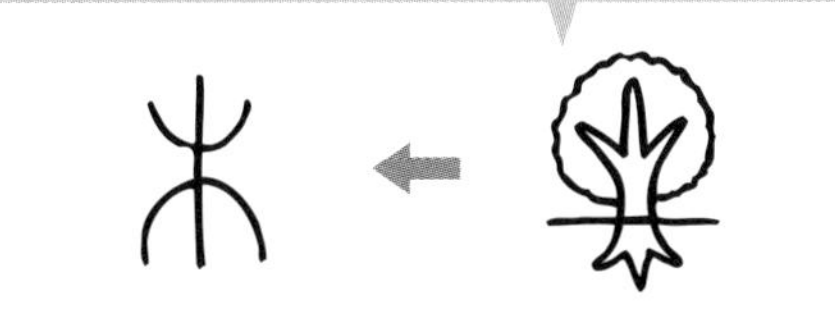

4画

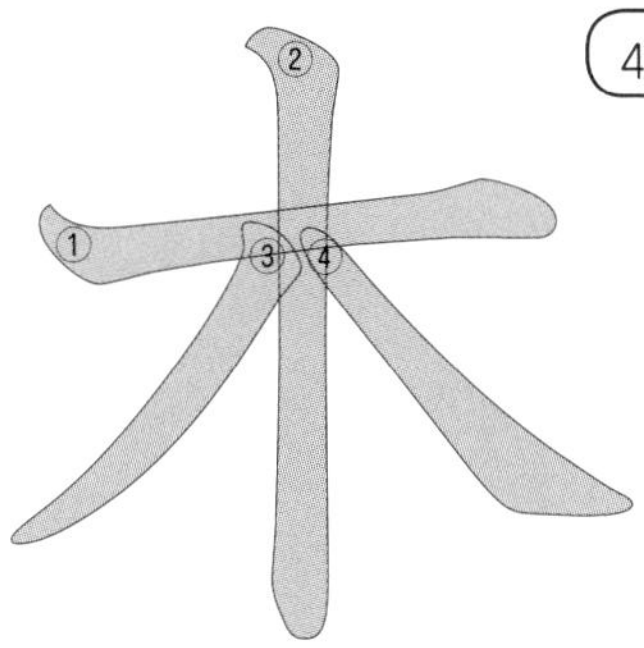

1年 木本村林校森

2年 来東楽

3年 板柱根植業様横 橋

4年 札末未材束果松 栄栃案梅械梨極 標機

5年 条枝査桜格検構

6年 机枚染株棒模権 樹

書き方

5年

切り落とした庭木の枝を燃やすのは、条例で禁止されています。

枝 (シ) えだ

8画

枝 枝 枝 枝 枝 枝 枝 枝

条 ジョウ

7画

条 条 条 条 条 条 条

5年

病気になっていないかどうか、桜の木を調査しました。

桜 (オウ) さくら

10画

桜 桜 桜 桜 桜 桜 桜 桜 桜 桜

査 サ

9画

査 査 査 査 査 査 査 査 査

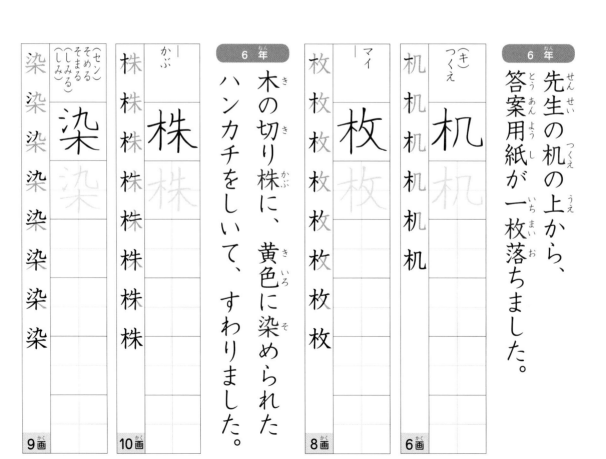

5年

試験に合格できるように、毎日つくえに向かいました。

格

カク
（コウ）

格 格 格 格 格 格 格 格

10画

5年

しカ検査では、先生が木のぼうで示したものを答えます。

検

ケン

検 検 検 検 検 検 検 検

12画

5年

お寺の構造を考えながら、絵筆を構えて日本画をかき始めます。

構

コウ
かまえる
かまう

構 構 構 構 構 構 構 構

14画

6年

先生の机の上から、答案用紙が一枚落ちました。

机

（キ）
つくえ

机 机 机 机 机 机

6画

枚

マイ

枚 枚 枚 枚 枚 枚 枚 枚

8画

6年

木の切り株に、黄色に染められたハンカチをしいて、すわりました。

株

かぶ

株 株 株 株 株 株 株 株

10画

染

（セン）
そめる
そまる
（しみる）
（しみ）

染 染 染 染 染 染 染 染

9画

6年

工作用の棒を買ってきて、建物の模型を作りました。

棒
ボウ
12画

模
ボ モ
14画

6年

この果樹園の所有権は、だれが持っていますか。

樹
ジュ
16画

権
ケン（ゴン）
15画

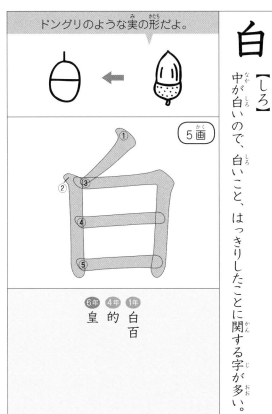

生

【うまれる】

生命や生まれることに関する字が多い。

土の中から草の芽が生え出てきた様子だよ。

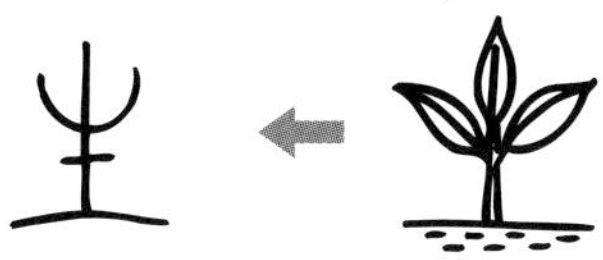

5画

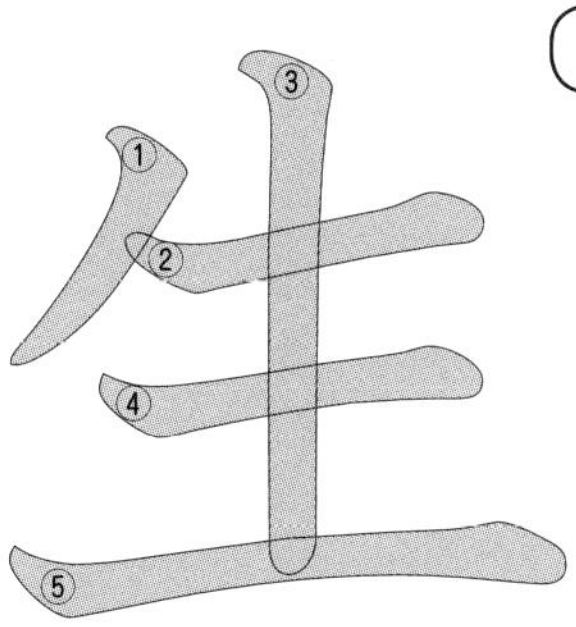

4年 産
1年 生

白

【しろ】

中が白いので、白いこと、はっきりしたことに関する字が多い。

ドングリのような実の形だよ。

5画

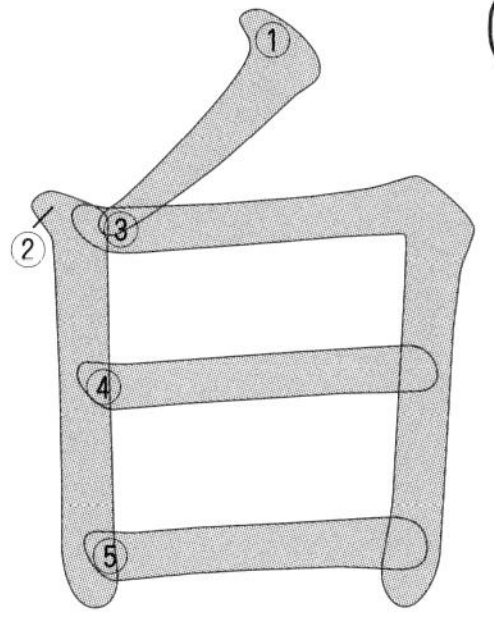

6年 皇
4年 的
1年 白 百

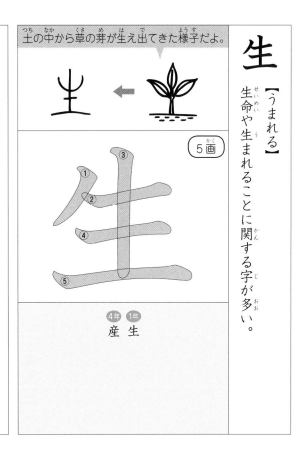

書き方

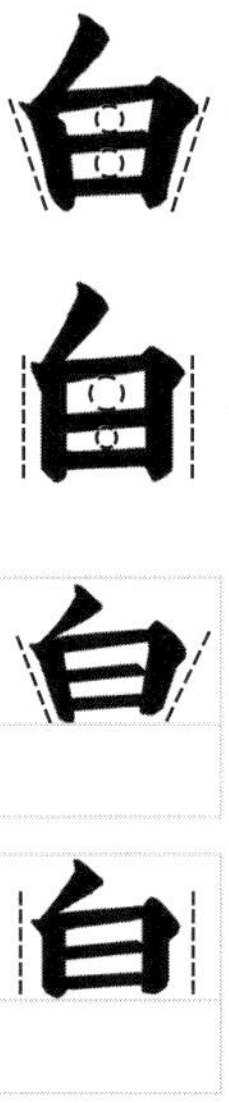

◎ △ ◎ △

6年

外国人に皇居への行き方を聞かれました。

皇

コウ
オウ

9画

禾

【のぎへん】

イネやアワなどの作物やその性質に関する字が多い。

穀物のほが垂れ下がった様子だよ。

5画

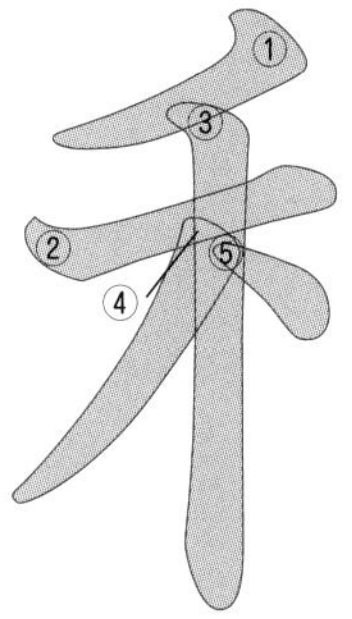

2年	3年	4年	5年	6年
科	秒	種	移	私
秋		積	税	秘
			程	穀

書き方

◎ △

5年

日本の税は、昔は作物で、現代はお金に移り変わりました。

税

ゼイ

12画

移

イ
うつる
うつす

11画

5年

米作りの作業工程を調べました。

程

テイ
（ほど）

12画

6年

私は、自分で作った野菜を使って料理をします。

私
シ
わたくし
わたし
7画

6年

神秘的な森の中に、小さな畑を見つけました。

秘
ヒ
(ひめる)
10画

6年

新潟県や北海道、秋田県は、日本の穀倉地帯とよばれています。

穀
コク
14画

米

【こめ、こめへん】

米や米で作った物に関する字が多い。

米のつぶが散らばった様子だよ。

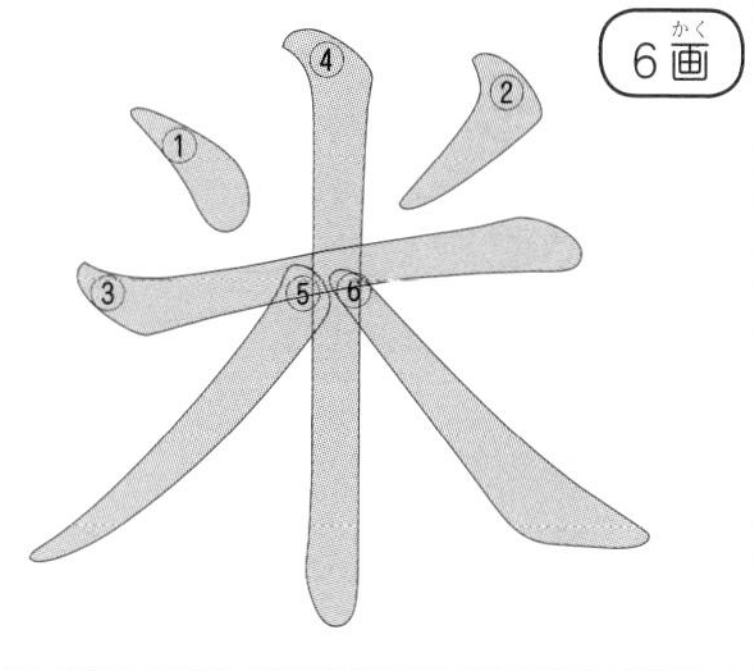

6画

6年 糖
5年 粉 精
2年 米

書き方

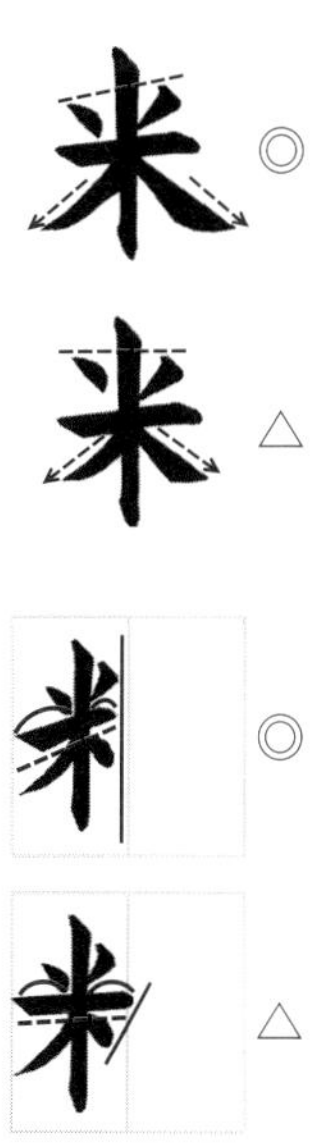

5年

花粉しょうなので、目薬をさして、粉薬を飲んでいます。

粉
フン
こ
こな
10画

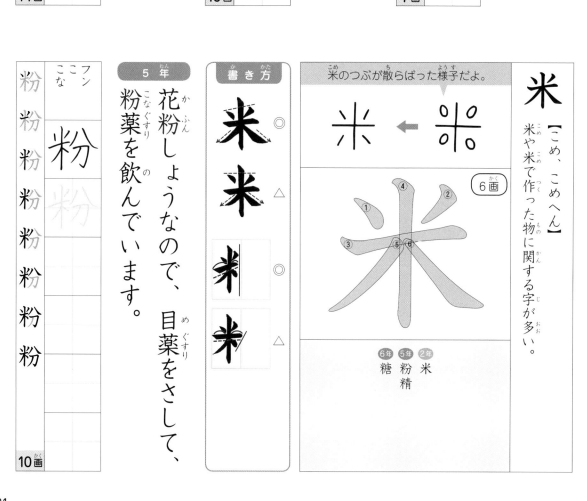

5年

おいしい野菜を作ろうと、精力をかたむけました。

セイ
（ショウ）

精

14画

6年

お米をよくかんで食べると、口の中で砂糖のようなあまみが出ます。

トウ

糖

16画

竹【たけ、たけかんむり】

竹や竹で作った物に関する字が多い。

2本の竹の形だよ。

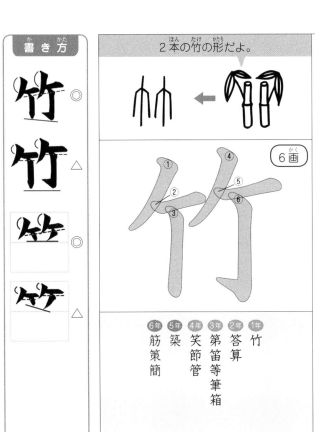

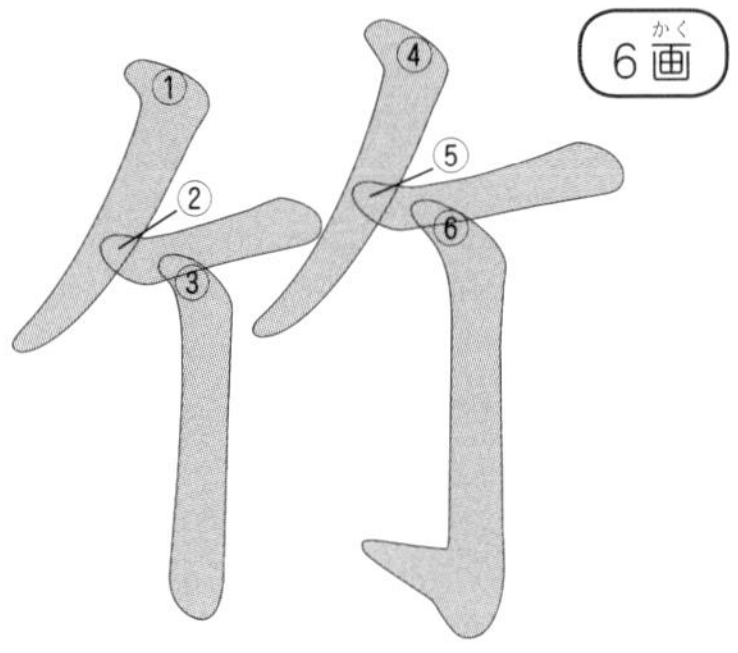

1年	2年	3年	4年	5年	6年
竹	答 算	第 笛 等 筆 箱	笑 節 管	築	筋 策 簡

書き方

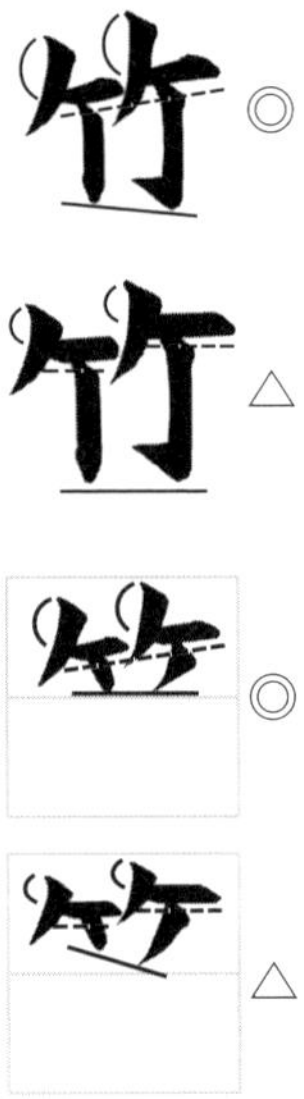

5年

その建築物は、材料に竹を使っています。

チク
きずく

築

16画

6年

腹筋のしすぎで筋を痛めたので、悪くならないように対策をしました。

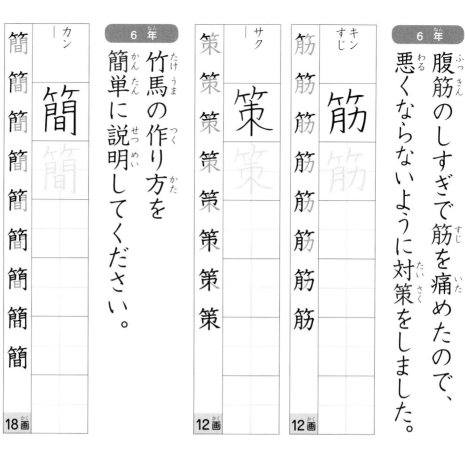

筋　キン　すじ　12画

筋 筋 筋 筋 筋 筋 筋 筋

策　サク　12画

策 策 策 策 策 策 策 策

6年

竹馬の作り方を簡単に説明してください。

簡　カン　18画

簡 簡 簡 簡 簡 簡 簡 簡 簡

麦

【むぎ、ばくにょう】

麦や麦で作った物に関する字が多い。

ほを実らせた植物と足を合わせた形だよ。

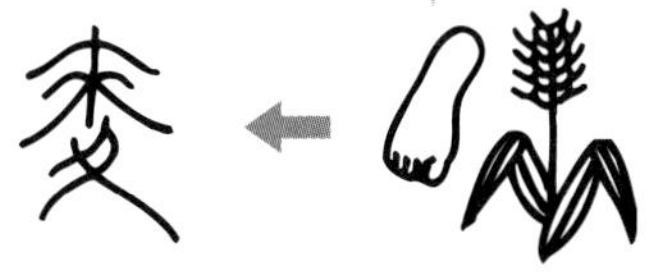

7画

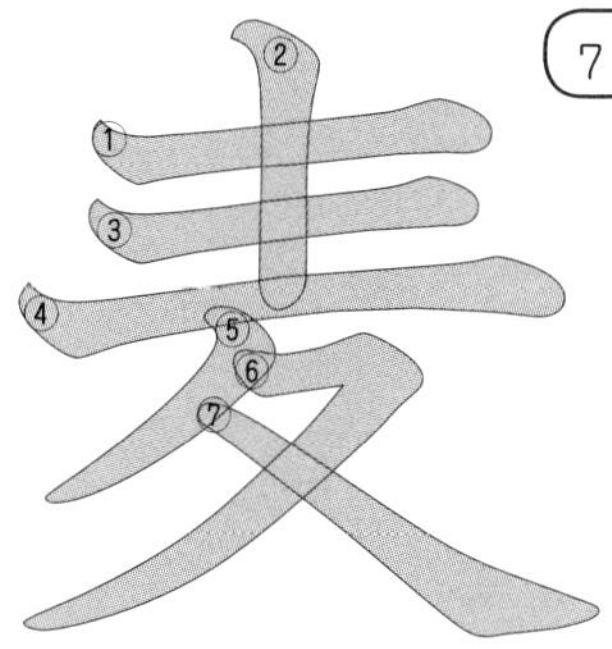

2年　麦

青

【あお】

すんでいる、すきとおって動かないという意味をもつ字が多い。

青い草と、井戸にたまった水を合わせた形だよ。

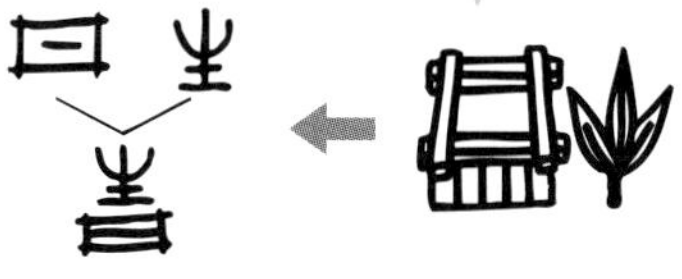

8画

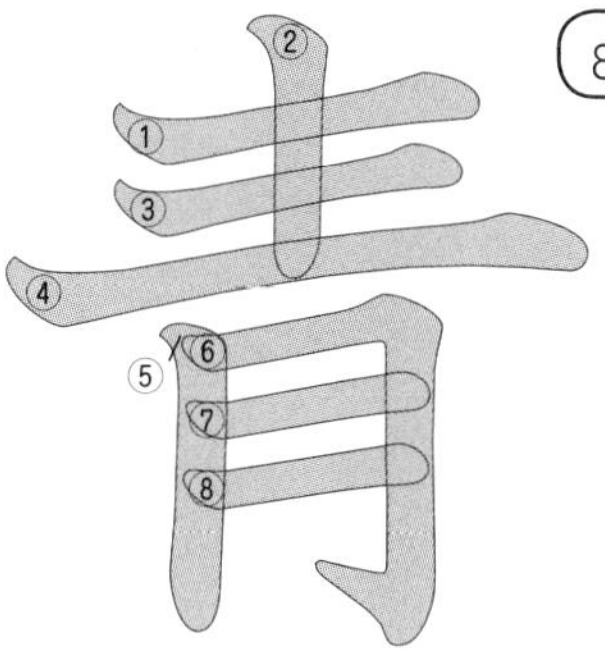

4年 1年

静 青

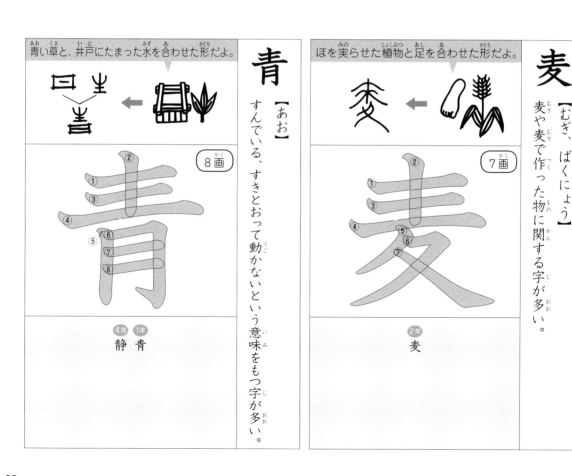

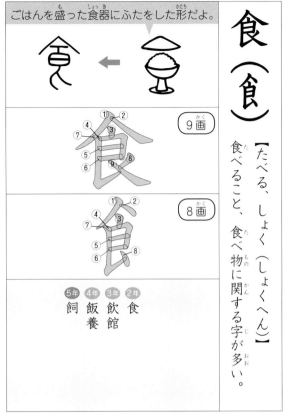

食（食）

【たべる、しょく（しょくへん）】食べること、食べ物に関する字が多い。

ごはんを盛った食器にふたをした形だよ。

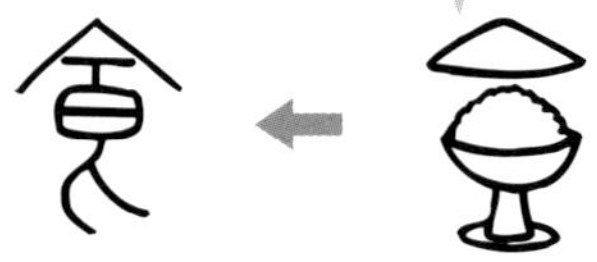

9画

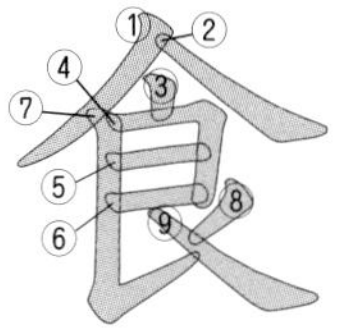

8画

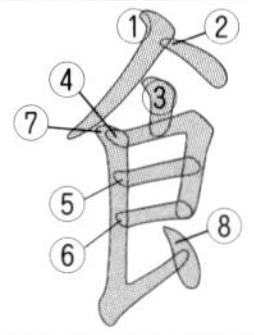

5年 飼　4年 飯 養　3年 飲 館　2年 食

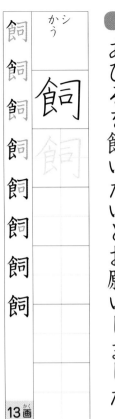

書き方

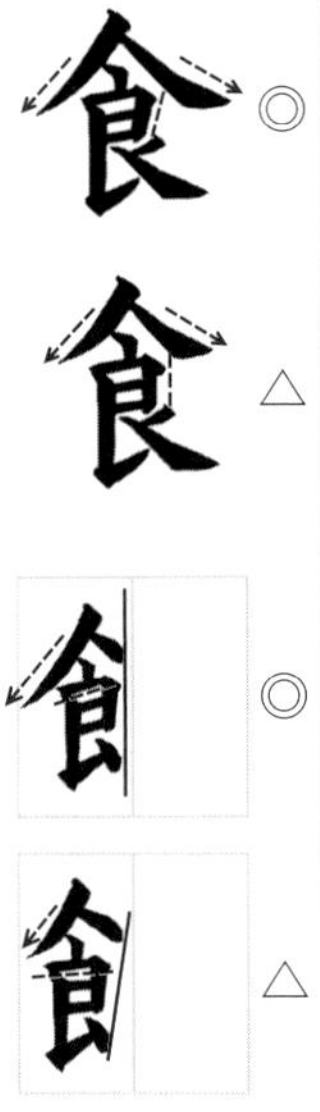

5年

飼育係になったので、新しくあひるを飼いたいとお願いしました。

飼　シ　かう

13画

飼 飼 飼 飼 飼 飼 飼 飼

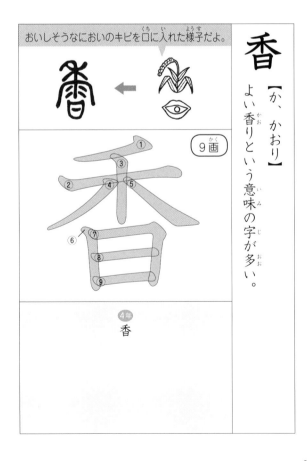

香

【か、かおり】よい香りという意味の字が多い。

おいしそうなにおいのキビを口に入れた様子だよ。

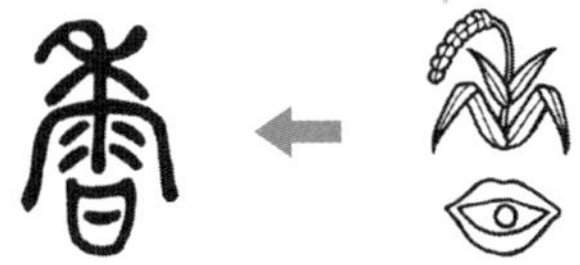

9画

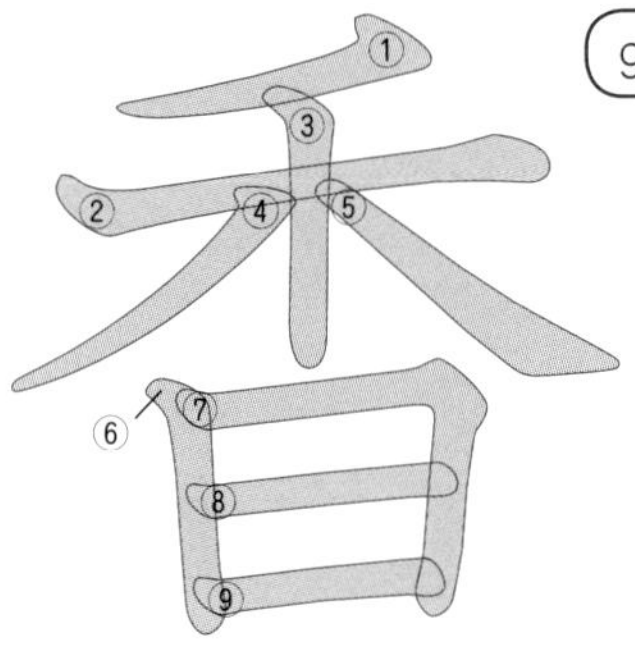

4年 香

生き物に関係のある部首

犬（犭）いぬ（けものへん）
牛（牜）うし（うしへん）
皮 けがわ
羽 はね
羊（𦍌）ひつじ
角 つの、つのへん
豕 ぶた、いのこ
非 ひ、あらず
隹 ふるとり
革 かわへん、つくりがわ

飛 とぶ
馬 うま、うまへん
鳥 とり
鹿 しか

動物 p.86

虫 むし、むしへん
貝 かい、かいへん
辰 しんのたつ
魚 うお、うおへん、さかな

虫や魚 p.92

動物がもとになった部首

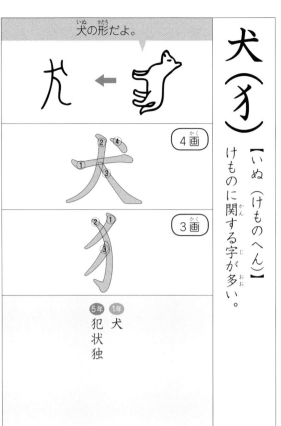

犬（犭）

【いぬ（けものへん）】
けものに関する字が多い。

犬の形だよ。

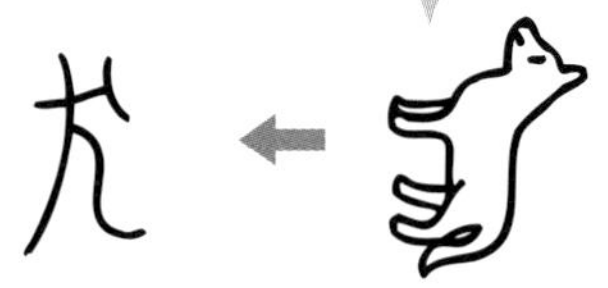

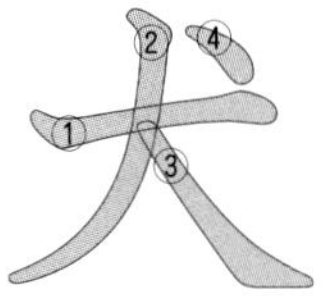

4画

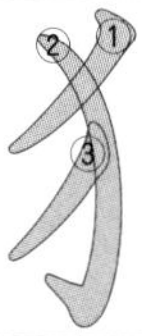

3画

5年 犯 状 独
1年 犬

書き方

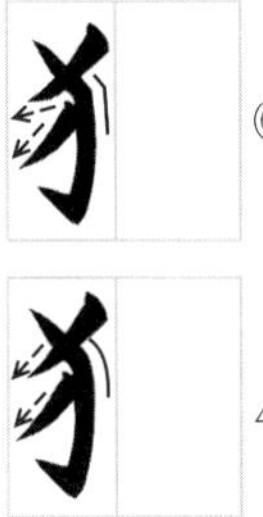

5年
子犬の形のかわいい防犯ブザーを買ってもらいました。

犯
ハン（おかす）
5画
犯 犯 犯 犯 犯

5年
迷子を発見した飼い犬に、感謝状がおくられました。

状
ジョウ
7画
状 状 状 状 状 状 状

5年
ドッグレースでぼくの犬が独走した。思わず「やった」と独り言を言った。

独
ドク
ひとり
9画
独 独 独 独 独 独 独 独 独

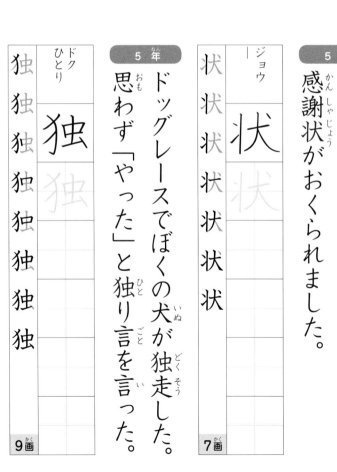

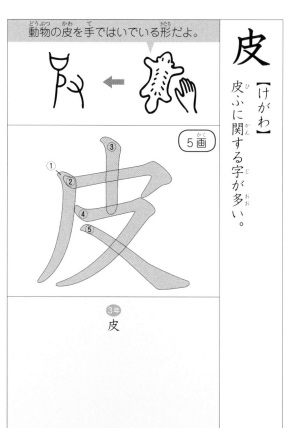

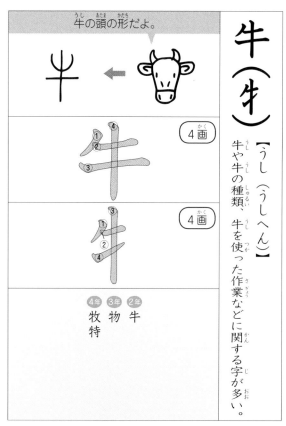

牛（牜）

【うし（うしへん）】
牛や牛の種類、牛を使った作業などに関する字が多い。

牛の頭の形だよ。

4画

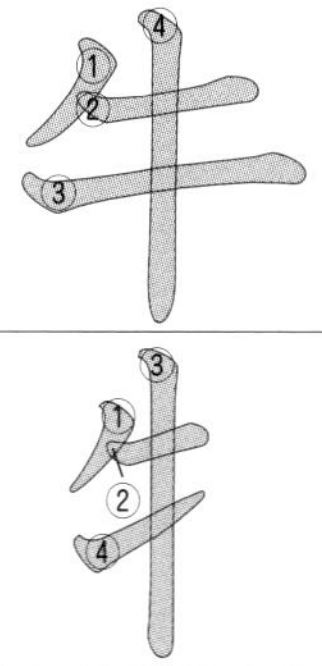

4画

4年 牧 特
3年 物
2年 牛

皮

【けがわ】
皮ふに関する字が多い。

動物の皮を手ではいでいる形だよ。

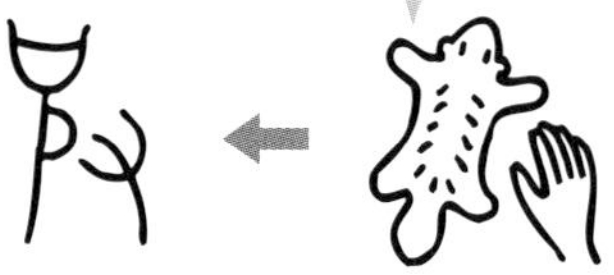

5画

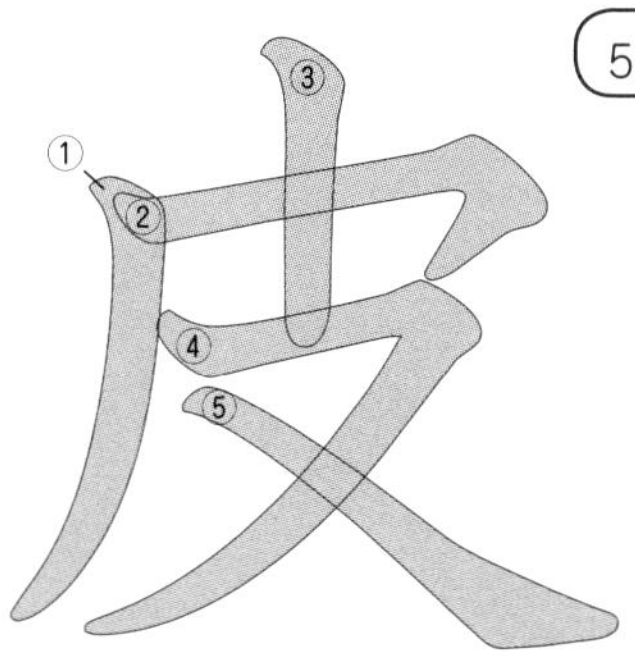

3年 皮

羽

【はね】
羽や飛ぶことに関する字が多い。

2枚の鳥の羽の形だよ。

6画

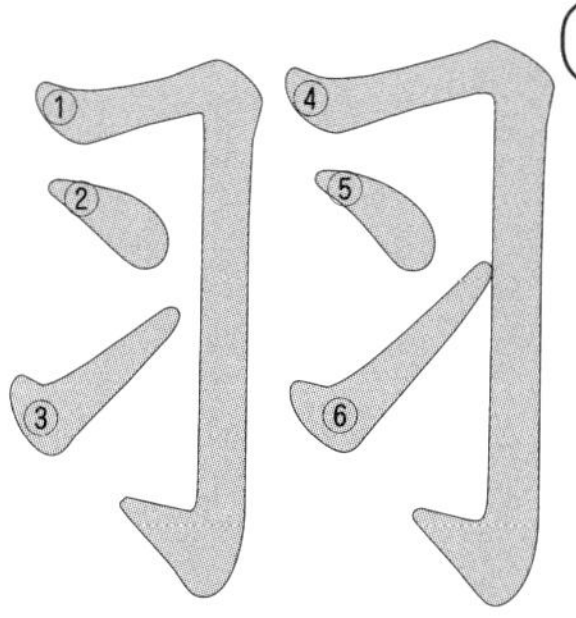

6年 翌
3年 習
2年 羽

書き方

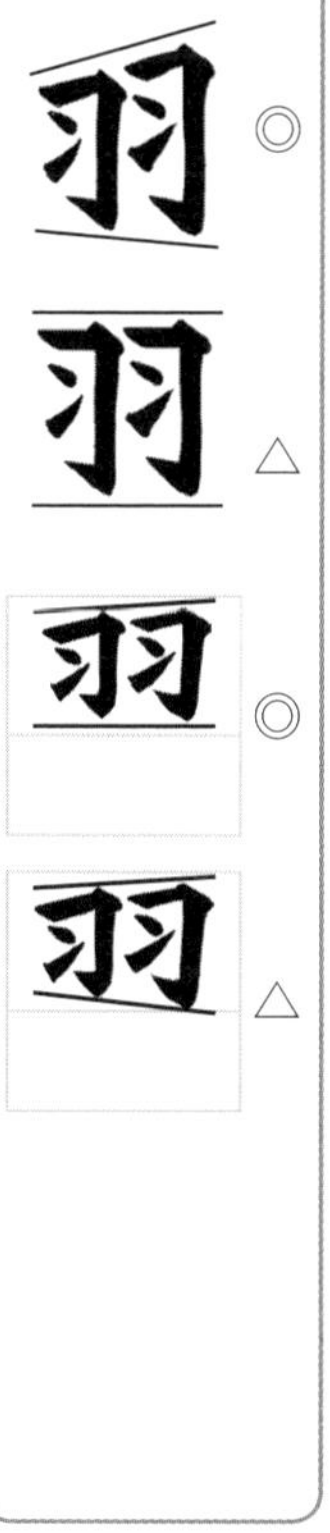

6年

鳥のひなは翌朝には、飛び立つことができるだろう。

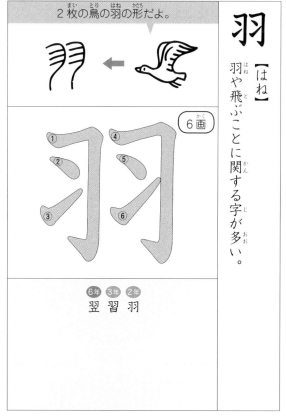

翌

ヨク

11画

翌 翌 翌 翌 翌 翌 翌 翌

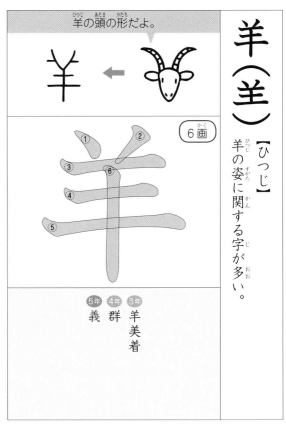

羊（⺶）

【ひつじ】

羊の姿に関する字が多い。

羊の頭の形だよ。

6画

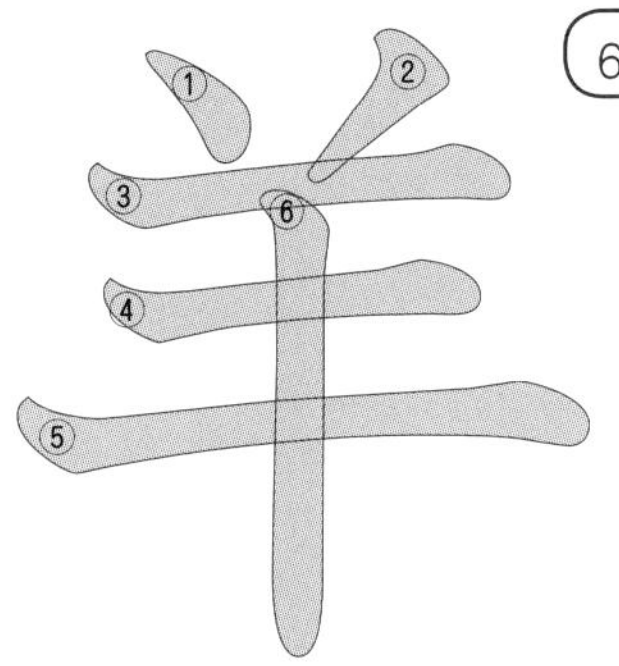

5年 義　4年 群　3年 羊 美 着

書き方

◎ △ ◎ △

5年

正義の味方が登場し、悪いおおかみから羊の子どもを救いました。

義

ギ

13画

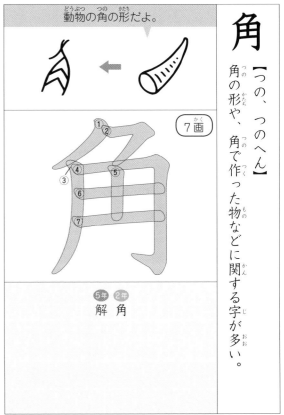

角

【つの、つのへん】

角の形や、角で作った物などに関する字が多い。

動物の角の形だよ。

7画

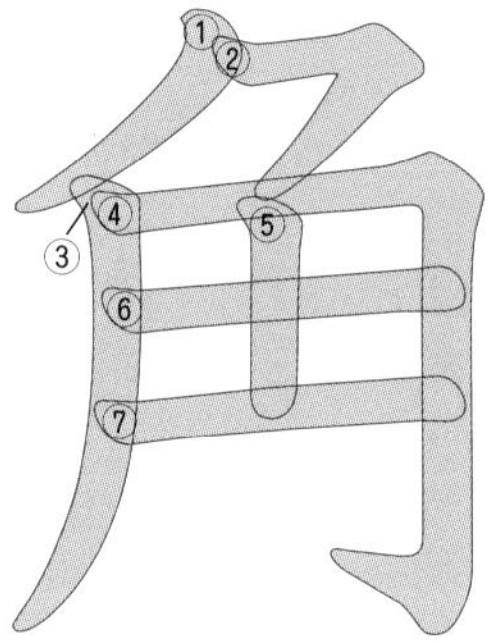

5年 解　2年 角

書き方

◎ △ ◎ △

5年

ドリルの問題を解いたら、解説を読んでみましょう。

解

カイ
（ゲ）
とく
とかす
とける

13画

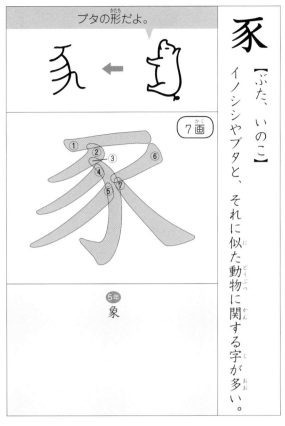

豕

【ぶた、いのこ】

イノシシやブタと、それに似た動物に関する字が多い。

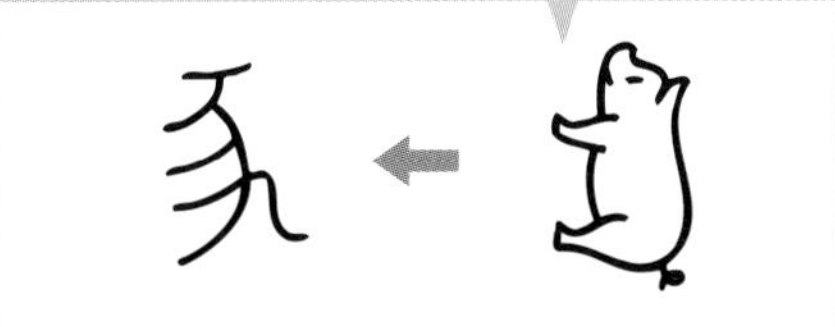

ブタの形だよ。

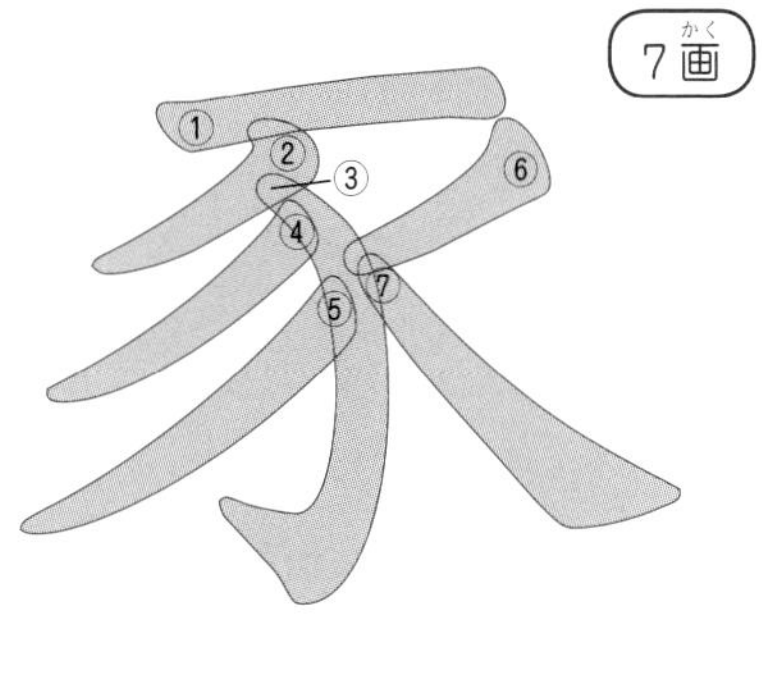

5年
象

書き方

5年

象は幸せの象ちょうと考えられることがあります。

ショウ
ゾウ

象

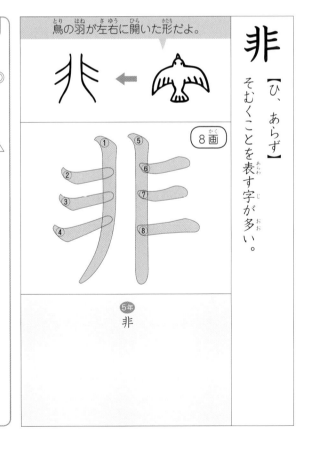

象 象 象 象 象 象 象 象

12画

非

【ひ、あらず】

そむくことを表す字が多い。

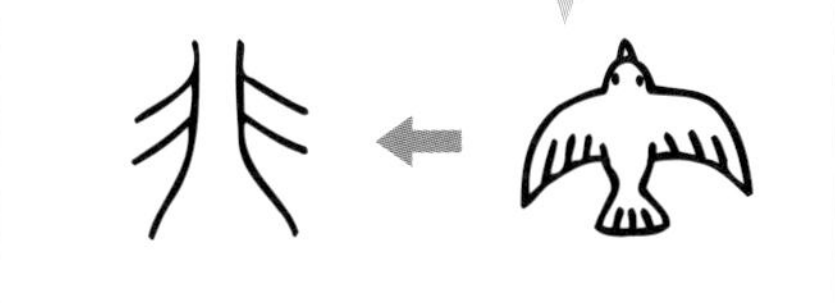

鳥の羽が左右に開いた形だよ。

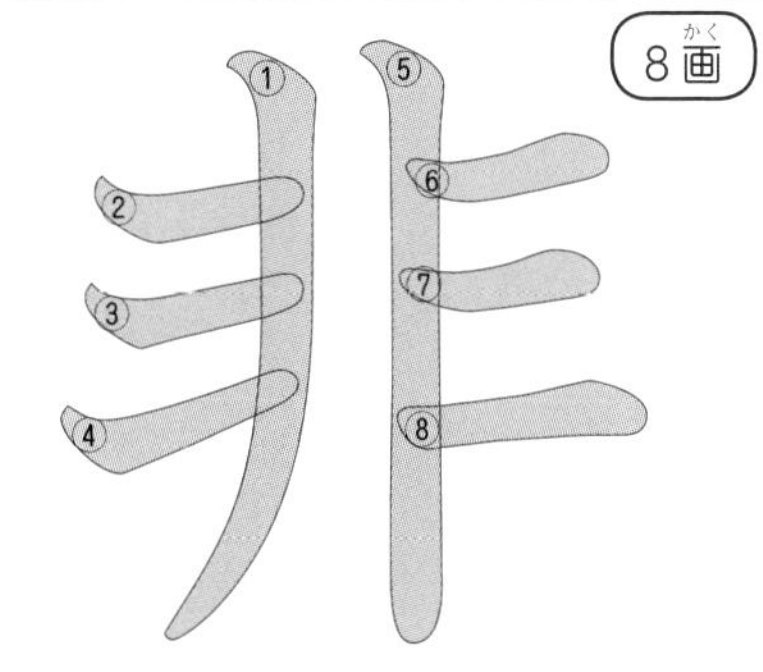

5年
非

書き方

5年

非常階だんにつばめの巣があり、親鳥が羽ばたいています。

ヒ

非

非 非 非 非 非 非 非 非

8画

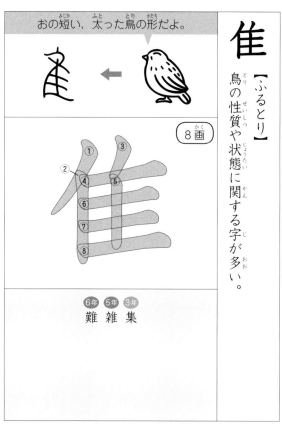

隹

【ふるとり】
鳥の性質や状態に関する字が多い。

おの短い、太った鳥の形だよ。

8画

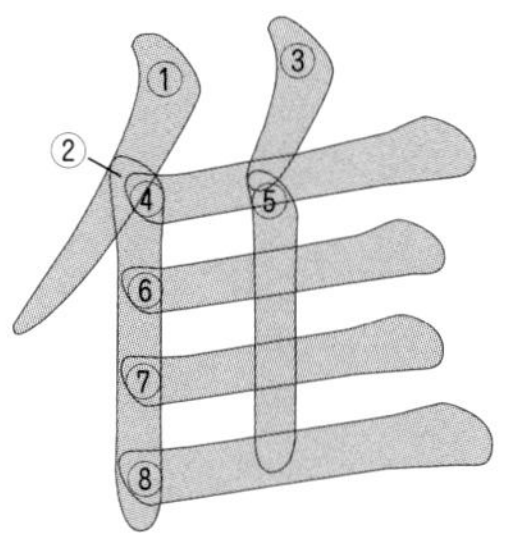

6年 難　5年 雑　3年 集

書き方

◎ △

5年

雑木林の中の、雑草がしげった場所で、鳥が鳴いています。

ザツ
ゾウ

雑

雑 雑 雑 雑 雑 雑 雑 雑

14画

6年

わたり鳥はいくつもの難関を乗りこえて、暖かい地方へ向かいます。

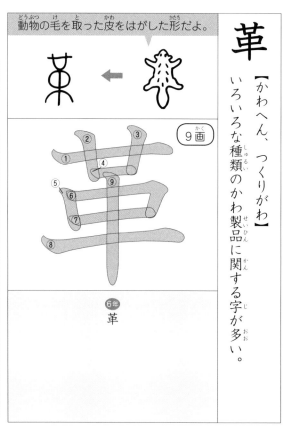

ナン
むずかしい
（かたい）

難

難 難 難 難 難 難 難 難

18画

革

【かわへん、つくりがわ】
いろいろな種類のかわ製品に関する字が多い。

動物の毛を取った皮をはがした形だよ。

9画

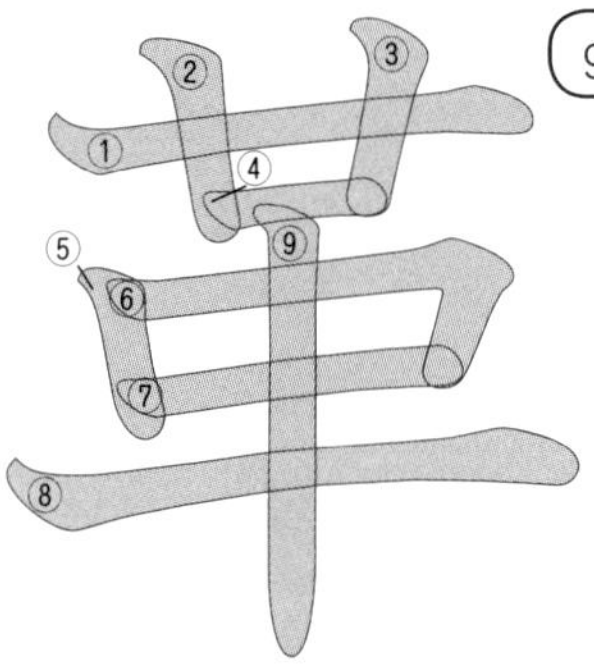

6年 革

書き方

◎ △

6年

電車の中でつりかわにつかまり、政治改革の広告を見ました。

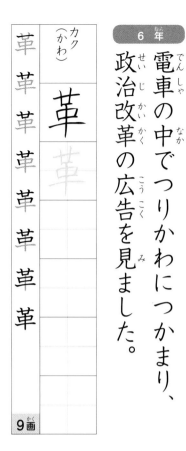

カク（かわ）

革

革 革 革 革 革 革 革 革

9画

飛

【とぶ】

飛ぶという意味の部首。

鳥が羽を広げて飛ぶ様子だよ。

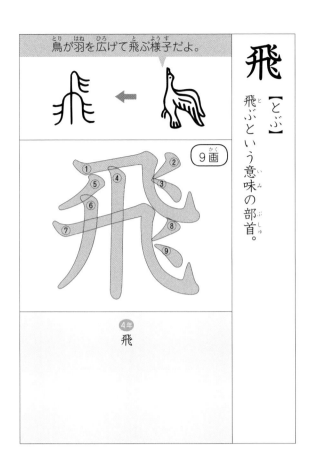

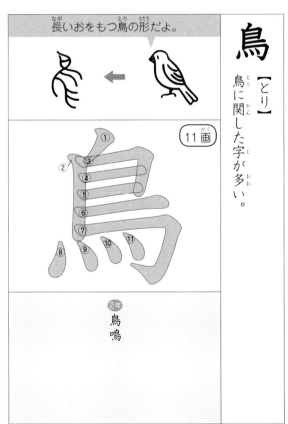

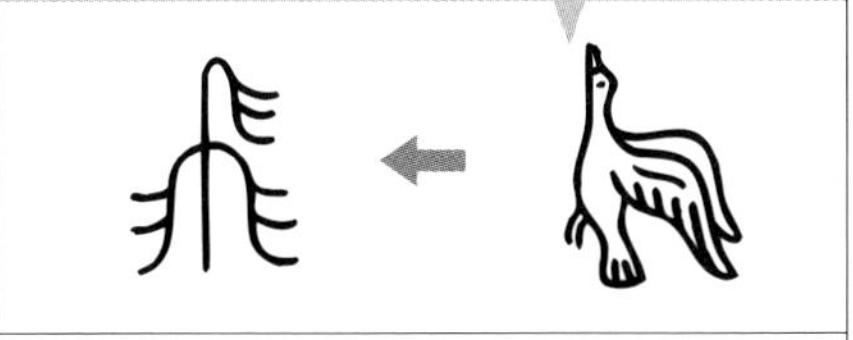

9画

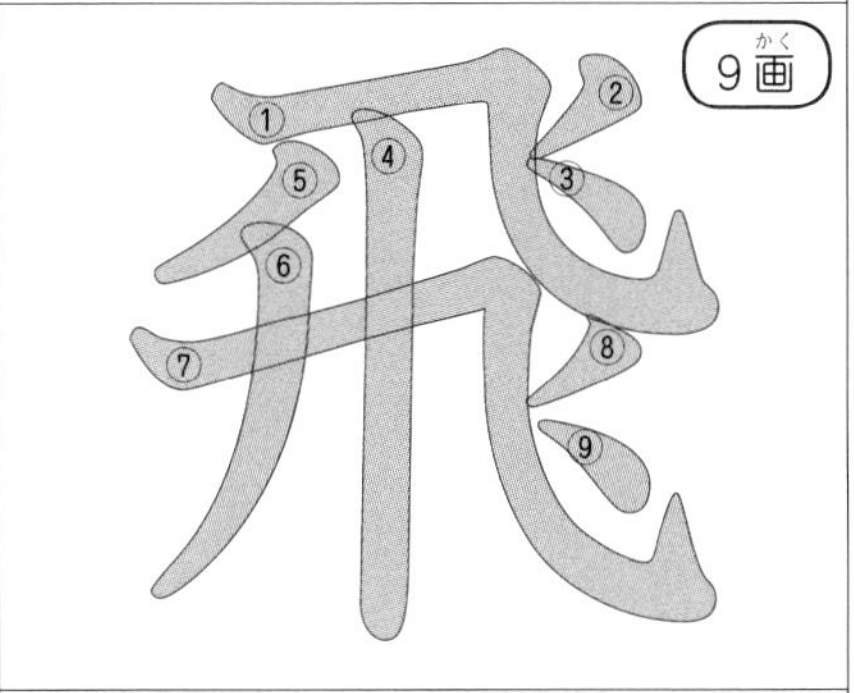

4年 飛

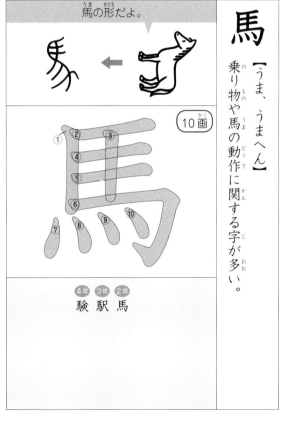

馬

【うま、うまへん】

乗り物や馬の動作に関する字が多い。

馬の形だよ。

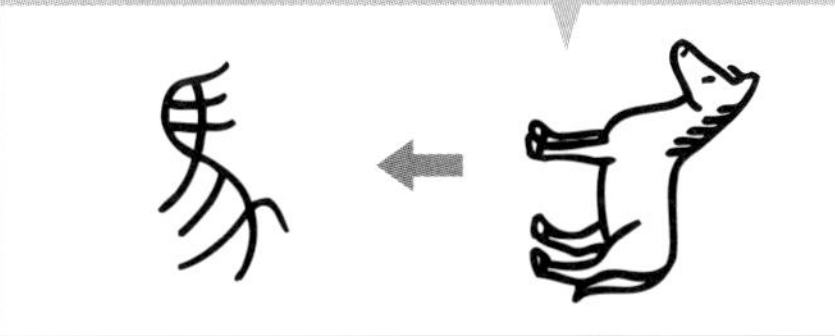

10画

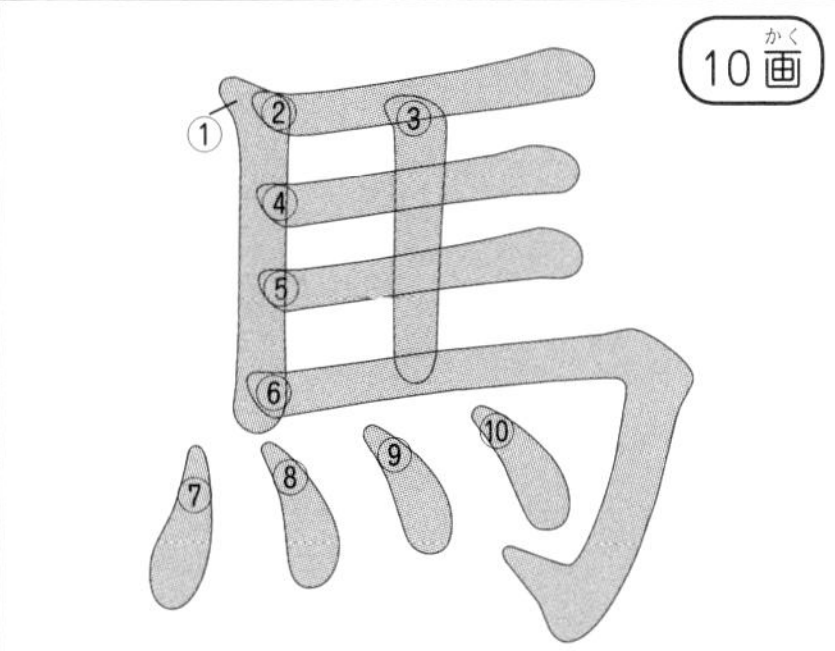

4年 験　3年 駅　2年 馬

鳥

【とり】

鳥に関した字が多い。

長いおをもつ鳥の形だよ。

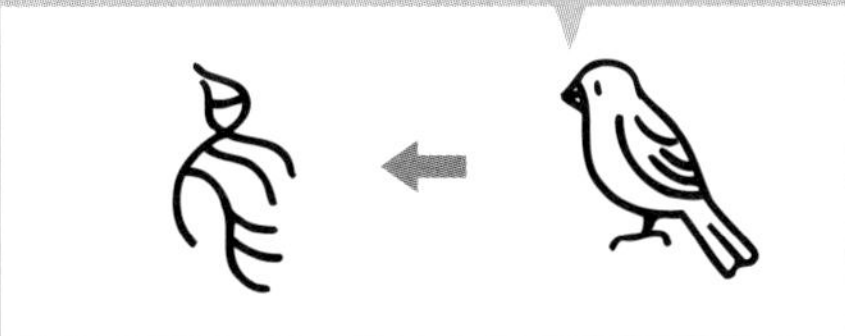

11画

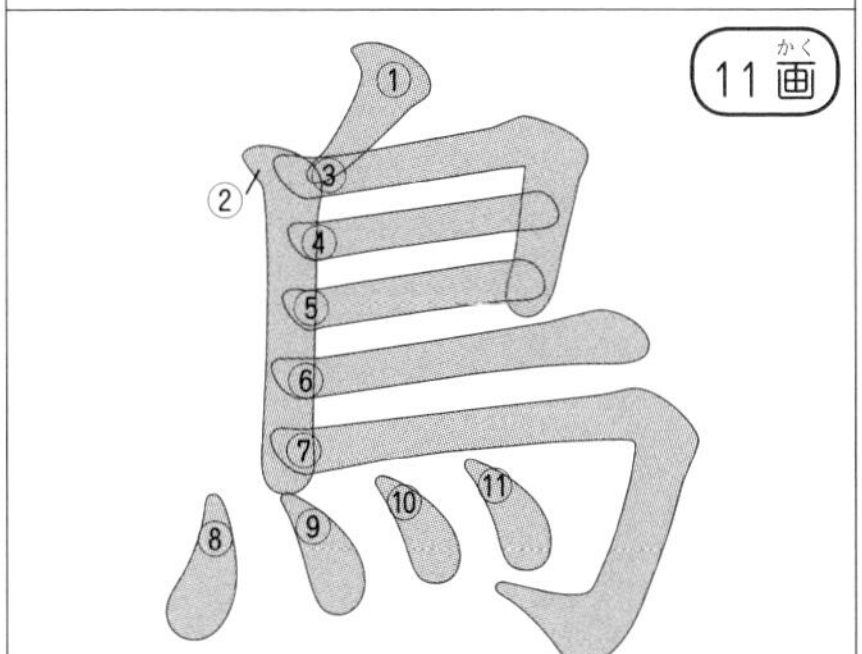

2年 鳥 鳴

虫や魚がもとになった部首

鹿【しか】

鹿や鹿に似た動物に関する字が多い。

鹿の形だよ。

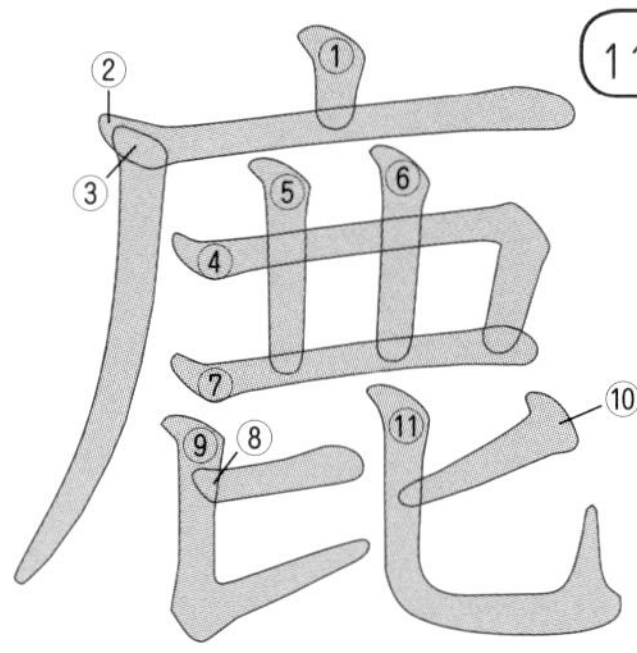

4年
鹿

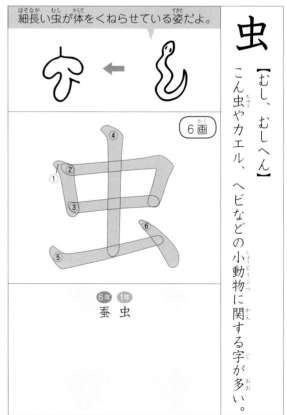

虫【むし、むしへん】

こん虫やカエル、ヘビなどの小動物に関する字が多い。

細長い虫が体をくねらせている姿だよ。

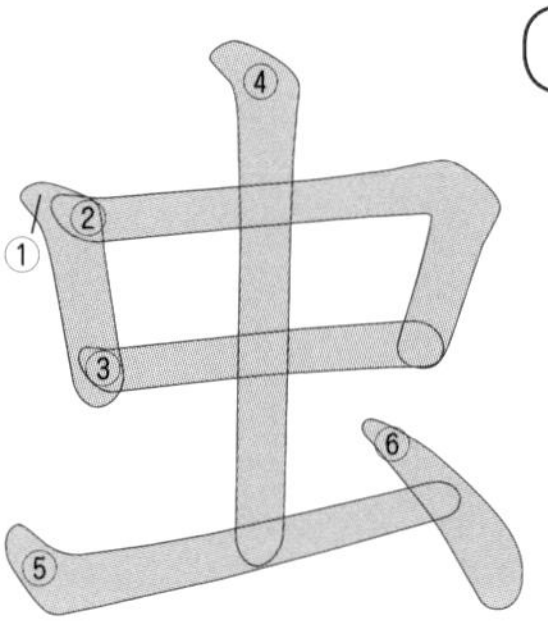

6年 1年
蚕 虫

書き方

6年

群馬県は蚕のまゆから生糸を作る養蚕業がさかんでした。

サン
かいこ

蚕

蚕 蚕 蚕 蚕 蚕 蚕 蚕 蚕

10画

貝

【かい、かいへん】お金や財産、商売に関する字が多い（昔は貝をお金のかわりに使っていたから）。

二枚貝の形だよ。

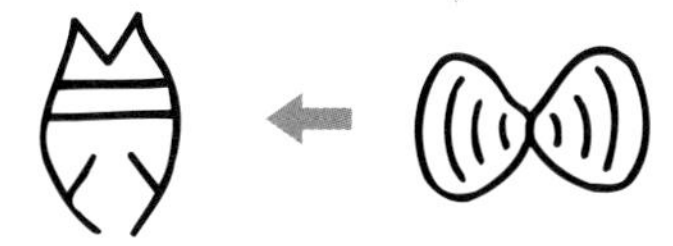

7画

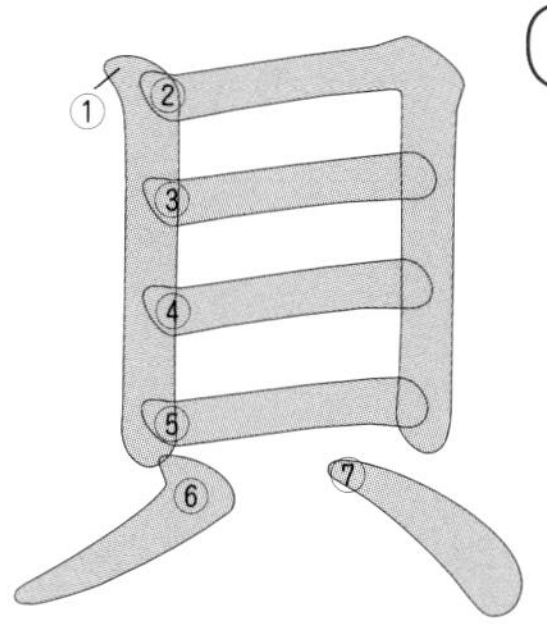

1年 貝
2年 買
3年 負
4年 貨賀
5年 財責貧貸貯費貿資賛質賞
6年 貴賃

書き方

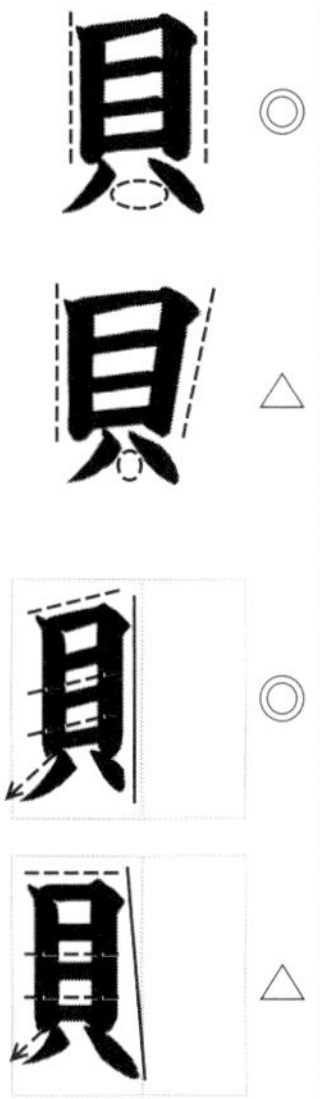

5年

海の底にしずんでいる財ほうを、さがす旅に出るのが夢です。

財 ザイ（サイ）
10画

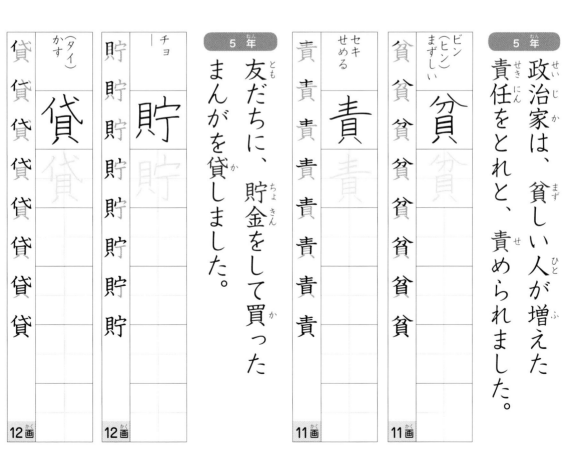

5年

政治家は、貧しい人が増えた責任をとれと、責められました。

貧 ビン（ヒン） まずしい
11画

責 セキ せめる
11画

5年

友だちに、貯金をして買ったまんがを貸しました。

貯 チョ
12画

貸 （タイ） かす
12画

5年

貿易会社では、海外への出張費が多くかかります。

貿　ボウ　12画

費　ヒ　(ついやす)　(ついえる)　12画

5年

保育士の資格を取りたいというと、家族みんなが賛成してくれました。

資　シ　13画

賛　サン　15画

5年

高品質の製品を開発して、会社から賞金をもらいました。

質　シツ　(シチ)　(チ)　15画

賞　ショウ　15画

6年

貴重品を持ちこむ場合は、運賃とは別に、追加料金をいただきます。

貴　キ　(たっとい)　(とうとい)　(たっとぶ)　(とうとぶ)　12画

賃　チン　13画

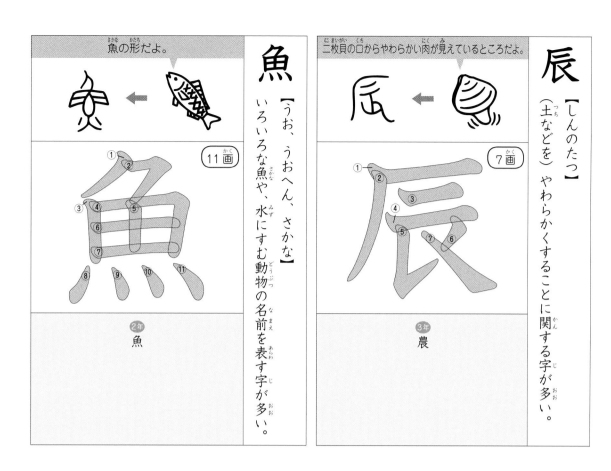

魚の形だよ。

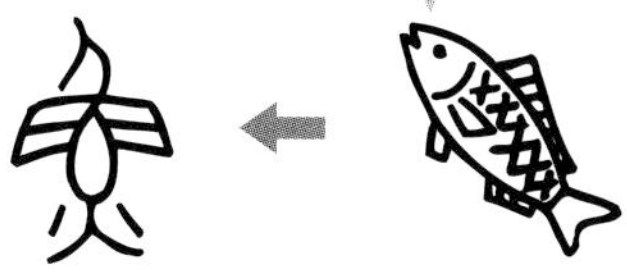

魚

【うお、うおへん、さかな】

いろいろな魚や、水にすむ動物の名前を表す字が多い。

11画

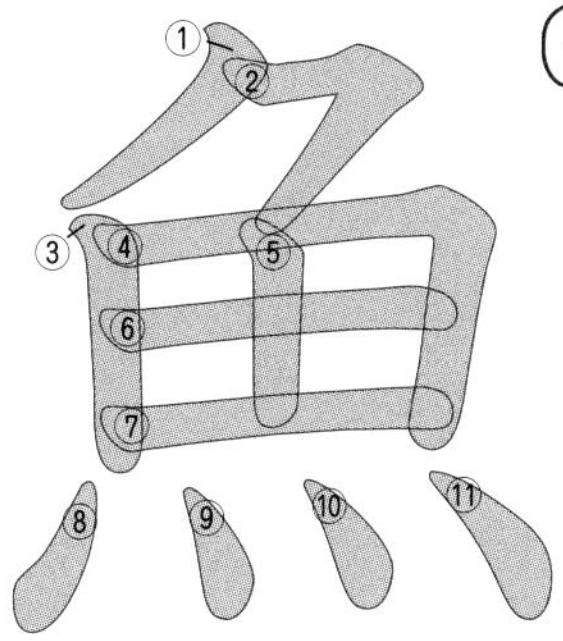

2年

魚

二枚貝の口からやわらかい肉が見えているところだよ。

辰

【しんのたつ】

（土などを）やわらかくすることに関する字が多い。

7画

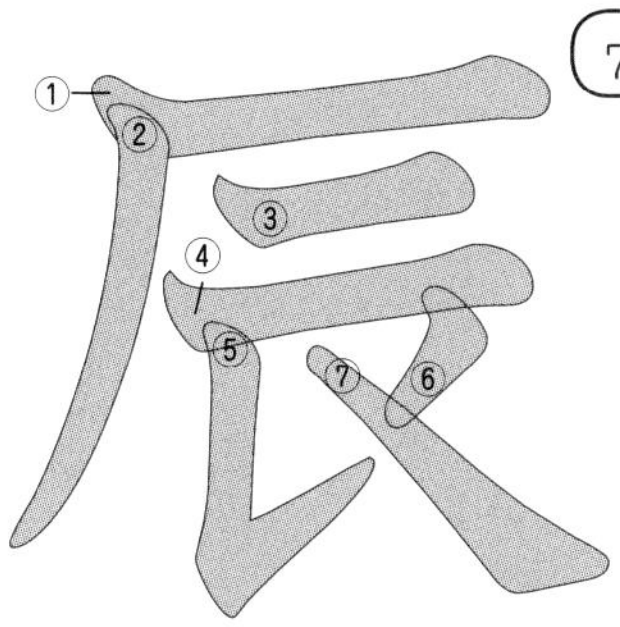

3年

農

道具（どうぐ）に関係（かんけい）のある部首（ぶしゅ）

武器（ぶき） p.97

刀（刂） かたな（りっとう）
干 かん、いちじゅう
弓 ゆみ、ゆみへん
方 ほう、かたへん、ほうへん
戈 ほこがまえ、ほこづくり
矢 や、やへん
至 いたる
辛 からい
黄 き

布（ぬの） p.111

幺 いとがしら、よう
巾 はば、はばへん、きんべん
玄 げん
糸 いと、いとへん
衣（衤） ころも（ころもへん）

神具（しんぐ） p.109

示（ネ） しめす（しめすへん）
玉（王） たま（おうへん）

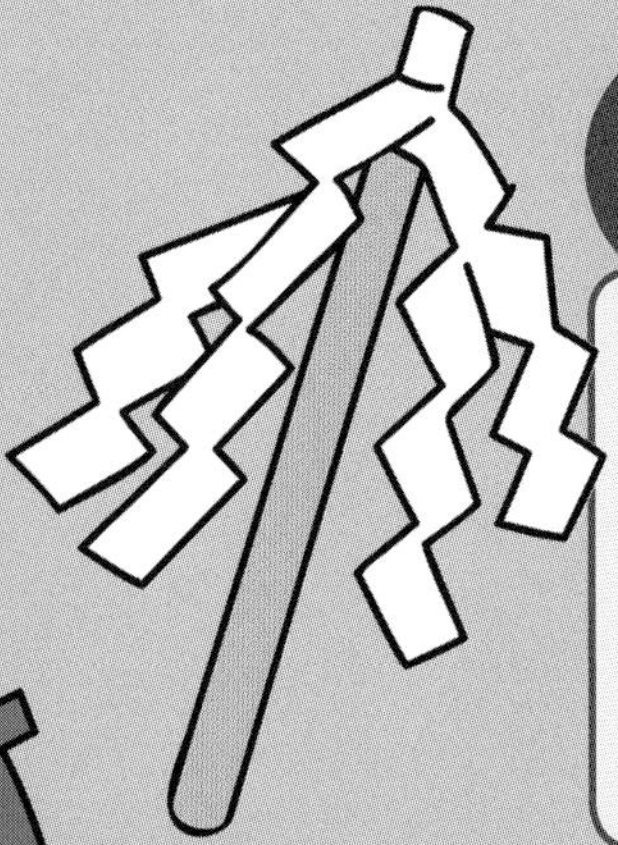

食器（しょっき） p.106

氏 うじ
皿 さら
臼 うす
酉 とり、ひよみのとり
豆 まめ

乗り物（のりもの） p.116

舟 ふね、ふねへん
車 くるま、くるまへん

道具（どうぐ） p.102

凵 うけばこ、かんにょう
几 つくえ、きにょう
罒 あみがしら
用 もちいる
西 にし、かなめがしら

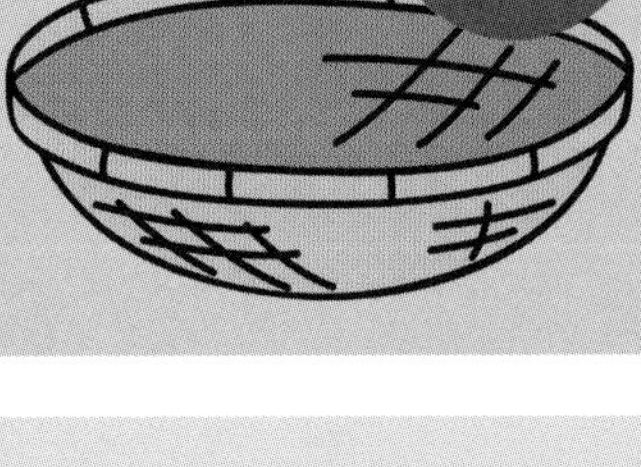

農具（のうぐ） p.104

ム む
弋 しきがまえ
工 たくみ、たくみへん
斤 おのづくり、きん
斗 とます
耒 すきへん

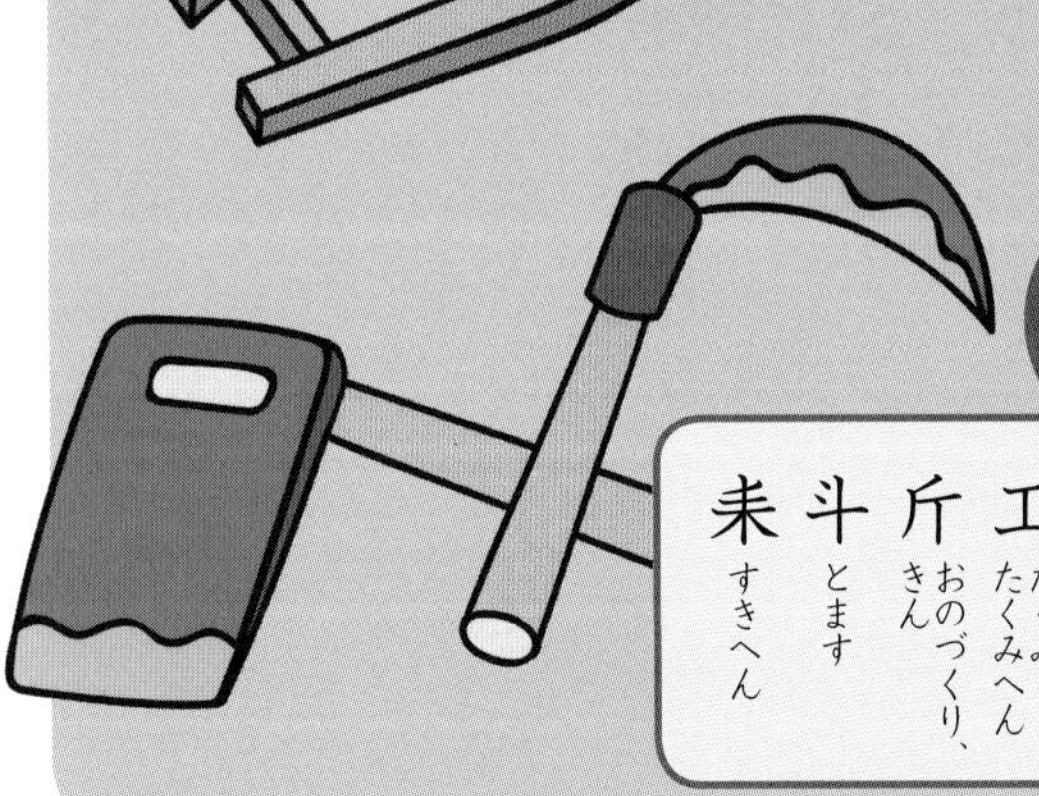

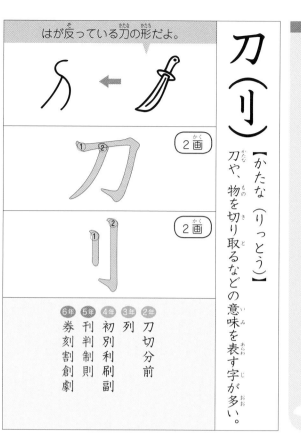

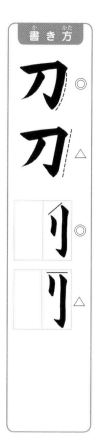

武器がもとになった部首

刀（刂）

【かたな（りっとう）】
刀や、物を切り取るなどの意味を表す字が多い。

はが反っている刀の形だよ。

刀　2画

刂　2画

2年　刀　切　分　前
3年　列
4年　初　別　利　刷　副
5年　刊　判　制　則
6年　券　刻　割　創　劇

書き方

刀 ◎
刀 △
刂 ◎
刂 △

5年

夕刊にのっていた、さい判の判決の記事を切りぬきました。

刊　カン　5画

刊 刊 刊 刊 刊

判　ハン　バン　7画

判 判 判 判 判 判 判

5年

新しい制服を買い、かみを校則で決められた長さに切りました。

制　セイ　8画

制 制 制 制 制 制 制 制

則　ソク　9画

則 則 則 則 則 則 則 則 則

6年

映画の始まる時刻になったので、窓口で入場券を半分に切ってもらいました。

刻 コク きざむ 8画

券 ケン 8画

6年

母が創作した花びんを割ってしまいました。

創 ソウ つくる 12画

割 (カツ) わる わり われる (さく) 12画

6年

演劇部で、海ぞくがナイフで争う場面を演じました。

劇 ゲキ 15画

干

【かん、いちじゅう】

「干」という形をふくむ字が集まった部首。

敵を防ぐ二またの棒の形だよ。

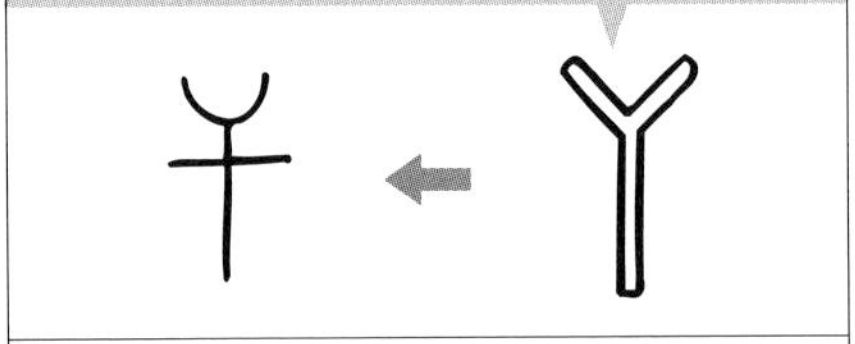

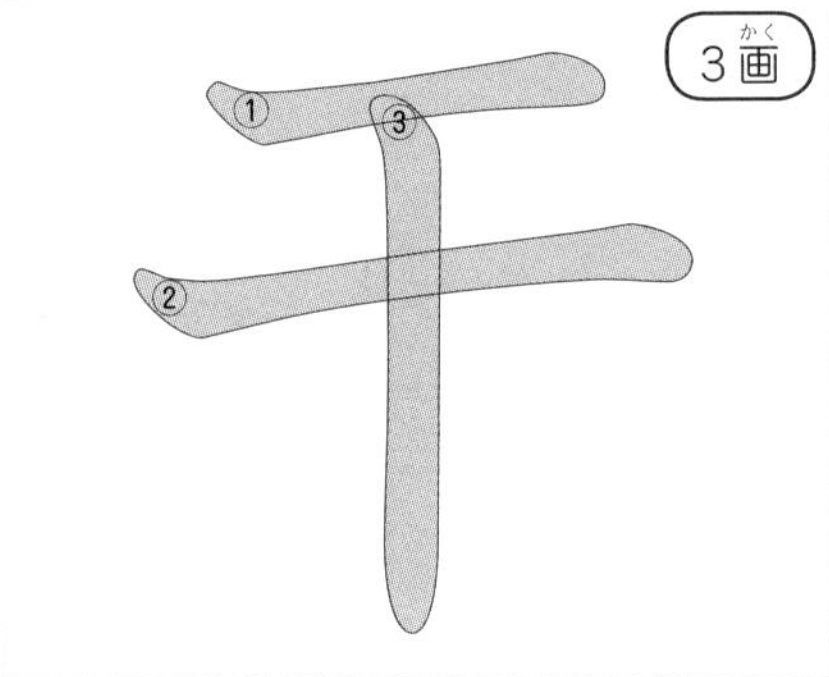

6年 干　5年 幹　3年 平 幸　1年 年

書き方

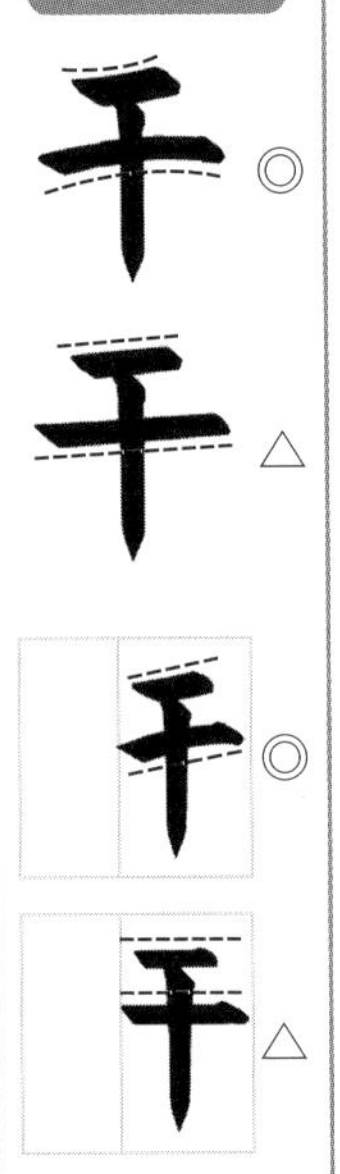

5年

台風で、線路に大きな木が幹から落ちたので、新幹線が止まりました。

カン
みき

幹

13画

幹 幹 幹 幹 幹 幹 幹 幹

6年

母が重いふとんを干していたので、手伝いました。

カン
ほす
（ひる）

干

3画

干 干 干

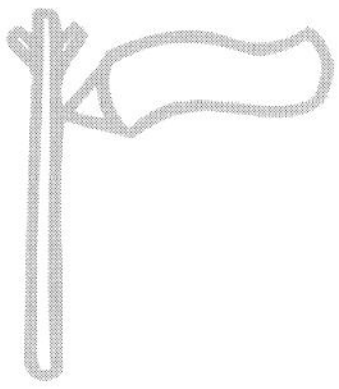

弓

【ゆみ、ゆみへん】

弓の形や性質、弓を打つ動作などを表す字が多い。

弓の形だよ。

3画

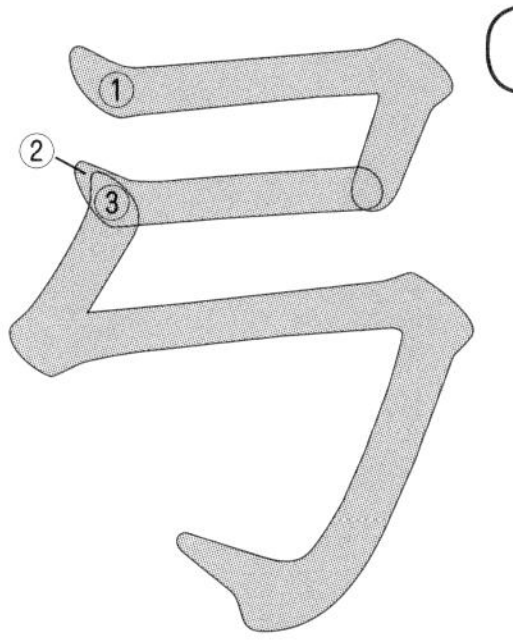

5年 張

2年 弓 引 弟 弱 強

書き方

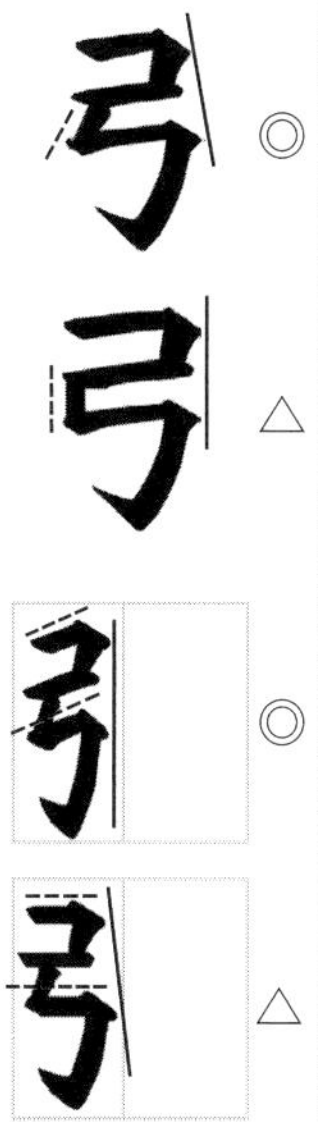

5年

矢を的に向けて、弓のつるを思いっきり引っ張りました。

チョウ
はる

張

11画

張 張 張 張 張 張 張 張

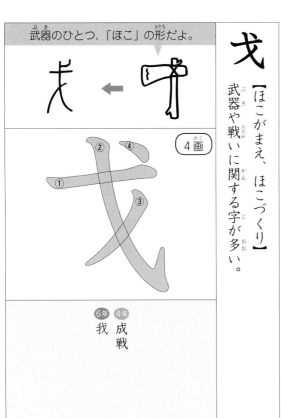

方

旗(はた)ざおの右(みぎ)に旗(はた)がたなびく形(かたち)だよ。

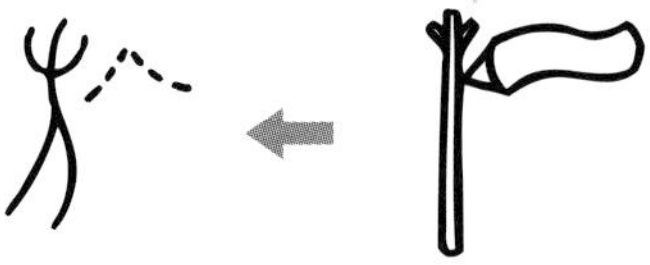

4画(かく)

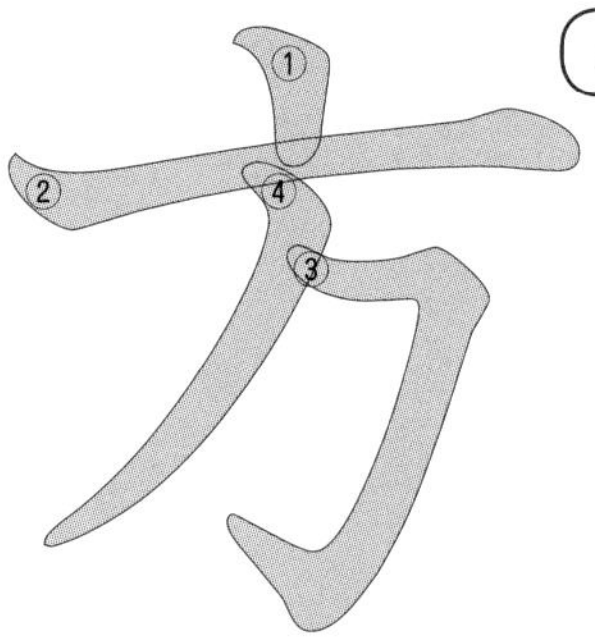

【ほう、かたへん、ほうへん】

旗(はた)に関(かん)する字(じ)が多(おお)い。

4年 旗　3年 旅 族　2年 方

戈

武器(ぶき)のひとつ、「ほこ」の形(かたち)だよ。

4画(かく)

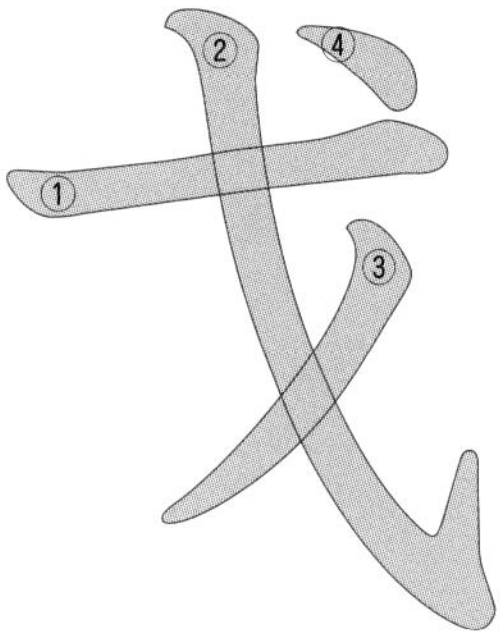

【ほこがまえ、ほこづくり】

武器(ぶき)や戦(たたか)いに関(かん)する字(じ)が多(おお)い。

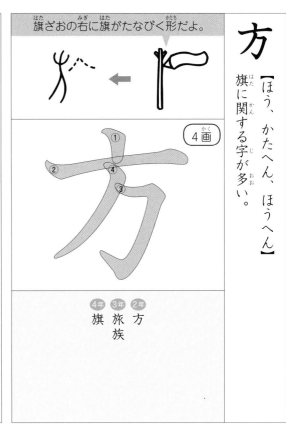

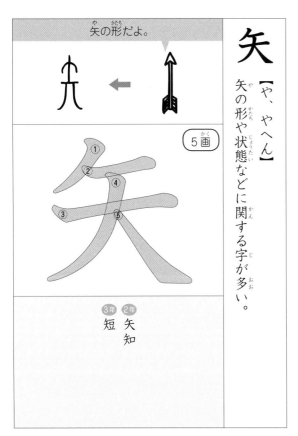

6年 我　4年 成 戦

書き方(かきかた)

◎ △

6年(ねん)

我(われ)われは心(こころ)を一(ひと)つにして、戦争(せんそう)に反対(はんたい)します。

我　（ガ）　われ　（わ）

7画(かく)

我 我 我 我 我 我 我

矢

矢(や)の形(かたち)だよ。

5画(かく)

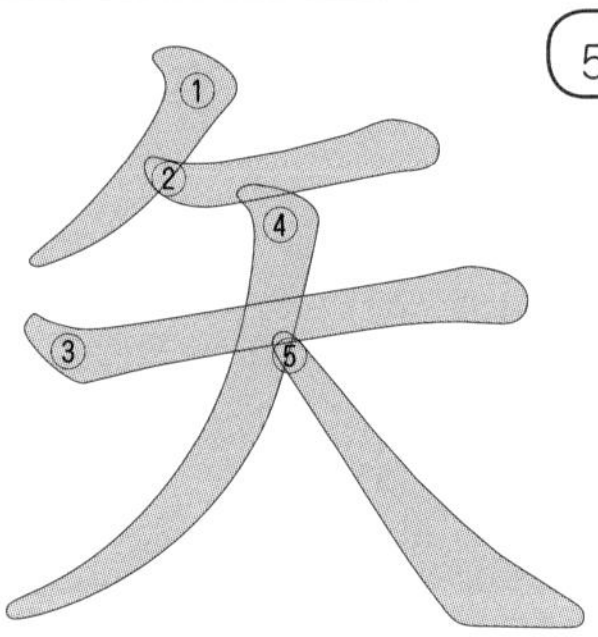

【や、やへん】

矢(や)の形(かたち)や状態(じょうたい)などに関(かん)する字(じ)が多(おお)い。

3年 短　2年 矢 知

至

【いたる】

行き着く、届くという意味をもつ字が多い。

矢が目標につきささった様子だよ。

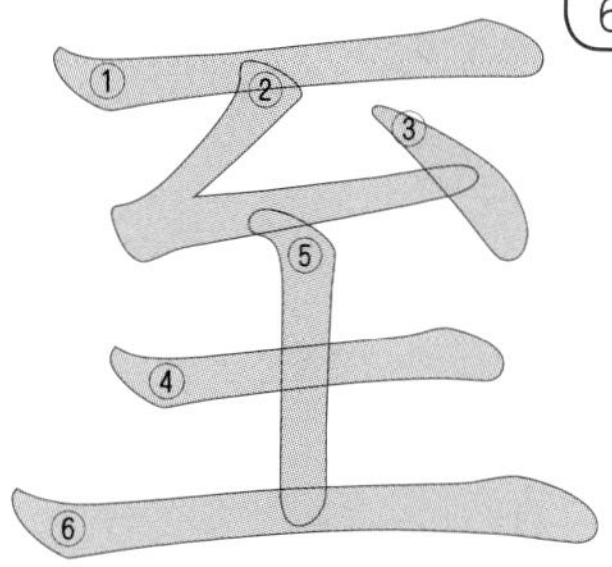

6画

6年

至

書き方

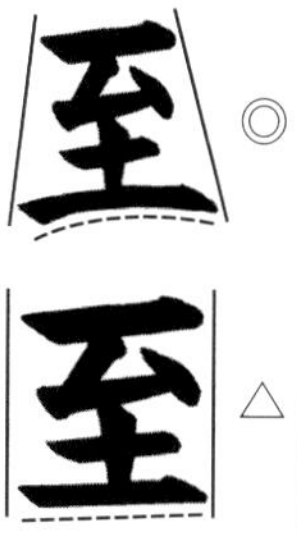

◎

△

6年

方角が分からず大変でしたが、目的地に至る道を見つけました。

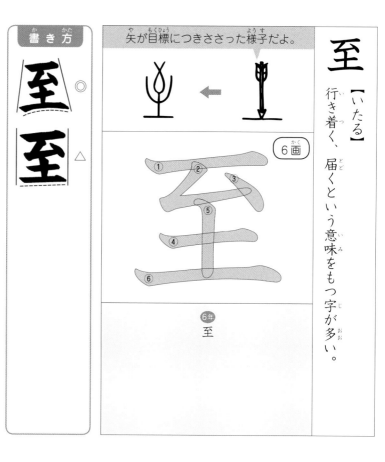

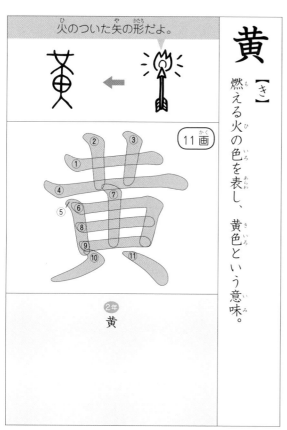

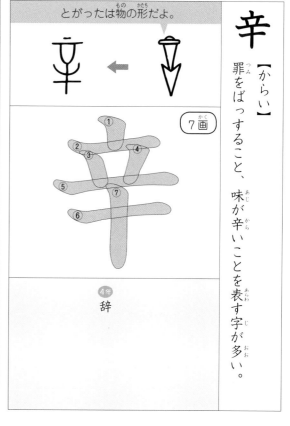

至

シ
いたる

至

至 至 至 至 至 至

6画

辛

【からい】

罪をばっすること、味が辛いことを表す字が多い。

とがったは物の形だよ。

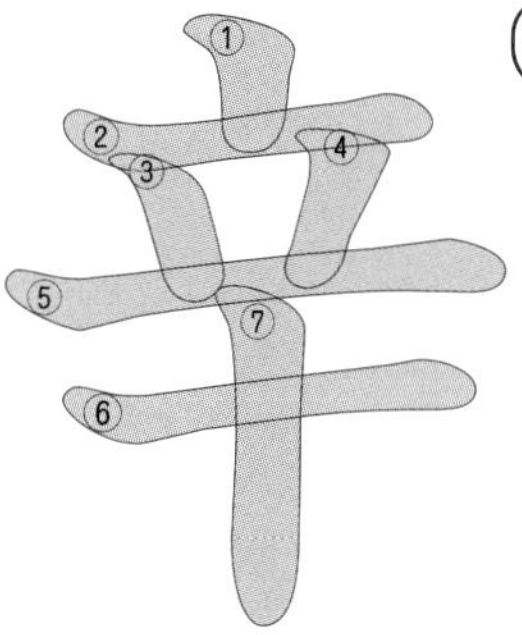

7画

4年

辞

黄

【き】

燃える火の色を表し、黄色という意味。

火のついた矢の形だよ。

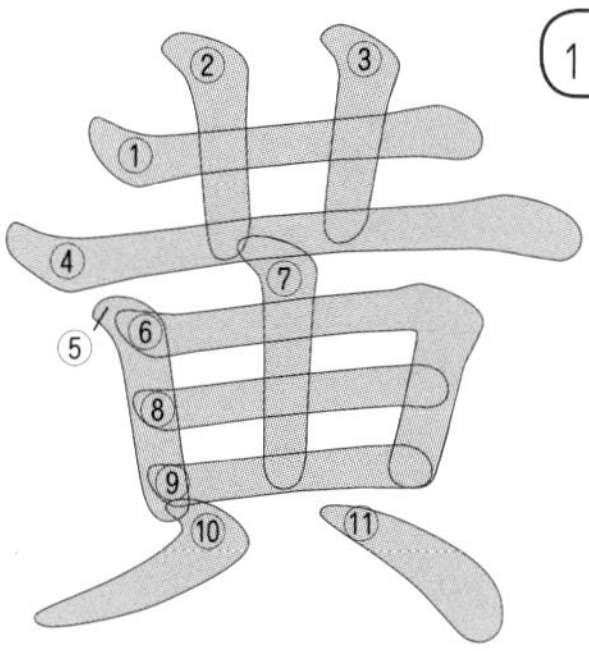

11画

2年

黄

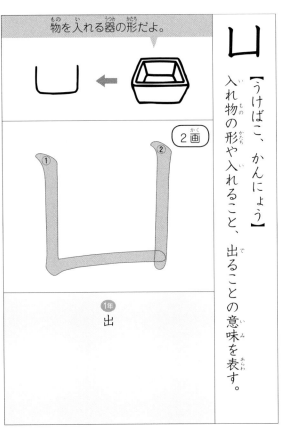

道具がもとになった部首

凵

【うけばこ、かんにょう】

入れ物の形や入れること、出ることの意味を表す。

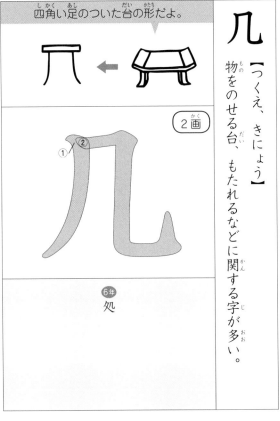

物を入れる器の形だよ。

2画

1年 出

几

【つくえ、きにょう】

物をのせる台、もたれるなどに関する字が多い。

四角い足のついた台の形だよ。

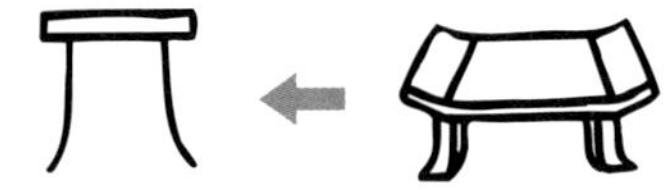

2画

6年 処

書き方

◎

△

6年

保健室のベッドにすわって、ひざのけがの処置をしてもらいました。

処	ショ

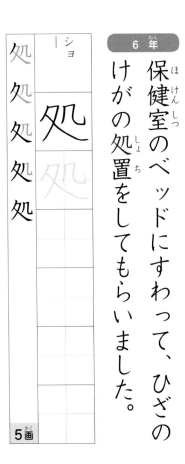

処 処 処 処 処

5画

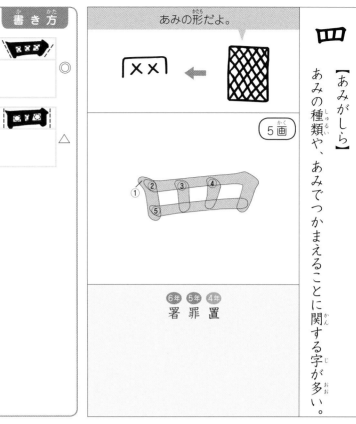

罒

【あみがしら】

あみの種類や、あみでつかまえることに関する字が多い。

あみの形だよ。

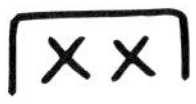

5画

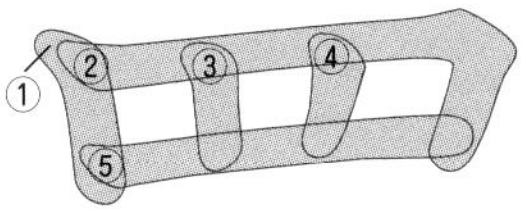

6年 5年 4年
署 罪 置

罪

5年

防犯ネットを使うと、犯罪の防止に役立ちます。

書き方

ザイ
つみ

罪

13画

罪 罪 罪 罪 罪 罪 罪 罪

署

6年

通りでけんかをしていた人たちが、警察署に連れて行かれました。

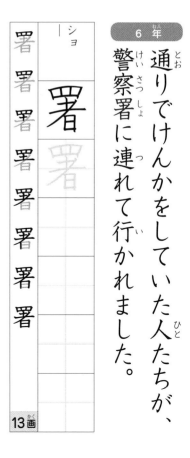

ショ

署

13画

署 署 署 署 署 署 署 署

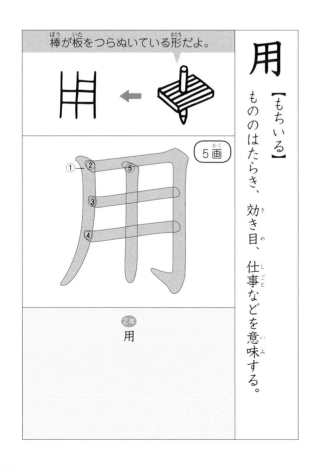

用

【もちいる】

もののはたらき、効き目、仕事などを意味する。

棒が板をつらぬいている形だよ。

5画

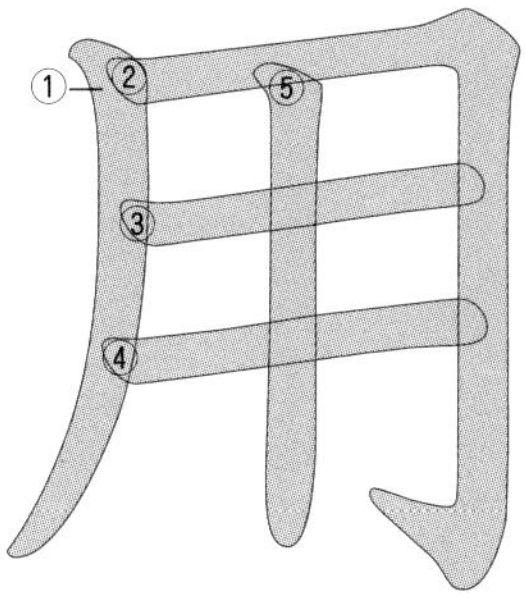

2年
用

農具(のうぐ)がもとになった部首(ぶしゅ)

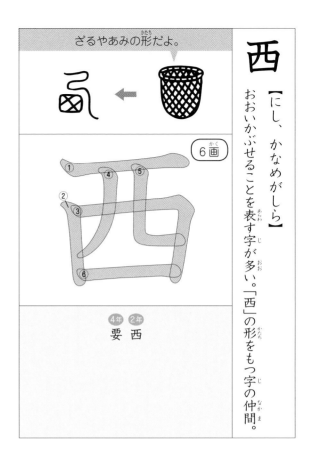

西

【にし、かなめがしら】

おおいかぶせることを表(あらわ)す字(じ)が多(おお)い。「西」の形(かたち)をもつ字(じ)の仲間(なかま)。

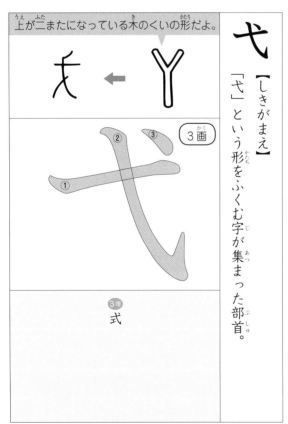

ざるやあみの形(かたち)だよ。

6画(かく)

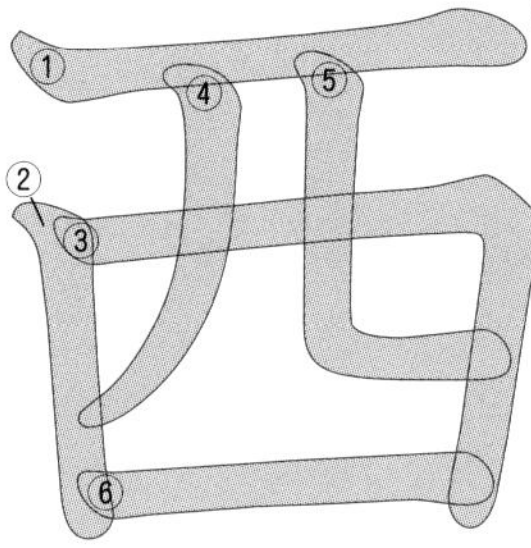

4年 要　2年 西

厶

【む】

「厶」という形(かたち)をふくむ漢字(かんじ)が集(あつ)まった部首(ぶしゅ)。

田(た)を耕(たがや)す「すき」の形(かたち)だよ。

2画(かく)

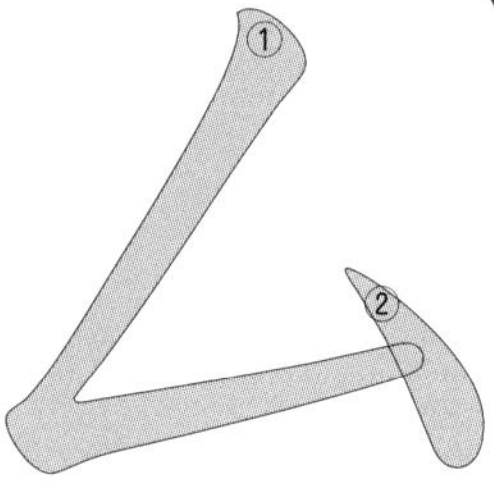

4年 参　3年 去

弋

【しきがまえ】

「弋」という形(かたち)をふくむ字(じ)が集(あつ)まった部首(ぶしゅ)。

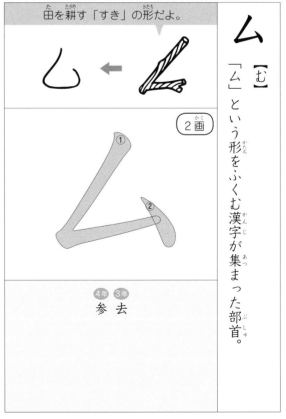

上(うえ)が二(ふた)またになっている木(き)のくいの形(かたち)だよ。

3画(かく)

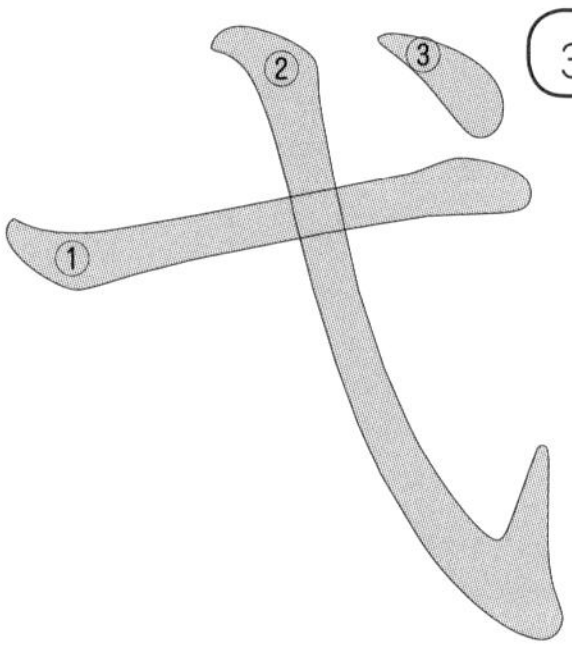

3年 式

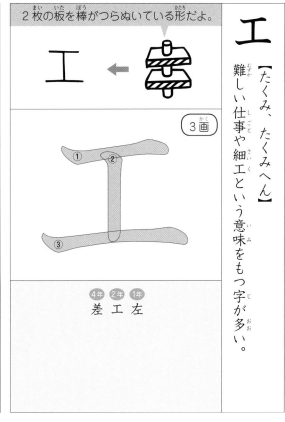

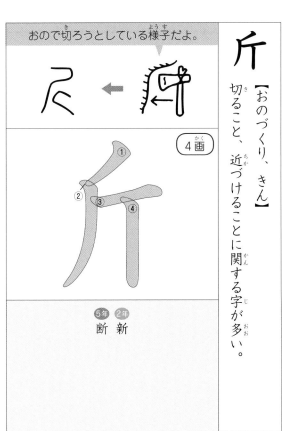

2枚の板を棒がつらぬいている形だよ。

工

【たくみ、たくみへん】

難しい仕事や細工という意味をもつ字が多い。

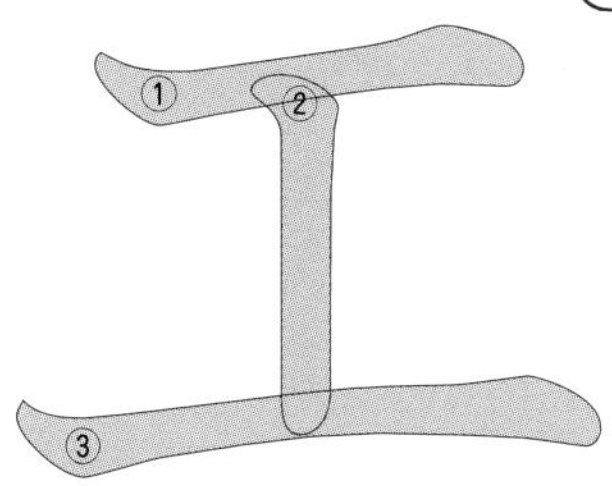

3画

4年 2年 1年

差 工 左

おので切ろうとしている様子だよ。

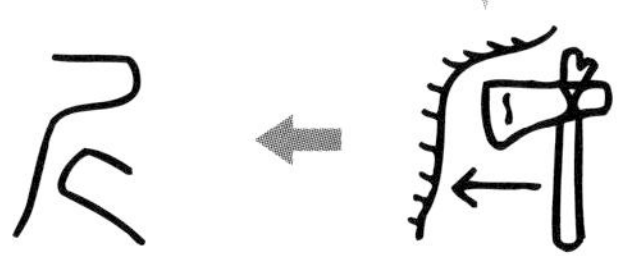

斤

【おのづくり、きん】

切ること、近づけることに関する字が多い。

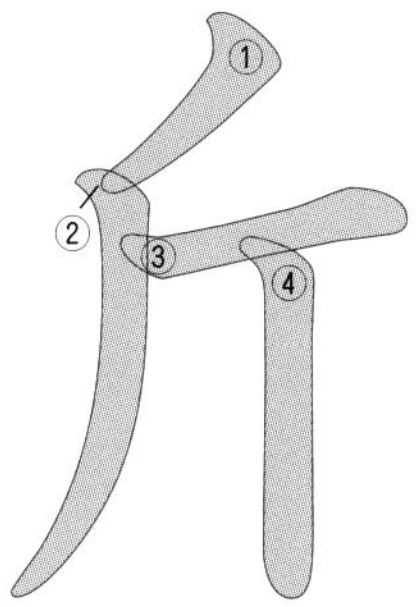

4画

5年 2年

断 新

書き方

◎

△

5年

友人に断られたので、計画していた旅行を断念しました。

断

ダン

ことわる

（たつ）

11画

断 断 断 断 断 断 断 断 断 断 断

えのついたひしゃくの形だよ。

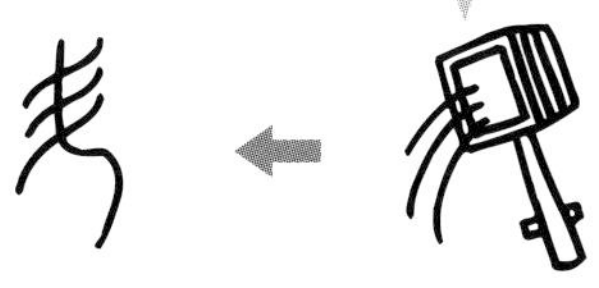

斗

【とます】

量を量ること、ひしゃくでくむことに関する字が多い。

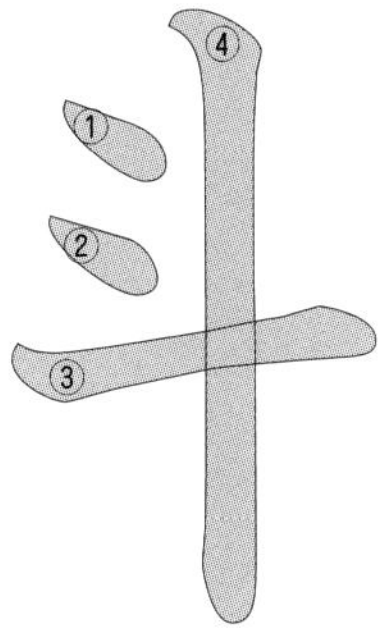

4画

4年

料

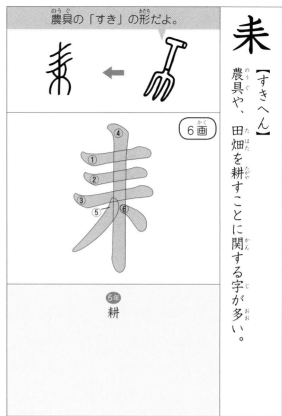

耒【すきへん】

農具や、田畑を耕すことに関する字が多い。

農具の「すき」の形だよ。

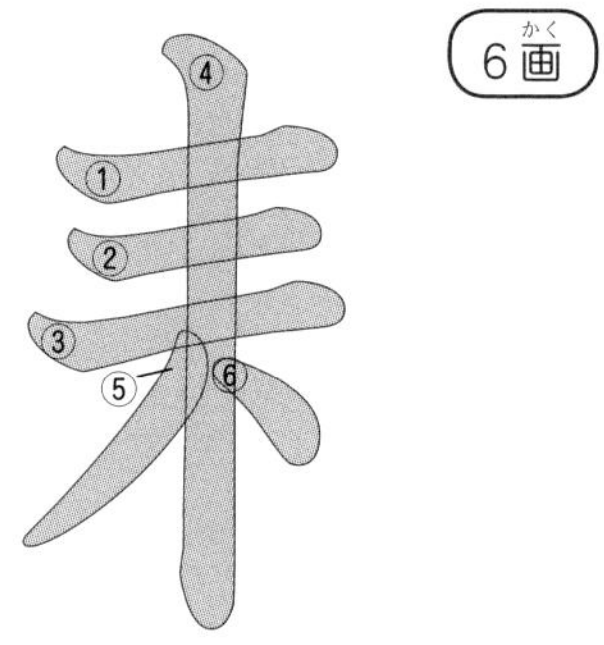

6画

5年 耕

書き方

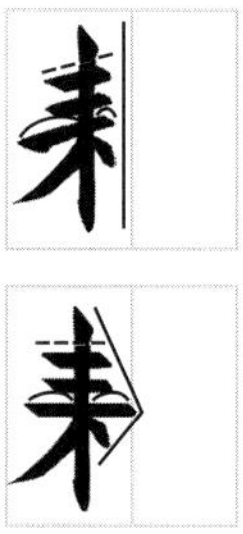

◎ △

5年

耕うん機で、畑を耕しました。

耕 コウ たがやす

10画

食器がもとになった部首

氏【うじ】

血のつながった一族、集団、仲間という意味をもつ字が多い。

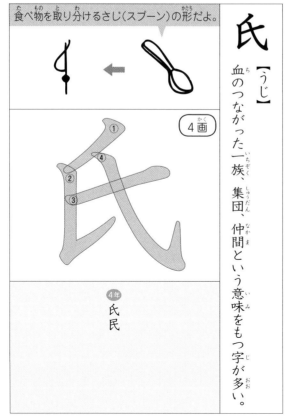

食べ物を取り分けるさじ(スプーン)の形だよ。

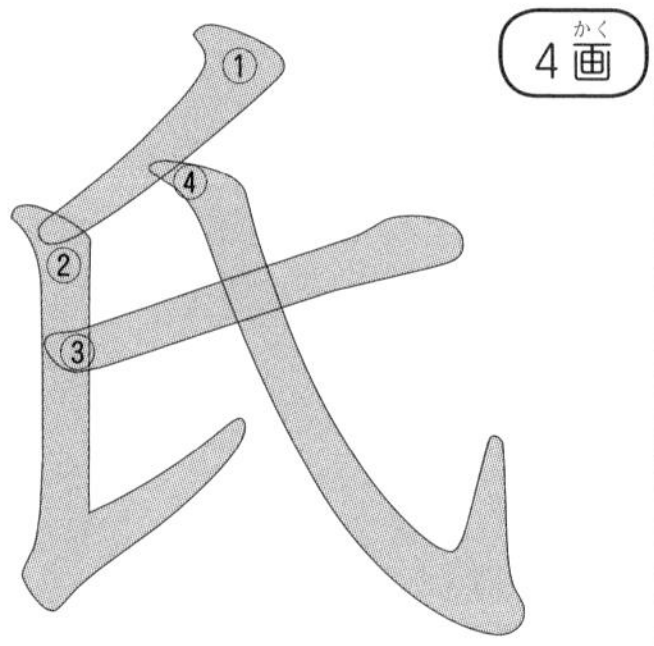

4画

4年 氏民

皿

【さら】

皿や、皿に物を盛ることに関する字が多い。

皿の形だよ。

5画

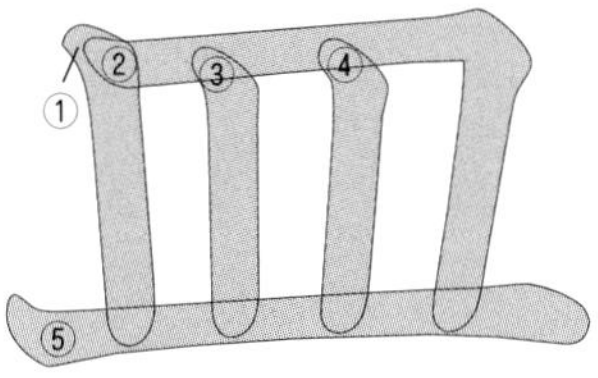

6年 盛 盟
5年 益
3年 皿

書き方

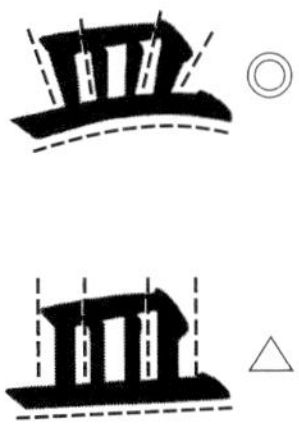

5年

近所のレストランは、おいしいので、大きな利益をあげています。

益
エキ
（ヤク）

益 益 益 益 益 益 益 益

10画

6年

同盟国の代表が集まるパーティーでは、皿に山盛りの料理がたくさん出ます。

盟
メイ

盟 盟 盟 盟 盟 盟 盟 盟

13画

盛
（セイ）
（ジョウ）
もる
（さかる）
（さかん）

盛 盛 盛 盛 盛 盛 盛 盛

11画

臼

【うす】

うすや、うすでつくこと、両手で持ち上げる意味をもつ字が多い。

木や石をくりぬいて作ったうすの形だよ。

6画

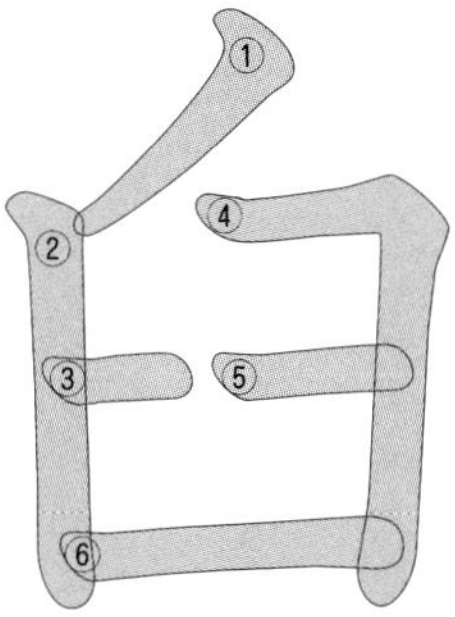

5年 興

書き方

5年

ひ災地の復興を見て、ボランティアに興味がわきました。

興

コウ
キョウ
（おこる）
（おこす）

16画

酉

【とり、ひよみのとり】

酒や、酒の作り方に関する字が多い。

7画

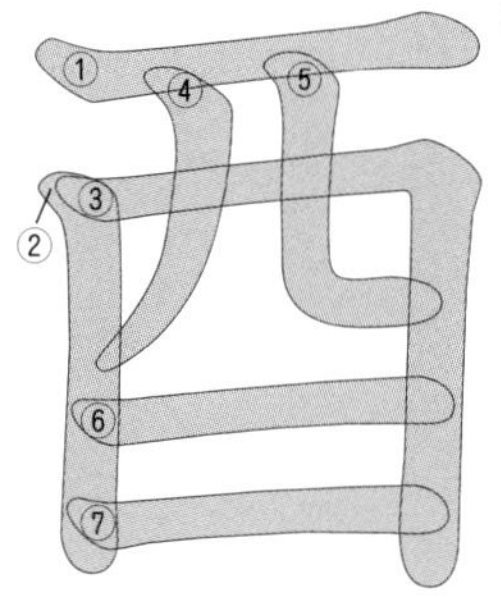

5年 酸

3年 酒 配

酒を入れるつぼの形だよ。

書き方

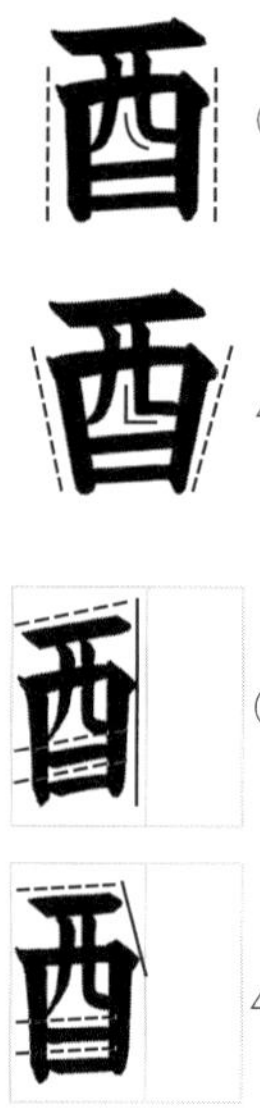

5年

このりんご酒は、酸味が強いです。

酸

サン
（すい）

14画

豆

【まめ】

豆や、食べ物を盛るうつわなどに関する字が多い。

7画

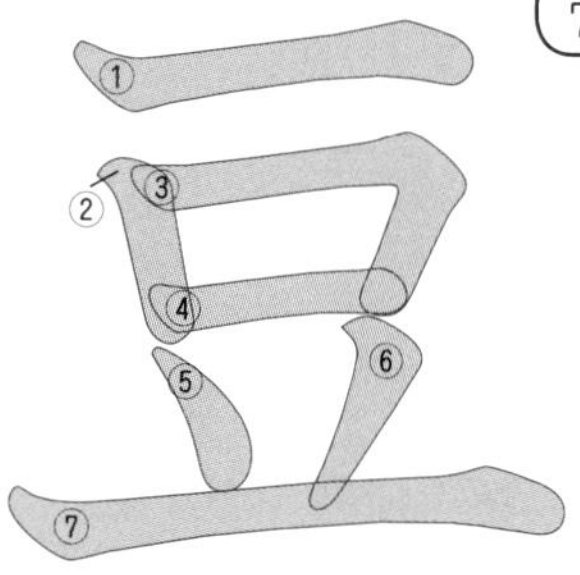

5年 豊

3年 豆

足のついた食器の形だよ。

神具（しんぐ）がもとになった部首（ぶしゅ）

豊

ホウ
ゆたか

5年

ここは自然（しぜん）が豊（ゆた）かで、農作物（のうさくぶつ）が豊富（ほうふ）にとれます。

書き方

13画

示（ネ）

【しめす（しめすへん）】

神（かみ）や祭（まつ）りに関（かん）する字（じ）が多（おお）い。

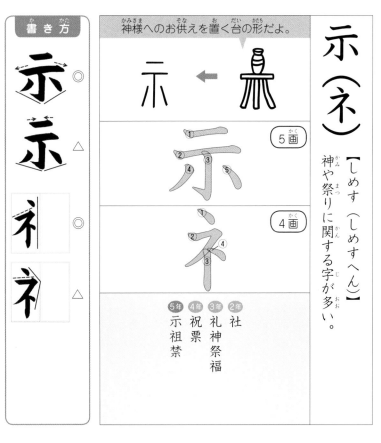

神様（かみさま）へのお供（そな）えを置（お）く台（だい）の形（かたち）だよ。

5画

4画

5年 示 祖 禁
4年 祝 票
3年 礼 神 祭 福
2年 社

書き方

5年

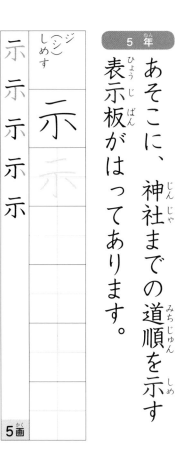

あそこに、神社（じんじゃ）までの道順（みちじゅん）を示（しめ）す表示板（ひょうじばん）がはってあります。

示

ジ
（シ）
しめす

5画

5年

ご先祖様のお墓参りで、兄弟げんかは禁止だよ。

祖　ソ

9画

禁　キン

13画

玉（王）

【たま（おうへん）】

美しい石（玉）の様子や種類に関する字が多い。

宝石を３つ、ひもでつないだ形だよ。

5画

4画

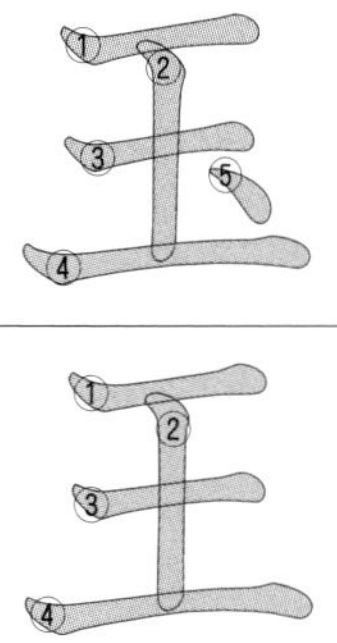

1年 王 玉
2年 理
3年 球
5年 現
6年 班

書き方

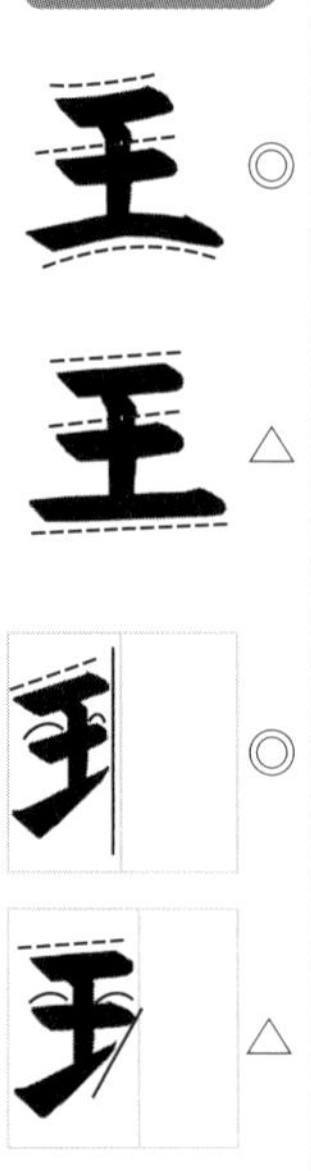

5年

ふたを開くと、中から現在、最も高価とされるほう石が現れました。

現　ゲン　あらわれる　あらわす

11画

6年

赤い玉を持つチームと白い玉を持つチームの、二つの班に分かれました。

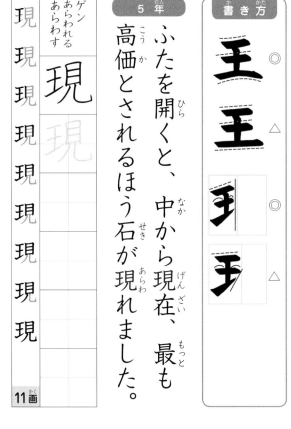

班　ハン

10画

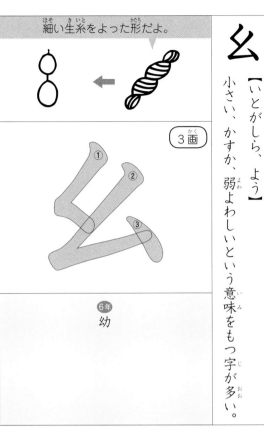

布がもとになった部首

幺

【いとがしら、よう】

小さい、かすか、弱よわしいという意味をもつ字が多い。

細い生糸をよった形だよ。

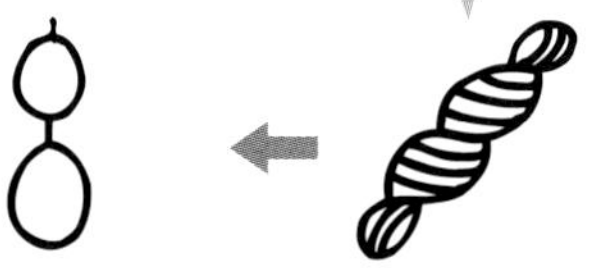

3画

6年 幼

書き方

幺 ◎

幺 △

6年

幼ち園で幼い弟が、毛糸であんだひもで、あやとりをして遊んでいます。

ヨウ
おさない

幼

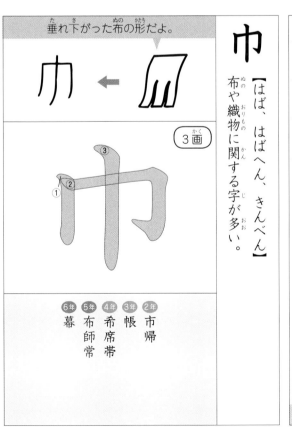

5画

巾

【はば、はばへん、きんべん】

布や織物に関する字が多い。

垂れ下がった布の形だよ。

3画

6年	5年	4年	3年	2年
幕	布	希	帳	市
	師	席		帰
	常	帯		

書き方

巾 ◎

巾 △

巾 ◎

巾 △

5年

この毛布の布地は、やわらかくて気持ちいいね。

布 フ ぬの 5画

布 布 布 布 布

5年

祖母は編み物教室の、講師をしています。

師 シ 10画

師 師 師 師 師 師 師 師

5年

非常食を売っているお店の人は、常に赤いネクタイをしています。

常 ジョウ つね (とこ) 11画

常 常 常 常 常 常 常 常

6年

映画を上映するので、体育館の入り口に黒い幕をかけました。

幕 マク バク 13画

幕 幕 幕 幕 幕 幕 幕 幕

玄

【げん】

暗いこと、はっきり見えないことの意味。「玄」の形をもつ字の仲間。

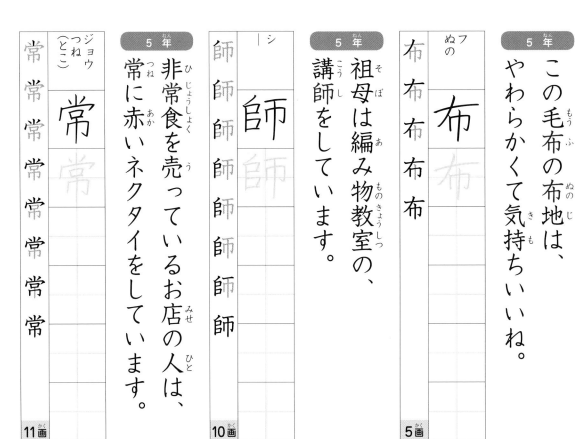

おおいの下に、細い糸がぶら下がっている様子だよ。

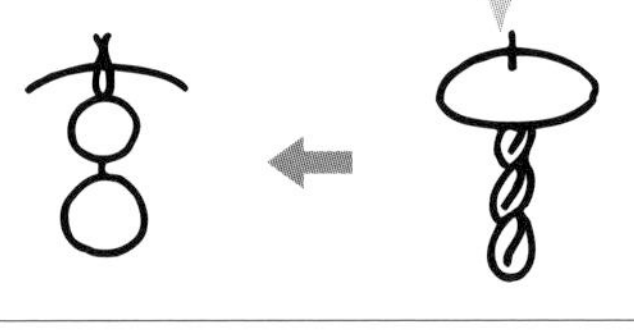

5画

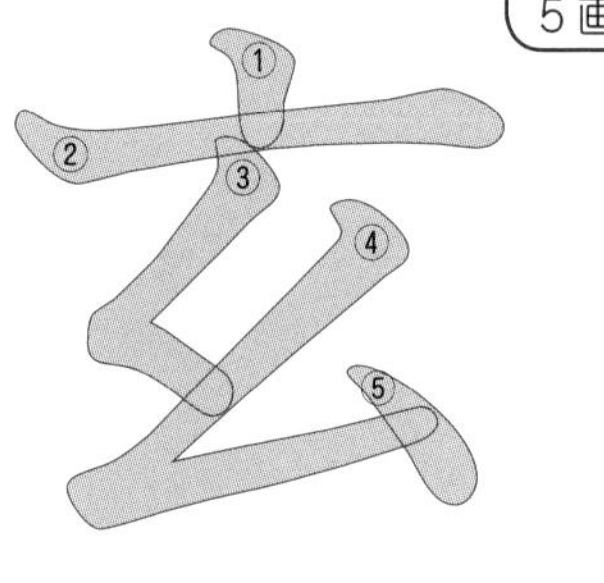

5年 率

書き方

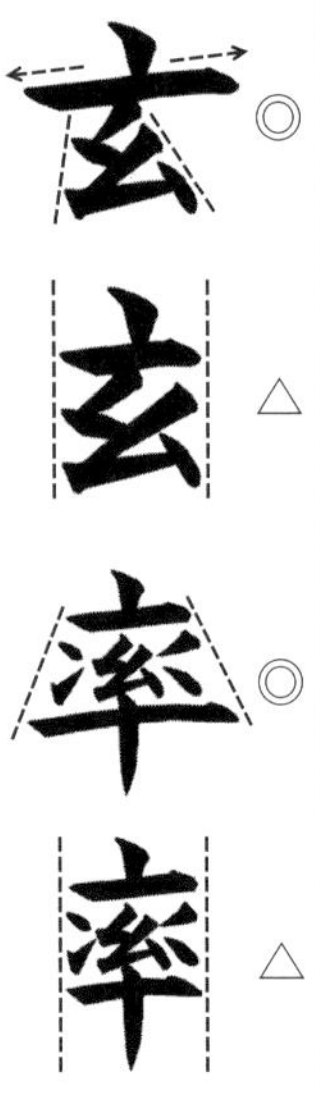

5年(ねん)

最強(さいきょう)チームを率(ひき)いてのぞみましたが、勝率(しょうりつ)のわずかな差(さ)で負(ま)けました。

率

リツ（ソツ）
ひきいる

11画(かく)

糸 【いと、いとへん】

糸(いと)や織物(おりもの)の、種類(しゅるい)や状態(じょうたい)に関(かん)する字(じ)が多(おお)い。

糸(いと)をより合(あ)わせた形(かたち)だよ。

6画(かく)

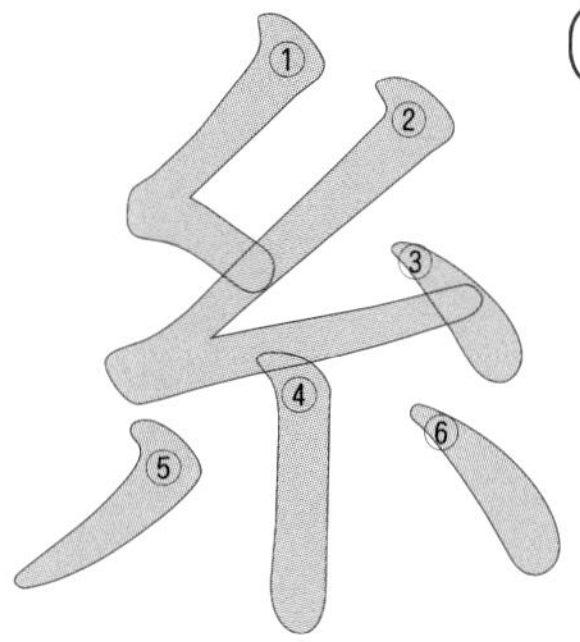

1年 糸
2年 紙 細 組 絵 線
3年 級 終 緑 練
4年 約 給 結 続 縄
5年 紀 素 経 絶 統 総 綿 編 績 織
6年 系 紅 純 納 絹 縦 縮

書(か)き方(かた)

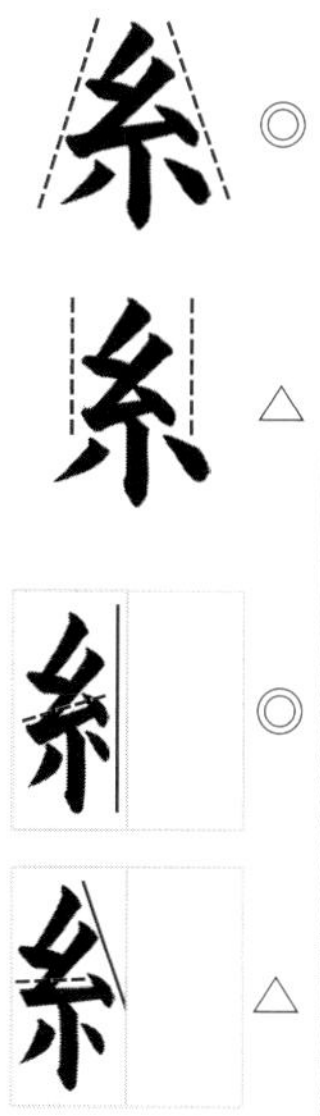

5年(ねん)

その紀行文(きこうぶん)には、めずらしい織物(おりもの)の素材(そざい)を求(もと)めて旅(たび)した体験(たいけん)が書(か)かれています。

紀

キ

9画(かく)

素

ソ（ス）

10画(かく)

5年(ねん)

こんなに美(うつく)しいししゅうは、長(なが)い経験(けいけん)がないと絶対(ぜったい)にできません。

絶

ゼツ
たえる
たやす
たつ

12画(かく)

経

ケイ（キョウ）
へる

11画(かく)

5年

この町では、町の人を総動員して、日本の製糸業の伝統を守っています。

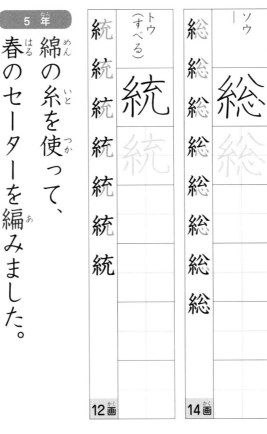

総 ソウ 14画

統 トウ (すべる) 12画

5年

綿の糸を使って、春のセーターを編みました。

綿 メン わた 14画

編 ヘン あむ 15画

5年

ぼう績工場を見学して、織物の原料の糸ができるまでを学びます。

績 セキ 17画

織 シキ (ショク) おる 18画

6年

紅花染めは、赤系の色に染まります。

紅 コウ (ク) べに (くれない) 9画

系 ケイ 7画

6年

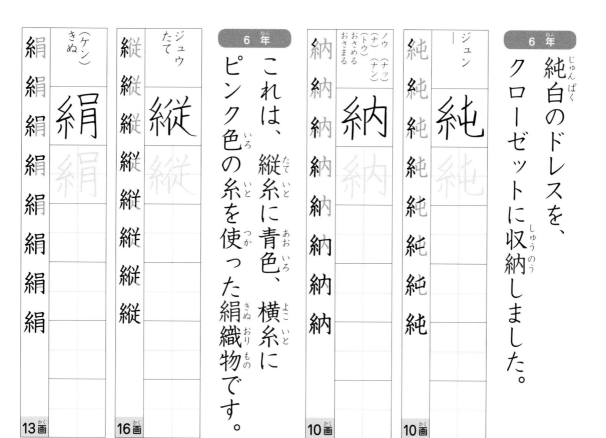

純白のドレスを、クローゼットに収納しました。

純
ジュン
—
純 純 純 純 純 純 純 純
10画

納
ノウ（ナッ）
（ナ）（ナン）
（トウ）
おさめる
おさまる
納 納 納 納 納 納 納 納
10画

6年

これは、縦糸に青色、横糸にピンク色の糸を使った絹織物です。

縦
ジュウ
たて
縦 縦 縦 縦 縦 縦 縦 縦
16画

絹
（ケン）
きぬ
絹 絹 絹 絹 絹 絹 絹 絹
13画

6年

洗たくをしたら、シャツが縮んでしまいました。

縮
シュク
ちぢむ
ちぢまる
ちぢめる
ちぢれる
ちぢらす
縮 縮 縮 縮 縮 縮 縮 縮
17画

衣（衤）

【ころも（ころもへん）】
着物や布に関する字が多い。

着物のえりの形だよ。

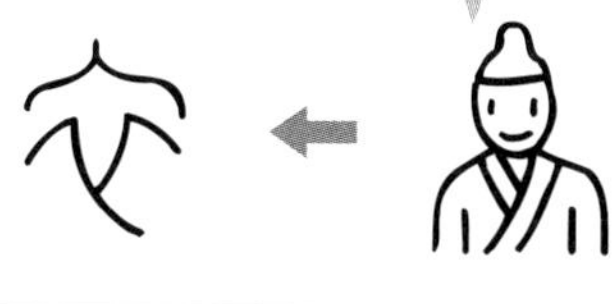

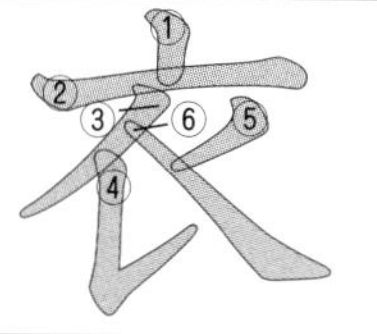
6画

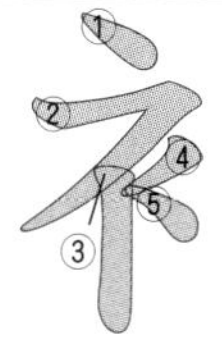
5画

6年 裁 装 補 裏
5年 製 複
4年 衣
3年 表

書き方

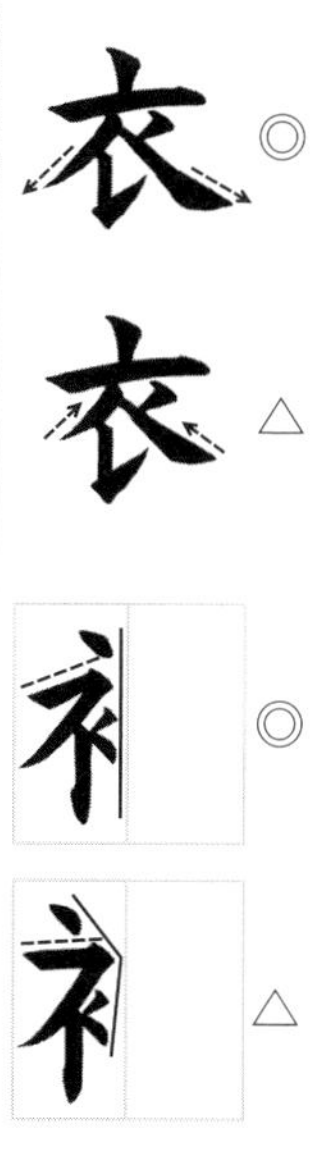

5年（ねん）

母（はは）はイタリア製（せい）のセーターを、複数（ふくすう）もっています。

製　セイ　14画（かく）

複　フク　14画（かく）

6年（ねん）

裁（さい）ほうの得意（とくい）な母（はは）が、仮装大会（かそうたいかい）の服（ふく）をぬってくれました。

裁　サイ　さばく　（たつ）　12画（かく）

装　ソウ　（ショウ）　（よそおう）　12画（かく）

6年（ねん）

コートの裏地（うらじ）が破（やぶ）れたので、補修（ほしゅう）してもらいました。

裏　（リ）　うら　13画（かく）

補　ホ　おぎなう　12画（かく）

乗り物（のりもの）がもとになった部首（ぶしゅ）

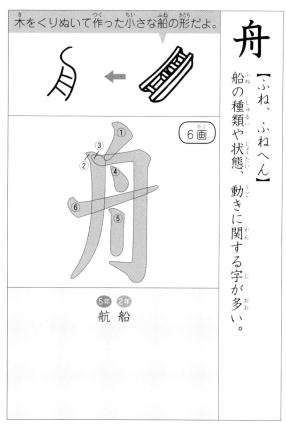

舟

【ふね、ふねへん】

船の種類や状態、動きに関する字が多い。

木をくりぬいて作った小さな船の形だよ。

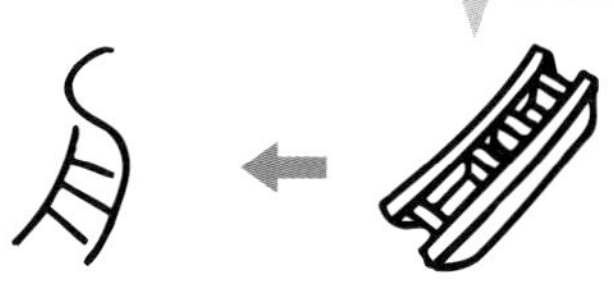

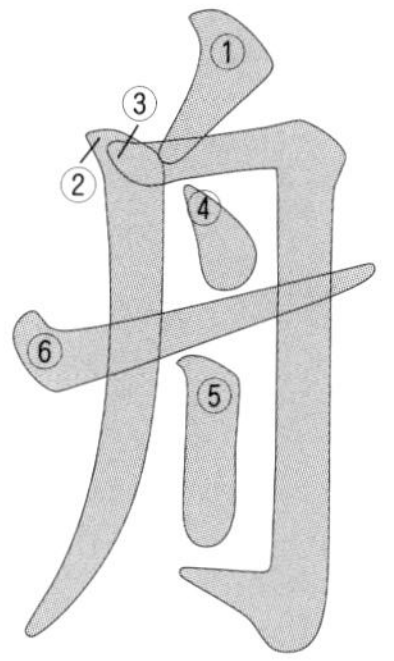

6画

5年 2年

航 船

書き方

5年

ぼくは、世界中を航海する、ぼう険の本が好きです。

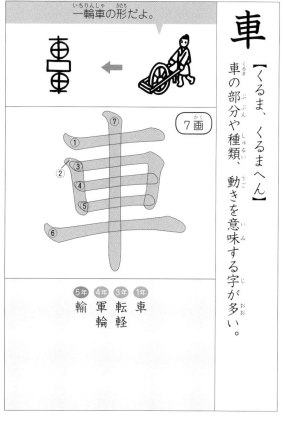

航

コウ

10画

車

【くるま、くるまへん】

車の部分や種類、動きを意味する字が多い。

一輪車の形だよ。

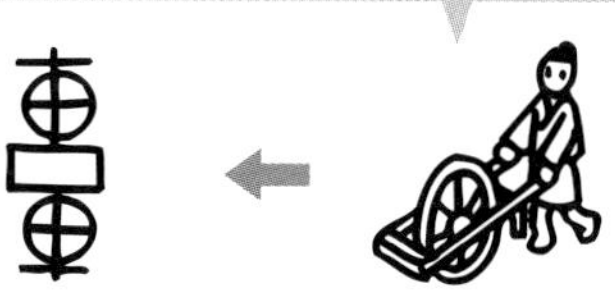

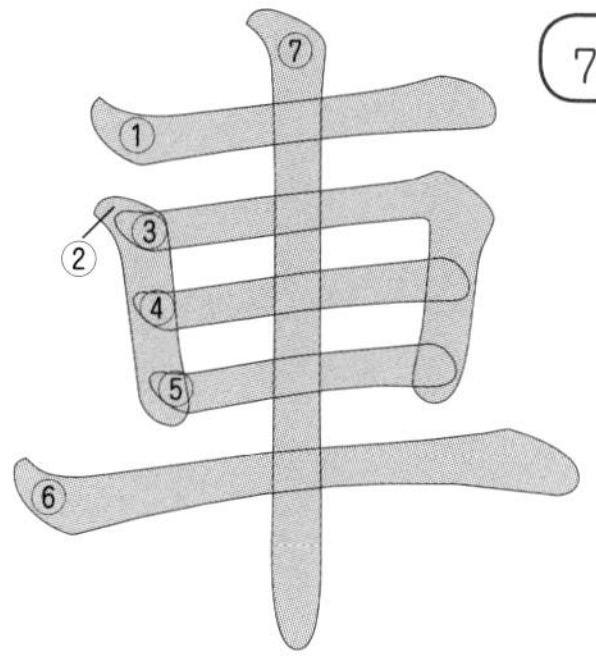

7画

5年 4年 3年 1年

輸 軍 転 車

輪 軽

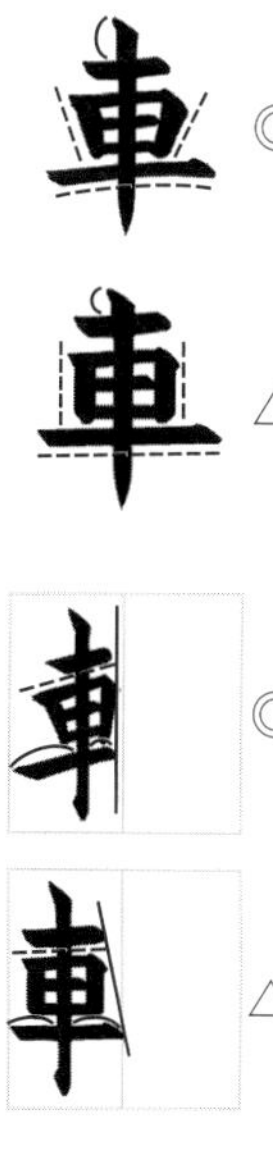

書き方

5年

日本は自動車の輸出がとてもさかんです。

輸

ユ

16画

その他の部首

動く形 p.119

- 丨 たてぼう
- 入 いる、いりがしら
- 匸 かくしがまえ、はこがまえ
- 十 じゅう
- 八 はち、はちがしら
- 冖 わかんむり
- 己 おのれ

模様 p.121

- 彡 さんづくり
- 文 ぶん、ぶんにょう

見た形 p.122

- 一 いち
- 乙（乚） おつ（おつにょう）
- 丶 てん
- 亅 はねぼう
- ノ はらいぼう、の
- 亠 なべぶた、けいさんかんむり
- 二 に
- 小（⺌） しょう
- ツ（⺍） つかんむり

動く形がもとになった部首

丨

【たてぼう】
「丨」という形をもつ字をふくむ部首。

上から下につき通した形だよ。

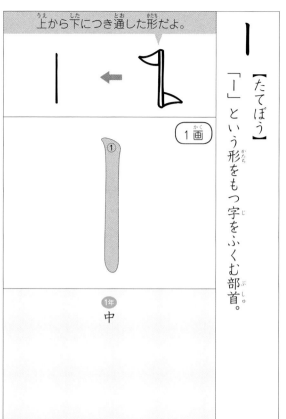

1画

1年
中

入

【いる、いりがしら】
中に入ることを意味する字をふくむ。

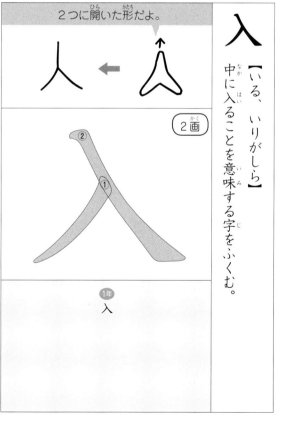

2つに開いた形だよ。

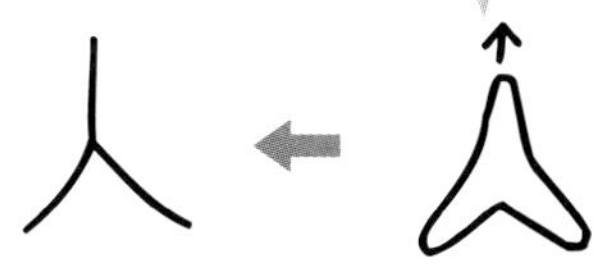

2画

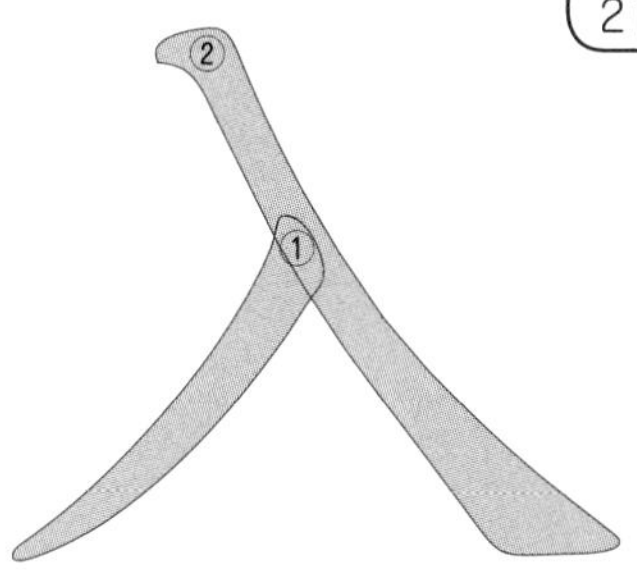

1年
入

匚

【かくしがまえ、はこがまえ】
かくす、区切るということに関する字が多い。

物におおいをかぶせた形だよ。

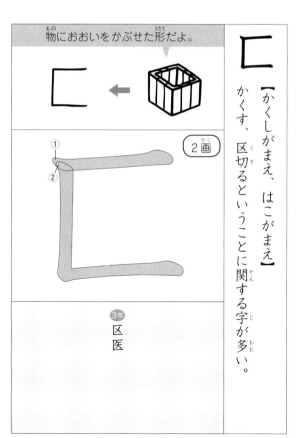

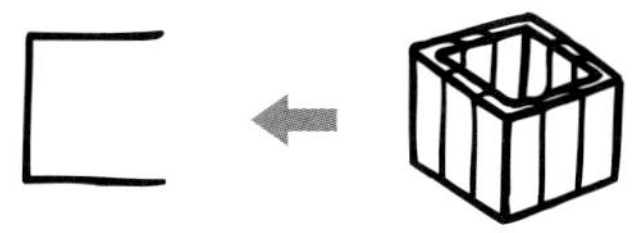

2画

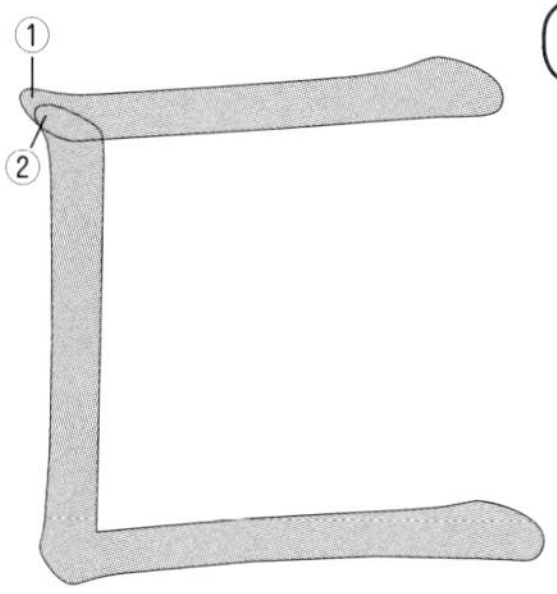

3年
区
医

左右に分かれていく形だよ。

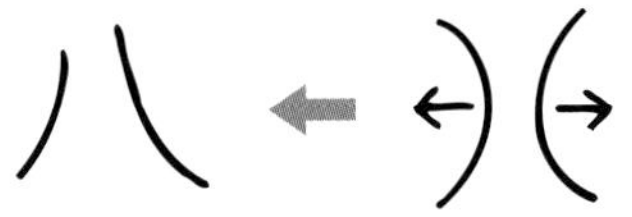

八

2画

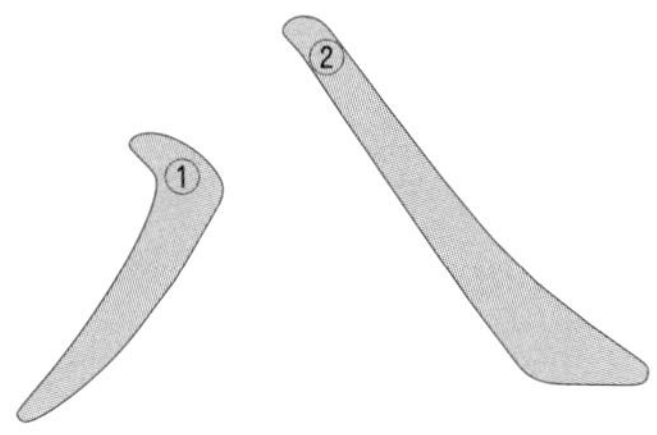

1年 八 六
2年 公
3年 具
4年 共 兵 典

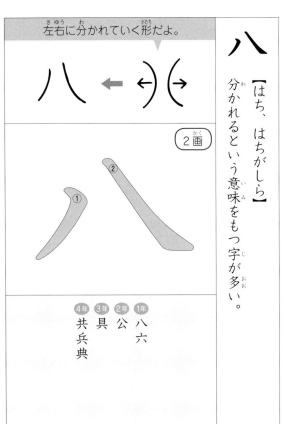

【はち、はちがしら】

分かれるという意味をもつ字が多い。

1本の棒の真ん中が盛り上がった形だよ。

十

2画

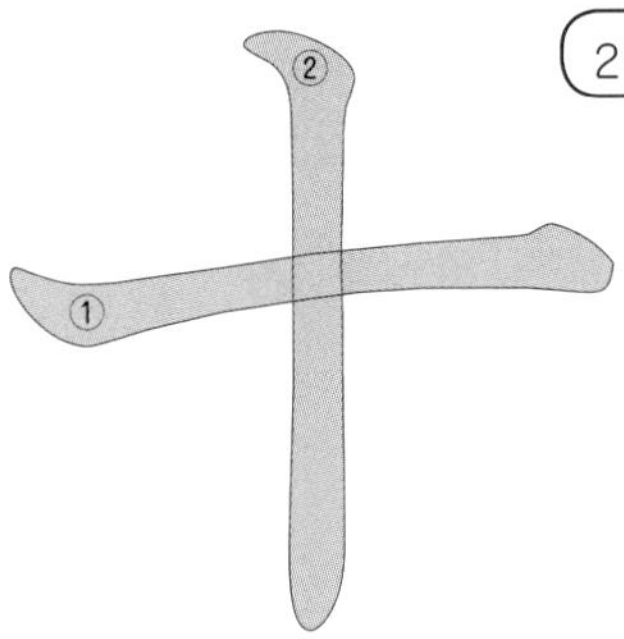

1年 十 千
2年 午 半 南
4年 協 卒 博

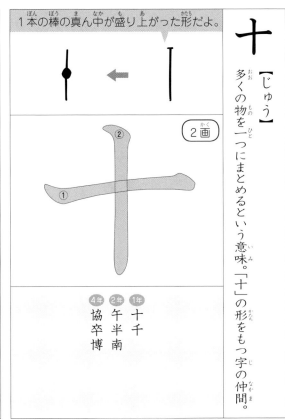

【じゅう】

多くの物を一つにまとめるという意味。「十」の形をもつ字の仲間。

曲がったものがのび上がる形だよ。

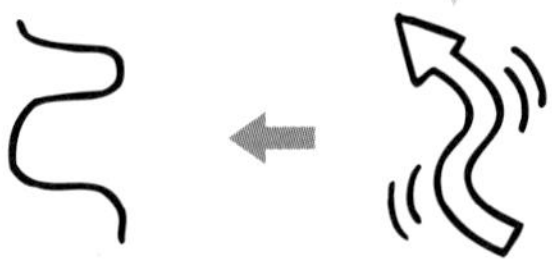

己

3画

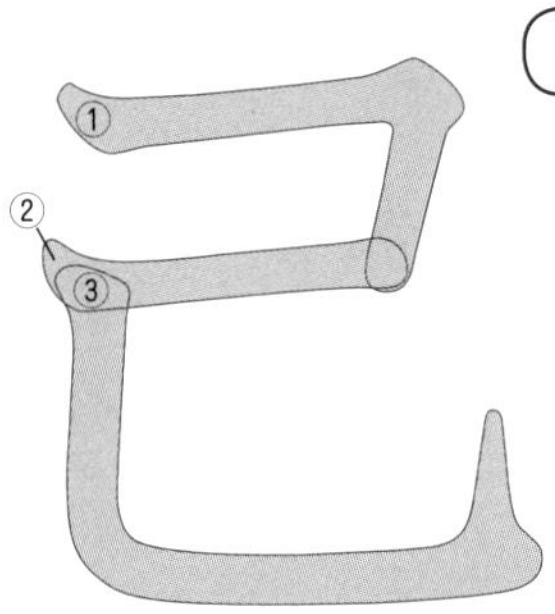

6年 己 巻

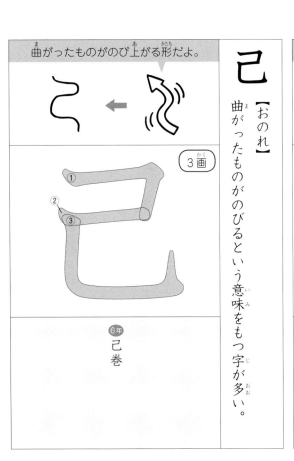

【おのれ】

曲がったものがのびるという意味をもつ字が多い。

上からおおいかぶせている形だよ。

冖

2画

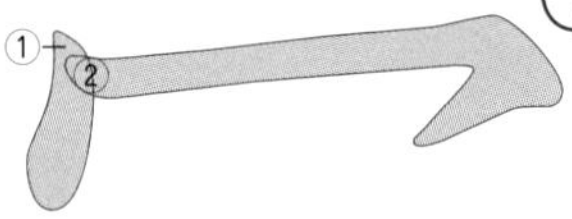

3年 写

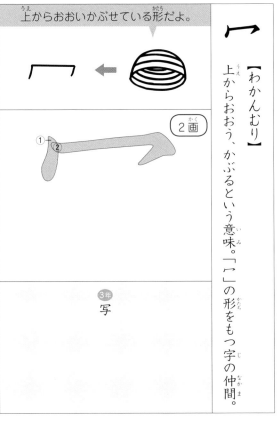

【わかんむり】

上からおおう、かぶるという意味。「冖」の形をもつ字の仲間。

書き方

6年

自己しょうかいをした後、みんなで巻きずしを食べました。

己

コ
(キ)
(おのれ)

3画

己 己 己

巻

カン
まく
まき

9画

巻 巻 巻 巻 巻 巻 巻 巻 巻

模様がもとになった部首

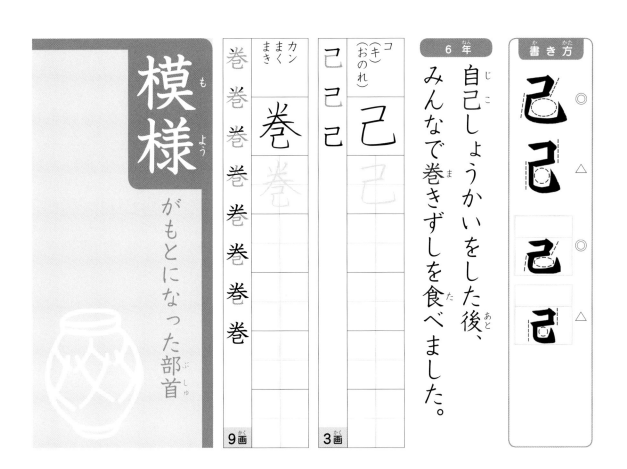

彡

【さんづくり】

模様やかざり、いろどりなどに関する字が多い。

かみの毛や、筆の毛並みがそろっている様子だよ。

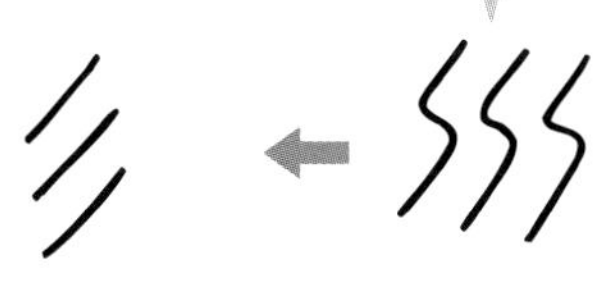

3画

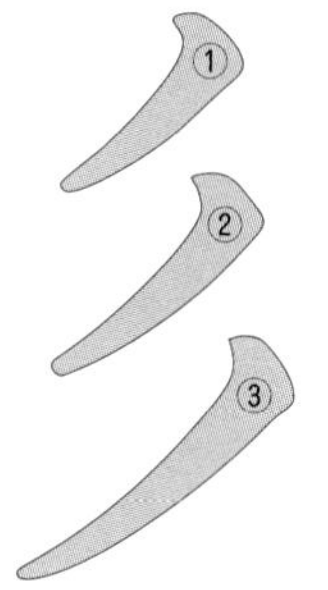

2年 形

文

【ぶん、ぶんにょう】

線がななめに交わった模様を表す字が多い。

土器につけた模様の形だよ。

4画

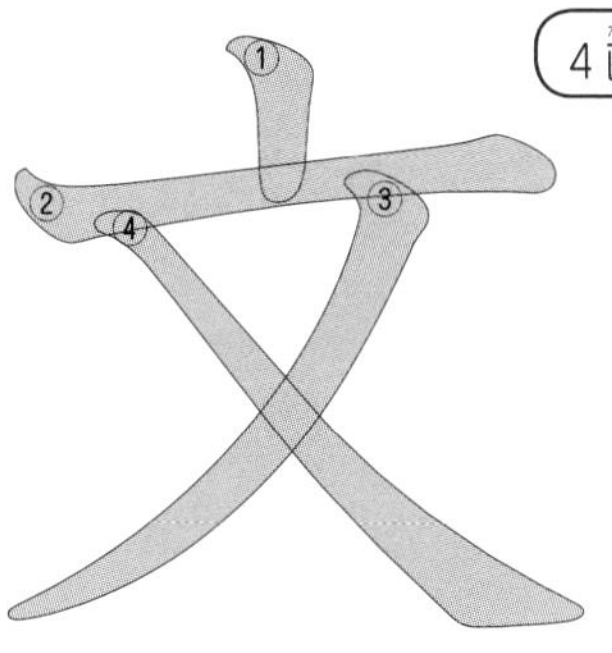

1年 文

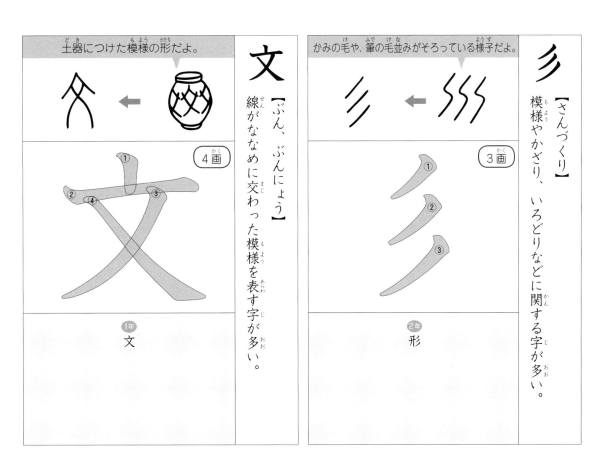

見た形がもとになった部首

一

【いち】

「一」の形をもつ字をふくむ部首。

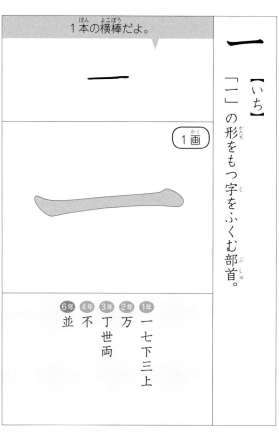

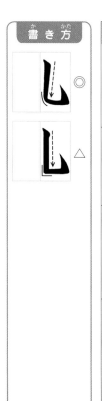

1本の横棒だよ。

1画

1年	2年	3年	4年	6年
一 七 下 三 上	万	丁 世 両	不	並

書き方 ◎ △

6年

イチョウの木が一列に並んだ並木道を、父と散歩しました。

並

（ヘイ）
なみ
ならべる
ならぶ
ならびに

8画

並 並 並 並 並 並 並 並

乙（乚）

【おつ（おつにょう）】

「乙」「乚」の形をもつ字をふくむ部首。

のびているものがつかえて、止まる様子だよ。

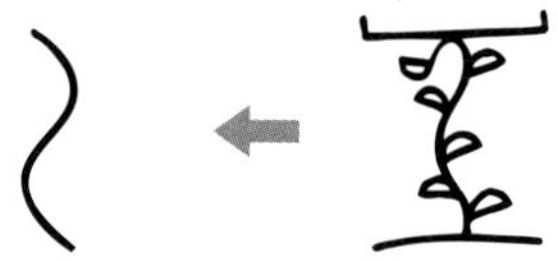

1画 乙

1画 乚

1年	6年
九	乱 乳

書き方 ◎ △

6年

乱暴にコップを持ち上げたら、中に入っていた牛乳がこぼれました。

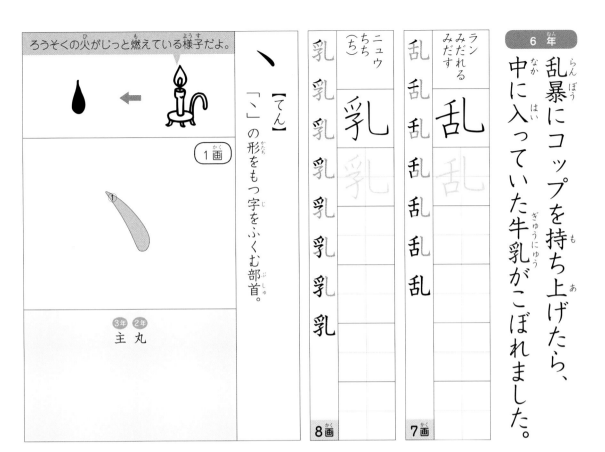

乱 ラン　みだれる　みだす　7画

乱 乱 乱 乱 乱 乱 乱

乳 ニュウ　ちち　（ち）　8画

乳 乳 乳 乳 乳 乳 乳 乳

丶【てん】

「丶」の形をもつ字をふくむ部首。

ろうそくの火がじっと燃えている様子だよ。

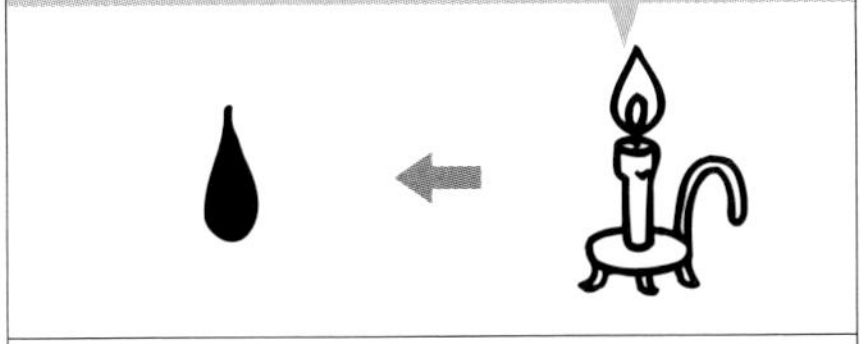

1画

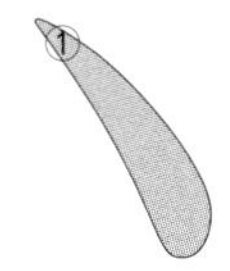

3年 主　2年 丸

亅【はねぼう】

「亅」の形をもつ字をふくむ部首。

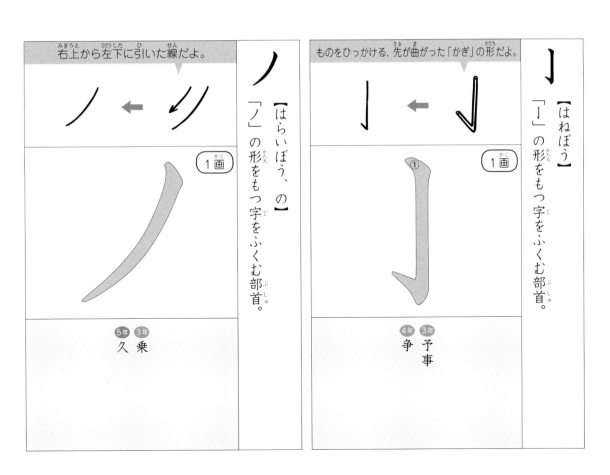

ものをひっかける、先が曲がった「かぎ」の形だよ。

1画

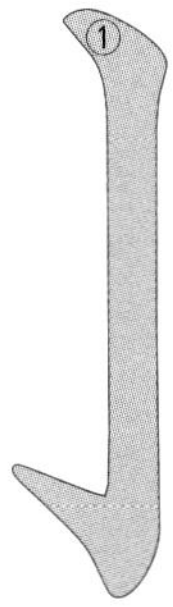

4年 争　3年 予 事

ノ【はらいぼう、の】

「ノ」の形をもつ字をふくむ部首。

右上から左下に引いた線だよ。

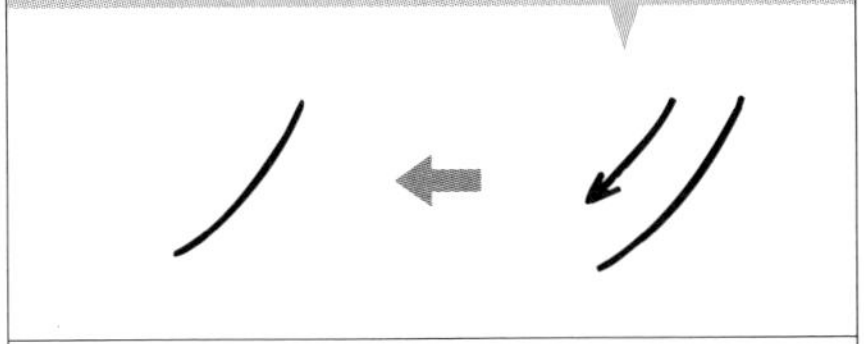

1画

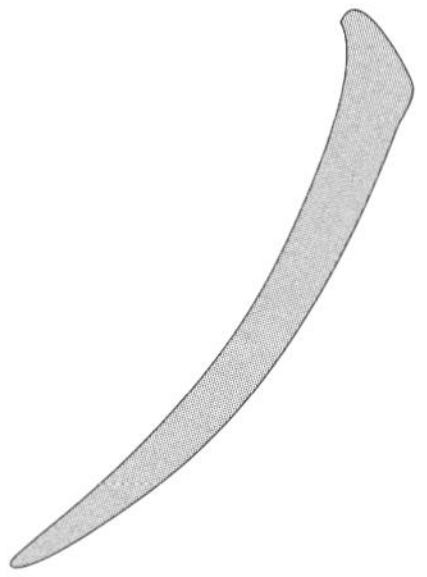

5年 久　3年 乗

書き方

漢字の上部に使う場合

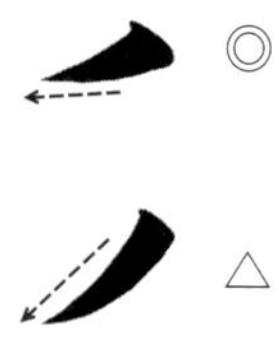

漢字の下部に使う場合

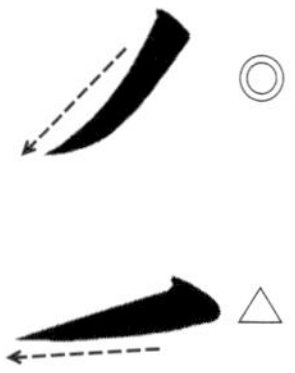

5年

マラソンは久しぶりなので、持久力が心配です。

久

キュウ
(ク)
ひさしい

久 久 久

3画

亠

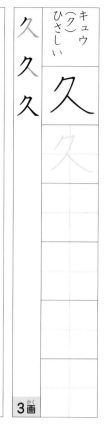

【なべぶた、けいさんかんむり】

「亠」の形をもつ字をふくむ部首。

うつわのふたの形に似ているよ。

亠 ← 

2画

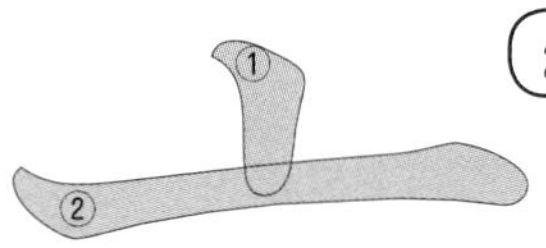

6年 亡

2年 交 京

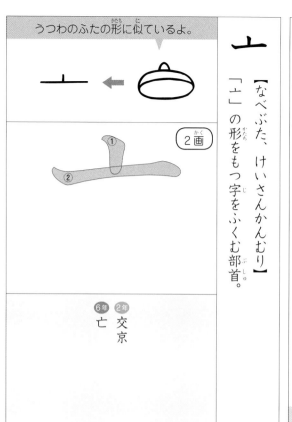

書き方

6年

亡父の大切にしていたつぼが入った箱のふたを開けてみました。

亡

ボウ
(モウ)
(ない)

亡 亡 亡

3画

二

【に】

「二」の形をもつ字をふくむ部首。

2本の横棒が並んでいるよ。

二

2画

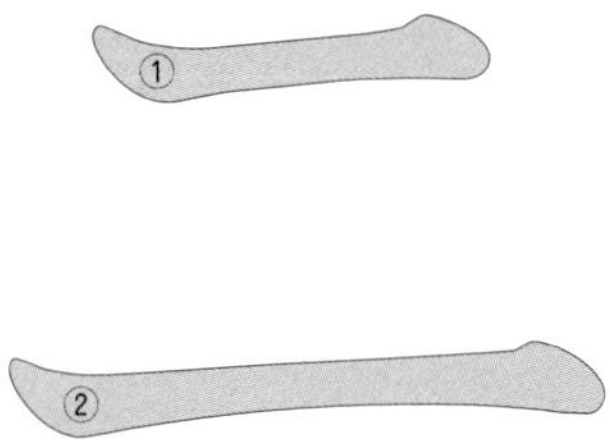

4年 井

1年 二 五

小（⺌）

とても小さな３つの点を表しているよ。

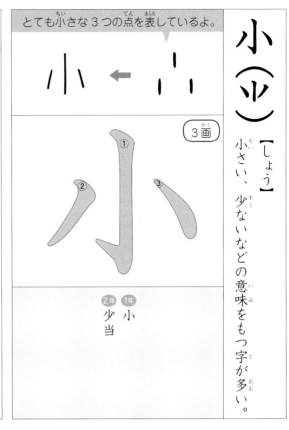

【しょう】小さい、少ないなどの意味をもつ字が多い。

3画

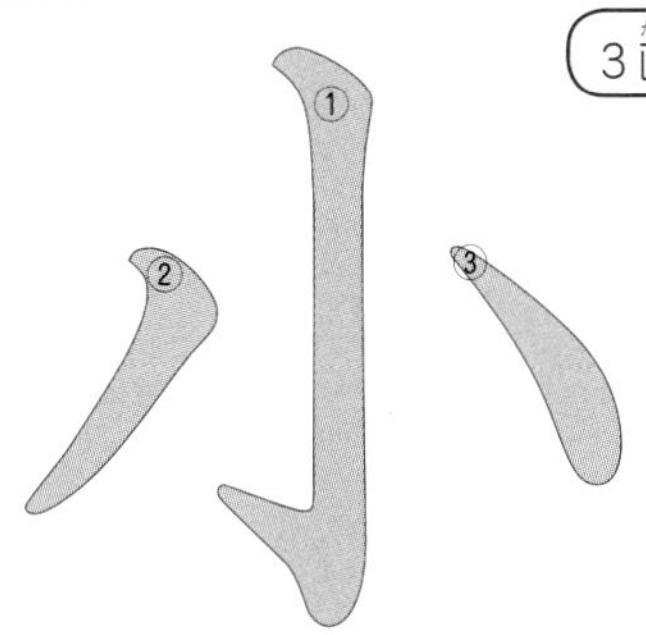

1年 小

2年 少 当

ツ（⺍）

いろいろな字の一部が省略されて、「ツ」の形になったよ。

【つかんむり】「ツ」の形をもつ字をまとめた部首。

3画

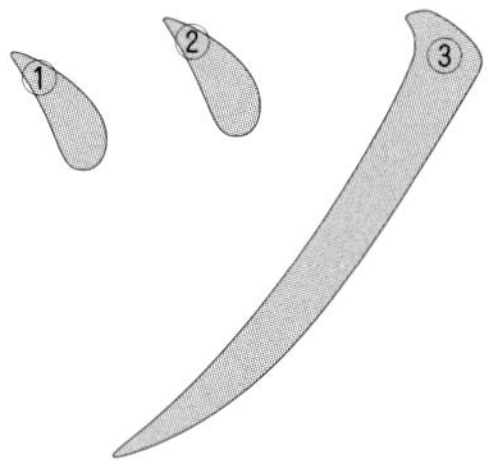

4年 単 巣

5年 営

6年 厳

書き方

◎

△

5年

おじとおばは、週末だけ営業するレストランを営んでいます。

営

エイ
いとなむ

12画

6年

「ここは土足厳禁です」と、厳しく言われました。

厳

ゲン
（ゴン）
きびしい
（おごそか）

17画

漢字(かんじ)の練習(れんしゅう)をしよう！

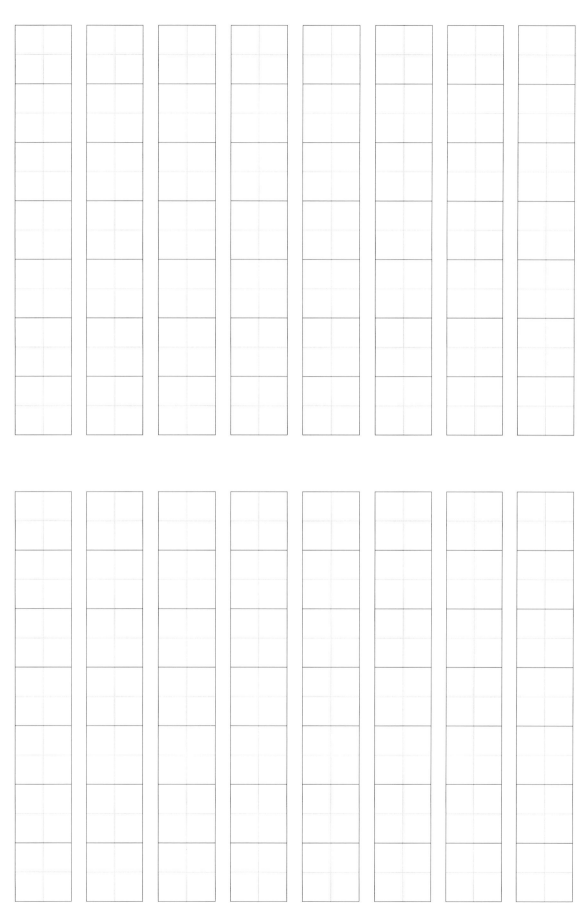

さくいん

●5年生、6年生で学習する漢字の全ての読みを五十音順に並べ、その漢字を示しました。
●同じ読みの漢字は、この本に出てくるページ順に並んでいます。
●上から「読み」「学習する学年（○数字）」「漢字」「この本のページ数」を表します。
●カタカナは音読み、ひらがなは訓読みで、赤い字は送りがなです。
●*のついている読みは、小学校では習わない読みです。同じ読みの最後に並べています。

部首（ぶしゅ）さくいん

小学1~6年生で習った漢字

1年生（80字）

一右雨円王音下火花貝
学気九休玉金空月犬見
五口校左三山子四糸字耳七
車手十出女小上森人水正生
青夕石赤千川先早草足村大
男竹中虫町天田土二日入年
白八百文木本名目立力林六

2年生（160字）

引羽雲園遠何科夏家歌画回
会海絵外角楽活間丸岩顔汽
記帰弓牛魚京強教近兄形計元言
原戸古午後語工公広交光考行高
黄合谷国黒今才細作算止市矢姉
思紙寺自時室社弱首秋週春書少
場色食心新親図数西声星晴切雪
船線前組走多太体台地池知茶昼
長鳥朝直通弟店点電刀冬当東答
頭同道読内南肉馬売買麦半番父

風分聞米歩母方北毎妹万明鳴毛
門夜野友用曜来里理話

3年生（200字）

悪安暗医委意育員院飲運泳
駅央横屋温化荷界開階寒感
漢館岸起期客究急級宮球去橋業
曲局銀区苦具君係軽血決研県庫
湖向幸港号根祭皿仕死使始指歯
詩次事持式実写者主守取酒受州
拾終習集住重宿所暑助昭消商章
勝乗植申身神真深進世整昔全相
送想息速族他打対待代第題炭短
談着注柱丁帳調追定庭笛鉄転都
度投豆島湯登等動童農波配倍箱
畑発反坂板皮悲美鼻筆氷表秒病
品負部服福物平返勉放味命面問
役薬由油有遊予羊洋葉陽様落流
旅両緑礼列練路和

4年生（202字）

愛案以衣位茨印英栄媛塩岡
億加果貨課芽賀改械害街各
覚潟完官管関観願岐希季旗器機
議求泣給挙漁共協鏡競極熊訓軍
郡群径景芸欠結建健験固功好香
候康佐差菜最埼材崎昨札刷察参
産散残氏司試児治滋辞鹿失借種
周祝順初松笑唱焼照城縄臣信井
成省清静席積折節説浅戦選然争
倉巣束側続卒孫帯隊達単置仲沖
兆低底的典伝徒努灯働特徳栃奈
梨熱念敗梅博阪飯飛必票標不夫
付府阜富副兵別辺変便包法望牧
末満未民無約勇要養浴利陸良料
量輪類令冷例連老労録

5年生（193字）

圧囲移因永営衛易益液演応
往桜可仮価河過快解格確額

旧久逆義技喜規寄基紀眼慣幹刊
限検険件潔経型句禁均境許居救
告講興構鉱航耕厚効護個故減現
賛酸雑殺罪財在際採妻災再査混
謝舎質識似示飼資師枝志史支士
情常状条賞象証招序準術述修授
絶設接績責税製精勢政性制職織
団態貸損率属測則増像造総素祖
毒得導銅堂統適程提停張貯築断
評備費非肥比版判犯破能燃任独
豊報墓保弁編粉仏複復武婦布貧
領留略容余輸綿迷夢務脈暴貿防
歴

6年生（ねんせい） 191字（じ）

拡灰我恩沿延映宇域遺異胃
貴揮机危簡看巻干株割閣革
券穴激劇警敬系筋勤郷胸供吸疑
鋼降紅皇孝后誤呼己厳源憲権絹

姿私至蚕冊策裁済座砂困骨穀刻
従衆就宗収樹若尺捨射磁誌詞視
針蒸障傷将承除諸署処純熟縮縦
銭染洗泉専宣舌誠聖盛寸推垂仁
担宅退尊存臓蔵操層装創窓奏善
痛賃潮腸頂庁著忠宙値暖段誕探
背拝派脳納認乳難届糖党討展敵
片閉陛並奮腹俵秘批否晩班俳肺
郵訳模盟密幕枚棒忘亡訪宝暮補
論朗臨律裏覧卵乱翌欲幼預優

練習用データのダウンロードの方法

① 「書いて覚えるシリーズ　特設ページ」にアクセス

方法１　「小学館クリエイティブ」で検索し、トップページにアクセスしてください。
URL：http://www.shogakukan-cr.co.jp/
「書いて覚えるシリーズ　特設ページ」のバナーをクリックし、
『書いて覚える小学５・６年生の漢字 384　令和版』のページへ進んでください。

方法２　右上の QR コードを読みこむか、下のＵＲＬを打ちこんでアクセスしてください。

URL：http://www.shogakukan-cr.jp/kanji/56nen/

② ユーザー名とパスワードを入力

入力画面に右のユーザー名とパスワードを入力し、ログインボタンをクリックしてください。

●ユーザー名：kanji56
●パスワード：pynjt

③ 必要なページをダウンロード

必要なページをクリックしてＰＤＦをプリントアウトし、ご使用ください。

書き取り練習シート

この本の内容に合わせた漢字の書き取り練習シートと、マス目の書き取り練習シートがあります。

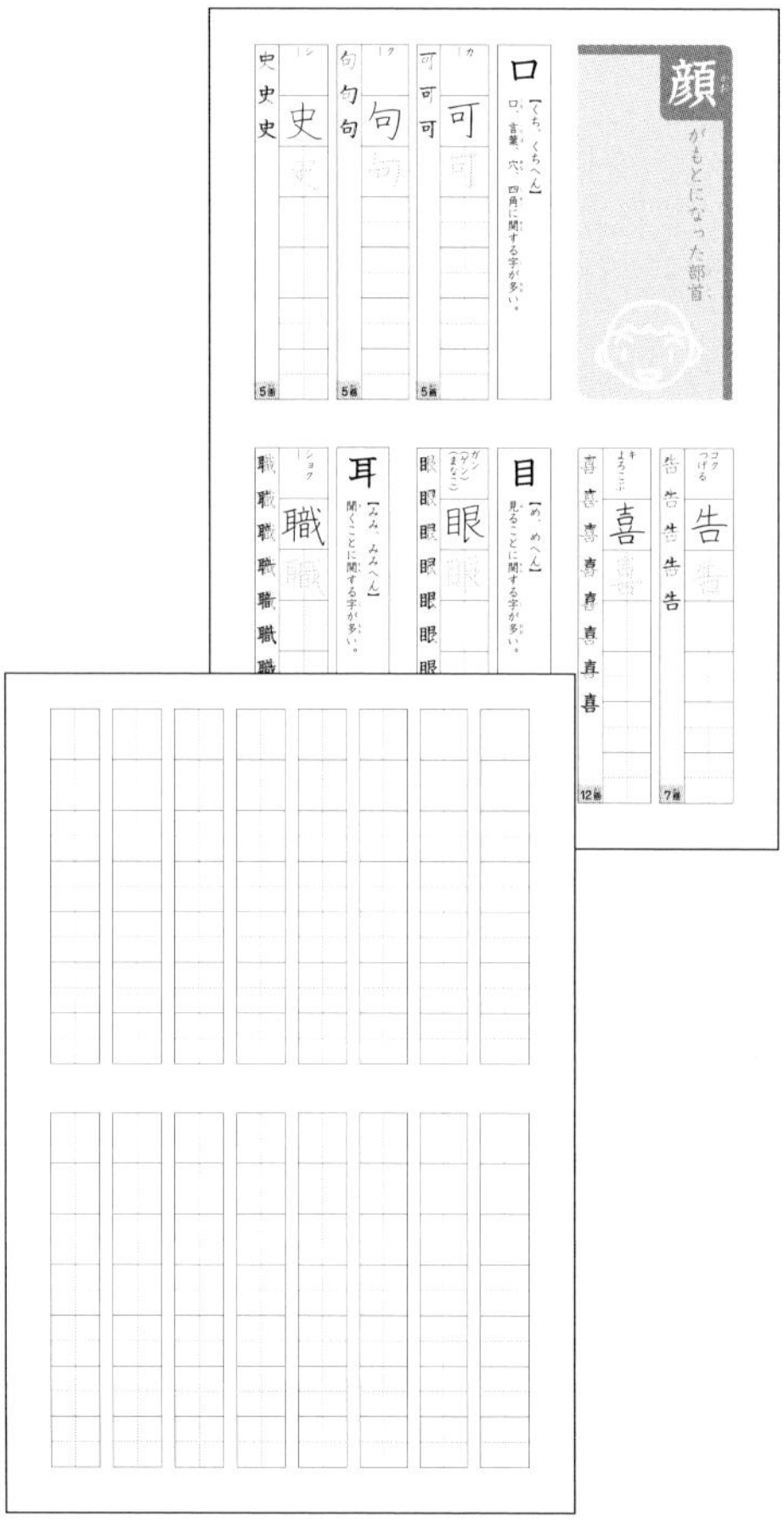

漢字をきれいに書くための書写カード

バランスの取れた形の漢字が書ける、21 のポイントを記したカードです。プリントアウトして、部首の「書き方」のらんにある、◎（よい書き方）のお手本と見比べながら書き取り練習をしましょう。

※ PDF データを見るには、最新の Adobe Acrobat Reader が必要です。

おうちの方へ

私は、大学を卒業してから広島県の中学校の国語科教員として勤務しました。その時に出会った生徒たちから「自分の書く文字が好きではない。」という声をよく聞きました。また、漢字についても筆順や字形には興味を示さず「書けばよい」という意識の生徒が多くいました。人生の中で「漢字」や「書写」と初めて出会うのは小学校です。その時に良い出会いをしたかどうかは、その子にとって大きな影響を与えるのでないかと、生徒たちを見ていて思いました。

そこで、私は中学校から小学校への異動を考えるようになりました。小学校では、初めて漢字に出会った時の小学1年生は、輝くような目をしてわくわくしながら漢字を書いていました。初めて筆を持った小学3年生はどきどきしながら半紙に向かっていました。これからの私は子ども達の「どきどき・わくわく」の気持ちを失わせないために、「書写・漢字」を専門に指導法を追及していきました。

「書写教育」については、自己の専門性を高めるため、小学校在職中に安田女子大学大学院に進み、全国大学書写書道教育学会を創設された久米公先生、書写教科書を永年執筆された安田壮先生をはじめとする多くの先生方の薫陶を受けることができました。その後、広島大学大学院での長期研修中には松本仁志先生のご指導を、書写教科書編集にかかわるようになってからは、山梨大学の宮澤正明先生のご指導を受けることで、自己の指導法を改善してまいりました。

しかし、「漢字教育」については、漢字の成り立ちを指導に取り入れることで子ども達の意欲を高めることには成功しましたが、漢字の習得率を十分に上げることはできなくて悩んでいました。その当時（平成15年）私の勤務していた尾道市立土堂小学校に、校長として陰山英男先生が着任されました。陰山校長先生は一見ワンマン校長のようでしたが実は、我々教職員の自主性を大変尊重されました。徹底反復学習の効果については示されましたが、ほとんど示範はされませんでした。「自分のやり方で試してみなさい。苦労する中で自分の手法が確立するから」とよく言われていました。

その陰山校長先生が私たちに指示されたのが「漢字前倒し指導」でした。1年間で学習する漢字を5月までにすべて教えてしまうという方法です。できるだけ短期間で漢字を教えて、1年間を通して徹底反復すれば漢字の習得率は上がります。常識を覆す指導法に躊躇しながらも実践を開始しました。ここでも指導の道筋は示すが指導法は教えない陰山校長先生の姿勢は徹底していました。それぞれの教員が自分のやり方で一斉に実践を試し始めたのです。そして、お互いの実践を交流し合い、良い実践はまねて、自分で改善を繰り返していきました。そんな中で誕生したのが漢字の部首に着目した指導法です。同僚の三島諭先生は部首の意味を先に教えることで初めて学習する漢字の意味を子ども達に推測させました。初めて出会う漢字なのに、部首から何となく漢字の意味が分かります。子ども達の漢字に対する苦手意識が消えた時に、子ども達はどんどん漢字を覚えていきました。同じく山根僚介先生は得意のパソコンを使って漢字の部首フラッシュを作成して短時間で部首の意味を定着させる方法を考案しました。仲間の教職員とともに頑張った結果、子ども達の漢字習得率は90％を超え、土堂小学校は漢字検定試験において最優秀団体賞を3年連続で受賞できたのです。

この本はこれらの実践を礎として作成しています。

「子ども達に良い出会いをさせてやりたい」これを実現していくことは簡単なようで大変なことです。たゆまぬ改善と工夫、多くの先生や仲間との出会いが必要です。

「マニュアルはつくるな。つくればそこで成長が止まる。」これも陰山校長先生の言葉です。「自分は子ども達に本当に良い出会いをさせているのか。」これからも自分に問いかけて実践を継続したいと考えています。

尾道市立御調西小学校校長　藤井浩治

●監修

藤井浩治

広島県尾道市立御調西小学校校長。平成20年度まで広島県尾道市立土堂小学校に勤務。陰山英男校長在職中の3年間、教務主任として校長を支え土堂小改革に取り組み、数々の成果を上げる。その書写指導には定評があり、平成19年にはNHK教育テレビ「わくわく授業」で授業が紹介された。著書（共著）に『文部科学省検定済小学校書写教科書・中学校書写教科書（光村図書出版）』等がある。社会貢献活動として「福井県教育総合研究所・小中書写講座講師」「香川県小学校教育研究会・書写部会研修会講師」「島根県安来市教育研究会・書写研修会講師」等多数。

●挿画・章扉イラスト

ATFT GRAPHICS.（アタフタグラフィックス）

●装幀・本文フォーマット

C・O2 Design（椎原由美子）

●イラスト

高橋正輝

● DTP

ニシエ芸

●校正

北原清彦（小学館クリエイティブ）

●編集

的場美香（小学館クリエイティブ）

●販売

窪 康男（小学館）

■参考にした本

『新選漢和辞典』小林信明編（小学館）

『例解学習漢字辞典』藤堂明保編（小学館）

『学習漢字新辞典』加納喜光監修（小学館）

『漢和辞典』鈴木修次・武部良明・水上静夫編（角川書店）

『実践！教科別陰山メソッド国語Ⅱ―新出漢字前倒し学習―』三島諭著（小学館）

『だれでも使える簡単パソコン素材集』山根僚介著（小学館）

『新・字形と筆順』宮澤正明編（光村図書出版）

『漢字指導の手引き』久米公編（教育出版）

きっずジャポニカ学習ドリル

書いて覚える小学5・6年生の漢字384　令和版

2020年2月25日　初版第1刷発行

発行者　宗形 康

発行所　株式会社小学館クリエイティブ

〒101-0051 東京都千代田区神田神保町2-14 SP神保町ビル

電話　0120-70-3761（マーケティング部）

発売元　株式会社小学館

〒101-8001 東京都千代田区一ツ橋2-3-1

電話　03-5281-3555（販売）

印刷・製本　図書印刷株式会社

ISBN 978-4-7780-3553-2